reisen

EULENBURG

DOHNA

Ostpreußen

Jagd

Agrar

KONTINENTAL-
HERRSCHAFT

Zar Nikolaus II.
RUSSLAND

LAND

Protestantisch

vativ

e

M II.

al

HENCKEL-DONNERSMARCK

PLESS

Mittelmeer

Orient
Bagdadbahn
Jerusalem

eph I.
EICH

Nicolaus Sombart

WILHELM II.

Sündenbock und Herr der Mitte

Verlag Volk & Welt
Berlin

Die Deutsche Bibliothek – CIP-Einheitsaufnahme

Sombart, Nicolaus:
Wilhelm II. : Sündenbock und Herr der Mitte / Nicolaus Sombart –
Berlin : Verl. Volk und Welt, 1996
ISBN 3-353-01066-1

Lektorat: Holger Kuntze
Karten: Ditta Ahmadi und Peter Trampusch, Berlin
Einbandgestaltung: Leslie Driesener, unter Verwendung eines Gemäldes
von Ludwig Noster (1900) »Wilhelm II.«, bpk
Gesetzt aus der Garamond, Linotype
Satz und Repro: deutsch-türkischer fotosatz, Berlin
Druck und Bindearbeiten: Clausen & Bosse, Leck
Printed in Germany
ISBN 3-353-01066-1

Inhalt

1 Vorbemerkung

Dieses Buch ist keine Biographie und auch keine Monographie über den deutschen Kaiser Wilhelm II. Es ist ein Beitrag zu beidem. Die Gedanken und Thesen, die darin entwickelt werden, sind als Anregungen zu verstehen, als Verständnishilfen für jeden, der versucht, das Rätsel dieses außergewöhnlichen Monarchen zu lösen.

Es ist ein Deutungsversuch, ein *Essay*. Ich widme ihn meinem Freunde John C. G. Röhl, der sich der gigantischen Aufgabe gestellt hat, die seit 50 Jahren fällige Standardbiographie über den Kaiser zu schreiben, als Historiker, der er ist. Der erste Band liegt seit kurzem der Öffentlichkeit vor und fand mit Recht die Bewunderung und Anerkennung der Fachwelt und eines breiten Publikums. Jetzt erwarten wir mit Ungeduld die nächsten zwei Bände, was knapp bemessen ist, wenn man die gewaltige Stoffmasse ins Auge faßt, die er bewältigen muß: dreißig Regierungsjahre und fast ein Vierteljahrhundert Exil.

Der Kaiser war Gegenstand eines fünfundzwanzigjährigen Gedankenaustausches, der darauf beruhte, daß wir in der Beurteilung des Kaisers radikal verschiedener Meinung waren, aber *agreed to disagree*. Auf unseren gemeinsamen Seminaren in Freiburg, auf Korfu, in Berlin, in München ist es mir nie gelungen, ihn von seiner Meinung abzubringen und von der meinen zu überzeugen. Der Grund dafür? Er liebt den Kaiser nicht.

In aufrichtiger Anerkennung seiner Leistung und angesichts der großen Arbeit, die ihm noch bevorsteht, stellt dieses Buch einen neuen und letzten Versuch dar, ihm Argumente zu liefern, die es ihm möglich machen, dem Kaiser etwas mehr Wohlwollen entgegenzubringen und ihm vielleicht etwas gerechter zu werden.

Über den Kaiser nachzudenken bedeutet, über die deutsche Geschichte nachzudenken. Dazu reichen die traditionellen Mittel der Geschichtswissenschaft offensichtlich nicht aus.

Als repräsentative Figur der deutschen Geschichte ist der Kaiser eine Geisel der Historiker. Sie haben nie versucht, ihn zu verstehen, sondern ihm immer nur den Prozeß gemacht. Das liegt in der Logik des Verhältnisses, das die Deutschen zu den letzten hundert Jahren ihrer Geschichte haben. Man muß den Kaiser aus dieser Haft befreien und ihn in einen weiteren als nur historischen Kontext stellen. Man muß versuchen, den Zugang zu ihm als Kulturphänomen zu finden, indem man zwischen Psychologie, Soziologie, Ethnologie, Kulturanthropologie und Mythenforschung neue Wege der Annäherung sucht.

So ist dieses Buch kein Buch für Anfänger, sondern für Kenner. Es dient nicht der Erforschung neuer Fakten – die Fakten werden als bekannt vorausgesetzt –, sondern bietet neue Interpretationsmuster zur Diskussion an. Diese allerdings lassen die Fakten in neuem Licht erscheinen und öffnen den Blick auf Bereiche, die die historische Forschung bisher völlig vernachlässigt hat. Das aber geht jeden an, der sich für die deutsche Geschichte interessiert.

Kaiser Wilhelm II., ein weites Feld. Eines steht fest: Diesem Mann – das ist meine Grundüberzeugung und der Ausgangspunkt meines erkenntnisleitenden Interesses – ist Unrecht geschehen.

Auf der Suche nach der historischen Wahrheit leitet mich mein Gerechtigkeitssinn, aber auch mein Widerspruchsgeist, der sich nicht damit abfinden will, die *fable convenue* für bare Münze zu nehmen. Ich halte es mit Egon Friedell, der in seiner »Kulturgeschichte der Neuzeit« gesagt hat: »Die deutsche Nation (ist) geradezu verpflichtet, diesem Herrscher eine gewisse Pietät zu bewahren, und zwar aus Pietät gegen sich selbst. (Sie) wird den Edelmut besitzen, zu sagen: Ich habe geirrt. Der weithin sichtbare Exponent meines Irrtums war nicht schlechter, nicht törichter, nicht gottloser als ich, nur exponierter.«[1]

Das Problem der Beurteilung des Kaisers ist zu einer Gewissensfrage des nationalen Selbstbewußtseins der Deutschen geworden.

Die deutsche Historiographie steht noch vor einer ihrer bedeutendsten Aufgaben: Es geht nicht nur um ein wichtiges Kapitel der Vergangenheitsbewältigung, es geht um einen Akt der Wiedergutmachung. Dazu will dieses Buch von einem Nichthistoriker beitragen.

Ein erster Entwurf entstand 1982/83 während meines Aufenthaltes im Wissenschaftskolleg zu Berlin. Ihm gebührt mein Dank dafür, ein waghalsiges Projekt in der Atmosphäre von Toleranz und Verständnis gefördert und damit auf den Weg gebracht zu haben. Ich hoffe, daß es einen Platz in seiner Bibliothek finden wird.

Sehr von Herzen danken möchte ich auch den beiden Menschen, ohne die diese »Anmerkungen zu Wilhelm II.« nie das Licht der Welt erblickt hätten: Ann-Christin Groener und Holger Kuntze, dem vorbildlichen Lektor, von dem jeder Autor träumt.

2 EIN SINNBILDLICHER MENSCH

Das Rätsel auf dem Thron

Es gibt keinen Herrscher der neueren Geschichte, der so streng beurteilt wurde und dem so viel Unrecht geschehen ist wie Wilhelm II. von Hohenzollern; keinen modernen Fürsten freilich auch, der so viel Macht in seiner Hand versammelte. Das war nicht seine Schuld, aber sein Verhängnis. Winston Churchill sagte: »Die Wahrheit ist, daß kein Menschenwesen jemals in eine solche Stellung und Lage hätte versetzt werden dürfen. Auf dem deutschen Volk ruht eine gewaltige Verantwortung für seine Unterwürfigkeit unter den barbarischen Gedanken der Selbstherrschaft. Dies ist die Hauptbeschwerde, welche die Geschichte gegen die Deutschen vorbringen muß – daß sie trotz all ihres Verstandes und ihres Mutes die Macht anhimmelten.«[2]

Man kann den Kaiser nicht isoliert von seinem Volk beurteilen. Heute so wenig wie zur Zeit seiner Herrschaft. Walther Rathenau, der den Kaiser und sein Regime aus nächster Nähe kannte, schrieb 1919:

»Dies Volk in dieser Zeit, bewußt und unbewußt, hat ihn so gewollt und nicht anders gewollt. Hat sich selbst und ihn so gewollt – nicht anders gewollt. In der unbeschreiblichen Dramatik ihrer Geschichtswebung hat es Klio gefallen – in einem großen Menschenschicksal den Deutschen ihr zeitliches Wesen, ihre Selbstentfremdung, ihren Abgott und ihren Sturz zu verknüpfen. Niemals zuvor hat so vollkommen ein sinnbildlicher Mensch sich in der Epoche, eine Epoche sich im Menschen gespiegelt.« Und er fügt hinzu: »Nicht einen Tag lang hätte in Deutschland regiert werden können, wie regiert worden ist, ohne die Zustimmung des Volkes.«[3]

11

Besser kann man es nicht sagen. Aber was heißt das? Das sind doch nicht die Vorstellungen, die wir in unserem Geschichtsbewußtsein mit dem letzten deutschen Kaiser verbinden, die, die unsere Medien vermitteln. Repräsentativ dafür ist vielmehr das Bild, das Rudolf Augstein im »Spiegel« entworfen hat: »Inkompetenz, mehr Schein als Sein, Schwanenritter mit ›Es ist erreicht‹-Zwirbel, Admiraluniform für den Besuch des ›Fliegenden Holländers‹ und als ›oberster Kriegsherr‹, dann nur noch eine Verlegenheit: das war unser letzter Kaiser.«[4]

Ein solches Urteil, dessen Gehässigkeit erschreckt, hat sich Augstein nicht aus der Nase gezogen. Er hat es aus den Geschichtsbüchern. Es reflektiert ziemlich genau, in seinen letzten Ausläufern, das Ergebnis einer seltsamen Fehlbeurteilung des Kaisers durch seine Kritiker, die die deutsche Geschichtsschreibung, wo sie in einer deutsch-nationalen Tradition steht, fortgeschrieben hat.

Nicht ohne gewisse Skrupel allerdings. Walter Goetz, einer der wenigen deutschen Historiker, die sich über die Schwierigkeiten, ein angemessenes Urteil über Wilhelm II. zu fällen, ernsthaft Gedanken gemacht haben, schrieb 1954: »Die bisherige Geschichtsschreibung über Persönlichkeit und Regierung Wilhelm II. befindet sich in einer überaus zwiespältigen Lage: wir sind von einer einheitlichen Beurteilung des Kaisers weit entfernt.«[5] Und noch 1982 beklagt sich Sebastian Haffner darüber, daß es schwer sei, »den Kaiser zu klassifizieren, ihm seinen historischen Rang zuzuweisen.«[6].

Die schwierige Aufgabe, vor die der deutsche Historiker, heute wie damals, sich gestellt sah, liegt darin: »Die schillernde, zwiespältige und schwierig zu erfassende Persönlichkeit Wilhelm II., befreit von falscher Verherrlichung und böswilligen Verschandelungen« zu deuten: »Die Persönlichkeit des Kaisers in ihrem ganzen Umfang zu erfassen.«[7]

Goetz hat recht: »Es gilt, ein schwieriges Rätsel zu ergründen, denn ein solches ist der Kaiser.«[8] Schon 1910 meinte ein wohlinformierter Beobachter: »Wilhelm II. ist eine der eigenartigsten Naturen, die führend in der Weltgeschichte aufgetreten sind. Er ist das lebende Rätsel auf dem Thron.«[9]

Rätsel: Dieser Sprachgebrauch sollte hellhörig machen. Das »Rätsel« ist nicht die Person des Kaisers allein. Es ist die Beziehung der Deutschen zu ihm. Wir haben es offenbar mit einer doppelten Schwierigkeit zu tun: der Beurteilung der enigmatischen Persönlichkeit Wilhelms II. einerseits, der Beurteilung des Kaisers als historischer Figur im Kontext der deutschen Geschichte andererseits. Beides ist allerdings nicht zu trennen. Es geht um die Klärung der mysteriösen Beziehung dieses Monarchen zu seinem Volk.

Das Interesse an einer adäquaten Würdigung des Kaisers geht weit über das Fachinteresse der Historiker hinaus. Es handelt sich immerhin um den Mann, der dreißig Jahre lang – von 1888 bis 1918 – an der Spitze des deutschen Reiches gestanden hat. Die Epoche, die seinen Namen trägt, ist sicher eine der wichtigsten der neueren deutschen Geschichte. In ihr ist das moderne Deutschland entstanden.

Die Weimarer Republik und das Dritte Reich sind ohne Rückbezug auf das Wilhelminische Deutschland nicht zu begreifen – und auch noch das geteilte Deutschland nach dem Zweiten Weltkrieg wurde entscheidend durch Männer geprägt, die in ihrem Denken, in ihrem Charakter durch die kaiserliche Zeit geformt wurden. War die Weimarer Republik gewissermaßen der defiziente Modus des Kaiserreiches, so war das Dritte Reich seine gespenstige Renaissance. Was nach 1933 geschehen konnte, muß jedem Kenner der deutschen Geschichte als das grausig-groteske Satyrspiel erscheinen, das, um einen berühmten Topos hegelscher Geschichtsphilosophie zu variieren, der Tragödie gefolgt ist, folgen mußte, die 1918 ihr tristes Ende nahm.

Es geht also um unser Verständnis der deutschen Geschichte. Es geht um unser aller Geschichtsbewußtsein. Da aber bildet der Kaiser einen blinden Fleck, der bekanntlich dort entsteht, wo man etwas nicht sehen will oder aufgrund einer Hemmung nicht sehen kann. Wir haben es offenbar mit einer qualifzierten Störung in der Beziehungsstruktur der Deutschen zu diesem Manne zu tun.

13

Das Dilemma der Beurteilung des Kaisers

Bis heute, beinahe achtzig Jahre nach seiner Abdankung, fünfundfünfzig Jahre nach seinem Tod, ist es nicht gelungen, ein authentisches Bild von diesem Herrscher zu gewinnen, der ganze dreißig Jahre lang die Geschicke Deutschlands bestimmt hat und dessen Regierungszeit einen unbestrittenen Höhepunkt in der deutschen Nationalgeschichte darstellt, was Reichtum, Macht und Glanz betrifft – und davon profitierten alle Schichten einer Bevölkerung, die sich im Laufe dieser Jahre fast verdoppelte.

Der Hauptgrund dafür, daß wir kein Bild haben, liegt wohl darin, daß das deutsche Reich unter seiner Führung einen Weltkrieg gewagt und verloren und daß man dafür den Kaiser verantwortlich gemacht hat.

Das Bild, das wir von Wilhelm II. haben, ist durch diesen Deutungsansatz bestimmt. Es ist darum so negativ, weil es dem Unmut eines Volkes über den Verlust seiner Größe Rechnung tragen muß. Nichts lag näher, als das Mißgeschick des Volkes durch ein Versagen des Herrschers zu erklären.

Wie den Zusammenhang zwischen dem Lebensschicksal einer außergewöhnlichen Persönlichkeit und einem außergewöhnlichen Völkerschicksal begreifen und plausibel machen?

Mußte man nicht das ganze System verurteilen, dessen erster Repräsentant er war? War der Zusammenbruch des Zweiten Deutschen Reiches nicht vorprogrammiert im Gewaltakt seiner Gründung? Trug es nicht von Anfang an das Stigma des unausweichlichen Untergangs, den niemand, auch nicht der Kaiser, hätte verhindern können. War nicht sein Verdienst, ihn dreißig Jahre lang hinausgeschoben zu haben?

Um die Rolle des Kaisers näher zu bestimmen, boten sich dem Historiker zwei Möglichkeiten. Einerseits: eine Analyse seiner Persönlichkeit, seines Charakters, seiner Individualität. Eine Psychologie Wilhelms II. war gefordert. Andererseits: eine Analyse seiner Rolle als Staatschef, die Untersuchung seiner politischen »Verantwortlichkeit« im Rahmen der staats- und verfassungsrechtlichen Gegebenheiten des Zweiten Deutschen Kaiserreiches. Beides ist reichlich geschehen. Beide Wege haben, was bei der ungeheuren Komplexität der zu berücksichtigenden Fakten durchaus verständlich ist, in die Irre geführt.

Wenn es zunächst plausibel schien, das Psychogramm auf die Formel einer individualpsychologischen Kompensationstheorie zu bringen – »der Mann mit dem verkrüppelten Arm« mußte sein Minderwertigkeitsgefühl ein Leben lang »überkompensieren« –, so wurde daraus mit der Verfeinerung der psychologischen Methoden das Bild eines hochgradigen Neurotikers.

Wenn man sich bei der Untersuchung der staats- und verfassungsrechtlichen Kompetenzen und Verantwortlichkeiten zunächst an dem, wie man meinte, verhängnisvollen Versuch des Kaisers einhaken konnte, ein »persönliches Regiment« durchsetzen zu wollen, so stellte sich bei genauer Analyse heraus, daß dieser Begriff nicht mehr als ein Schlagwort war, das den komplizierten innenpolitischen Verhältnissen und der Weise, in der der Kaiser in ihrem Kraftfeld agierte, in keiner Weise gerecht wurde – ein Reizwort, das seine eigene Dynamik entwickelte. Und in dem Maße, in dem man begann, das Spiel der widerstreitenden politischen Kräfte genauer zu untersuchen, von den Personen zu den Institutionen, von Einzelereignissen und Konstellationen zu Strukturen vorzudringen und diese auf ihre soziale und ökonomische Relevanz zu befragen – es gab keine Regierung, nur Nebenregierungen, es herrschte Polykratie –, verlor man den autokratieverdächtigen Monarchen aus dem Auge, überzeugte sich von seiner Bedeutungslosigkeit als individueller Akteur, mit dem Ergebnis, daß uns neben dem Zerrbild des Psychopathen das nicht weniger befremdliche und irreführende einer »Unperson« geboten wurde. Der Kaiser wurde zur *quantité négligeable*. Was blieb, war ein »Wilhelminismus ohne Wilhelm«, ein »Kaiserreich ohne Kaiser«.[10]

Zwischen diesen beiden Extremen wuchert im Bewußtsein des deutschen Volkes, in den populären Darstellungen der Epoche und ihres Herrschers, in den einschlägigen Monographien, in den Medien – kurz, in unseren Köpfen – ein Patchwork von Anekdoten, Zitaten, Redesplittern, Momentaufnahmen von Mikroereignissen, mehr oder weniger aus ihrem Zusammenhang gerissen, nicht genauer auf ihre wirkliche Bedeutung, ihren »Stellenwert« hin überprüft, aus denen jenes negative Kaiserbild zusammengeflickt ist. Seine stereotypen Bestandteile sind durch die Dauer ihres Gebrauchs gewissermaßen kanonisiert. Es ist ebenso schwer, einen von ihnen zu eliminieren, wie ein neues Element hinzuzufügen. Offenbar will das öffentliche Geschichtsbewußtsein – oder müssen wir sagen, das kollektive Unbewußte der Deutschen – den letzten Kaiser nicht anders sehen, denn als einen leichtsinnigen, großsprecherischen, arbeits- und verantwortungsscheuen, vergnügungssüchtigen Dilettanten, der sich in völlig anachronistischer Weise für einen König von Gottes Gnaden hielt: eine Operettenfigur.

Dieses grotesk verzerrte Kaiserbild scheint nun, zusätzlich ausgestattet mit den Zügen eines notorischen Bösewichts, seine definitive »wissenschaftliche« Konsekration in dem Urteil gefunden zu haben, zu dem der deutsch-englische Historiker John C.G. Röhl – der sicher kompetenteste Wilhelm II.-Experte – nach jahrzehntelangen Archivstudien gekommen ist. Er hat sich die Aufgabe gestellt, die seit langem fällige, umfassende Standardbiographie des Kaisers zu schreiben.[11] Schon vor der Veröffentlichung des ersten Bandes[12] dieses groß angelegten Werkes, der der Kindheit und Jugend des Kaisers gewidmet ist, erregte Röhl die Aufmerksamkeit des deutschen Publikums mit einer »Charakterskizze«, die »Die Zeit« mit den Schlagworten überschrieb: »Parvenu, Diktator, Psychopath«.[13]

Für Röhl muß jede Beurteilung des Kaisers von sechs Charakterzügen ausgehen:

1. Die Unfähigkeit, aus Erfahrung zu lernen. Der Kaiser ist in seiner dreißigjährigen Regierungszeit nicht »reifer« geworden.

2. »Selbstherrlichkeit«, Selbstglorifizierung, eine große Überschätzung der eigenen Fähigkeiten (Megaloman).

3. Eine ganz ungewöhnliche Gabe, die Welt zu sehen – nicht wie sie war, sondern wie er sie sehen wollte (Neurotiker).

4. Rachsucht: Der Kaiser »wütete gegen jeden, der ihm nicht seinen Willen tat« (blutrünstiger Autokrat/Nero).

5. Sadismus! (Er schlägt den König von Bulgarien auf den Popo.)

6. Vorliebe für Uniformen, historische Kostüme, Schmuck und Juwelen sowie – im selben Atemzug – für »kindliche Spiele in männlicher Gesellschaft« (Homosexualitätsverdacht).

Zu alldem war der Kaiser, so Röhl in einem späteren Artikel, ein übler Antisemit.[14]

Im ersten Band seiner Biographie vertieft Röhl seine Diagnose. Er attestiert dem Kaiser über dessen Charakterfehler hinaus einen gestörten Geisteszustand, physiologisch und psychologisch bedingt durch die Folgen einer schweren Steißgeburt, von denen der berühmte verkrüppelte Arm nur die bekannteste, auffälligste – eine Schädigung des Gehirns neuesten medizinischen Erkenntnissen zufolge –, die perniziöseste war.

Das kann das letzte Wort nicht sein. Auch Röhl erkennt, »daß Wilhelm II. in ganz ungewöhnlichem Maße die politische Kultur seiner Epoche verkörperte«, und sieht in ihm eine »Schlüsselfigur für das Verständnis der Hybris und Nemesis des deutschen Nationalstaates überhaupt«. Trotz, oder muß man sagen, wegen seiner Fehler war Wilhelm II. »so, wie die meisten Deutschen seiner Zeit ihn haben wollten«[15].

Für die Bestätigung seines Urteiles über den Kaiser und sein Volk beruft sich Röhl auf den deutschen Admiral Albert Hoppmann als Kronzeugen, der im Winter des Jahres 1918 sagte: »Was Deutschland in den letzten drei Jahrzehnten gesündigt hat, muß es büßen. Es war politisch erstarrt durch das blinde Vertrauen, die sklavische Unterordnung unter den Willen eines in Eitelkeit und Selbstüberschätzung strotzenden Narren.«

Daß man denselben Sachverhalt auch anders interpretieren kann, beweißt Walther Rathenau, der im selben Jahr wie Hoppmann schrieb: »In der Wechselwirkung von Volksaufbau und Sterben der Dynastie, von Volkscharakter und Monarchencharakter mußte ein Menschenalter lang die tollste Fuge erklingen in der symbolischen Figur und Person eines Monarchen, der in keinem Fall anders sein durfte, als er war; mußte Frage auf Antwort, Antwort auf Frage stimmen. Um ein solches Volk wie das deutsche zu führen, mußte das Problem und Sinnbild einer Zeit in einem vollgültig repräsentativen Menschenleben auf die Spitze getrieben und widerlegt werden.«[16] Besser als Rathenau es getan hat, kann man das außerordentliche Interesse, das eine deutsche Geschichtsforschung an der Figur Wilhelm II. nehmen muß, die Aufgabe, vor die sie gestellt ist, nicht formulieren.

Ein Skandalon

Von Anfang seiner Regierung an, sicher aber seit der Entlassung Bismarcks, ist der Kaiser ein Skandalon, »eine Anstoß erregende Sache«. Ein Jüngling übernimmt die Verantwortung für die Geschicke des eben gegründeten Reiches, das seit kaum zwanzig Jahren bestand. Seine erste große Tat: Er liquidiert den Reichsgründer.

Sofort wird sichtbar, daß es sich um eine ganz außergewöhnliche, vielseitige, schillernde, impulsive Persönlichkeit handelt, die auch ganz klare Vorstellungen von ihrer Mission hat: ein Ausnahmemensch, mit charismatischen Zügen. »Er verlangt Gehorsam und Gefolgschaft kraft seiner Sendung« (Max Weber).

Charakteristisch für die Beziehungsstruktur und damit für die daraus resultierende Beurteilungsstruktur, ist der Umstand, daß alle Urteile über den Kaiser stärker, als es normal wäre, emotional sind, im Positiven wie im Negativen sind sie ausgesprochen affektbesetzt. »Kaiser Wilhelm II. ist kein Mann, der irgendeinen Deutschen kaltläßt; ständig bewegt sich um ihn begeisterte Zustimmung und kritisches Urteil; und während alle Welt darüber, daß der Kaiser eine bedeutende, ja für seine Zeit repräsentative Persönlichkeit sei, einig ist, ergehen sich genauere Betrachtungen in Ratlosigkeiten und führen weit auseinander.«[17]

Er ist ein »Phänomen«, mit nichts zu vergleichen, das die Öffentlichkeit im höchsten Maße beschäftigt, irritiert, ja hypnotisiert; ein Faszinosum. Auch das ist nicht so dahin gesagt: Hier ist ein Verständnis des Besonderen, Einmaligen gefordert, das die konventionellen Normen zu suspendieren bereit ist.

Wo die Faszination einsetzt, ist das »Tremendum« nicht weit, dem man sich auszusetzen nicht fürchten darf. So ist die Einstellung zum Kaiser immer höchst zwiespältig. Man ist begeistert und erschreckt, Hoffnungen werden geweckt und Ängste aktualisiert. Man glaubt, vor unerklärlichen Widersprüchen zu stehen. Bewunderung und Widerspruch, Zustimmung und Ablehnung sind in demselben Munde. Die Einstellung zu diesen Widersprüchen ist aber selbst widerspruchsvoll. Das Phänomen ist ambivalent und spiegelt sich in der Ambivalenz der Urteile. Nur in den seltensten Fällen sind sie bestimmt durch ein klares Entweder-Oder. Es dominiert das Sowohl-Als-auch. Liegt diese Widersprüchlichkeit in der Komplexität des Phänomens – oder in der Perplexität der Beurteiler? Gefällt er ihnen so, wie er ist, oder wollen sie ihn anders? Sehen sie ihn so, wie er ist, oder projizieren sie auf ihn ihre Vorstellungen von einem Kaiser?

Die Urteile, die über ihn gefällt wurden, sind dabei immer signifikanter für die Beurteilenden als für den Gegenstand der Beurteilung. Die prätentiöse Besserwisserei eines Maximilian Harden, der professoral-arrogante Unmut eines Max Weber, der stocksteif-junkerliche Zorn eines Ernst zu Reventlow, die Süffisanz eines Bernhard von Bülow – hat man sich je gefragt, woher diese Herren eigentlich ihre Maßstäbe nahmen? Sie machten sich von der mutmaßlichen Aufgabe des Kaisers eine Vorstellung nach ihrem Bilde. Sosehr diese im einzelnen ihre Berechtigung haben mochte, verfehlte sie immer das Spezifische des Phänomens. »Ich sympathisiere mehr mit dem Kaiser als mit seinen Widersachern«, sagt Houston St. Chamberlain 1906 in einem Vortrag über diese, wie er meinte, »so fesselnde und so gewaltsam zum Widerspruch reizende Persönlichkeit«.[18]

Fesselnd und gewaltsam zum Widerspruch reizend: Nie zum Widerstand im Sinne einer politischen Aktion. Es gab kein Attentat, keine Verschwörung, keine Parteibildung gegen die Person des Kaisers. Aber eine rekurrente Dauerkritik.

Kein Zweifel, der Mann hatte etwas Provokantes, Unberechenbares, Unbequemes. Er ging den Leuten auf die Nerven.

Wilhelm II. im Jahre seiner Thronbesteigung 1888

Von Anfang an gab es so etwas wie einen Anti-Kaiser-Affekt. Es scheint so, als könne man über den Kaiser nicht ohne Gereiztheit, ohne eine gewisse Gehässigkeit sprechen. Besserwisserei, eine aufgebrachte Rechthaberei können sich dabei zu wahren Ausbrüchen ressentimentgeladenen Hasses steigern. Auffällig ist die Tendenz, daß in der Beurteilung des kaiserlichen Wirkens der Akzent immer auf die negativen Aspekte des ambivalenten Phänomens gesetzt wird. Nicht so sehr im Volk, das begeistert ist, sondern in der politischen Klasse, die unmittelbar betroffen ist – in Parlament, Hof, Presse, Verwaltung, in der politisch interessierten Öffentlichkeit. Kritik am Kaiser ist Mode. Es ist eine Form von Systemkritik, die mehr ist als politische Opposition. Ein genereller Unmut macht sich da Luft. Die Deutschen haben zu diesem Kaiser offensichtlich ein gestörtes Verhältnis.

Eines ist augenfällig: Welches auch immer die Argumente in der Kaiserschelte waren, die allen gemeinsame Grundirritation war die als Attentat auf die nationale Identität empfundene Entlassung Bismarcks. Der Standard, an dem seine Kritiker den Kasier explizit oder implizit gemessen haben, ist Bismarck. Sie machen den Kaiser klein, in dem Maße, in dem sie Bismarck für den Größten halten.

Man kann darum bis heute nicht über den »historischen Rang« Wilhelm II. sprechen, ohne auch über die Bedeutung Bismarcks ein Urteil zu haben. Das Interesse an der Beurteilung Wilhelms II. steht in unmittelbarem Zusammenhang mit der aufregenden Frage nach Sinn und Rechtfertigung der Bismarckschen Reichsgründung – nach dem Schicksalslauf der deutschen Geschichte. Die Frage »War alles falsch?«[19], die mit Bezug auf den Kaiser gestellt wurde, hier ist sie am Platze. Dabei stehen wir vor einer Aufgabe, die mit den Mitteln der klassischen Geschichtsschreibung nicht gelöst werden kann: die Dekonstruktion des nationalen Mythos. Das Feld der Untersuchung muß die Beziehung eines Volkes zu seinem höchsten Repräsentanten sein.

Was heißt das, wenn Rathenau, wie schon zitiert, sagt: »Der Kaiser war so, wie die meisten Deutschen ihn haben wollten«?

Wie reimt sich das zusammen, ein »Psychopath«, ein »Narr« und ein »sinnbildlicher Mensch«? Das Verdikt über den Kaiser schlägt um in ein Verdikt über das Volk. Aus dem Problem der Verantwortlichkeit des Kaiser seinem Volk (und Reich) gegenüber wird ein Problem der Verantwortlichkeit des Volkes für seinen Kaiser.

Die Rede vom »sinnbildlichen Menschen« verweist auf geheimnisvolle Wirkungszusammenhänge, die wir weder als redensartliche noch als metaphorische Beliebigkeiten abtun können. Es geht um die Interdependenz eines großen Individuums in exponierter Stellung mit seiner Epoche, die Beziehungsstruktur zwischen Kaiser und Volk. Sie besagt, daß die Gestalt des Kaisers etwas Sinn verleiht, dessen Sinn anders verborgen bliebe, das ohne ihn sinnlos wäre.

Was da auf höchst komplexe Weise ineinandergreift, kann man sich auf verschiedenen Ebenen verdeutlichen, die aber jede nur einen Teilaspekt des historischen Geschehens begreiflich macht. Soziologisch stellt sich die Frage nach dem Verhältnis des Kollektivs, der Gemeinschaft/Gesellschaft, was klassenspezifisch zu differenzieren wäre, und des dynastischen Ausnahmeindividuums; individual- und sozialpsychologisch die des Verhältnisses der Masse zum einzelnen, der inter- und intrapsychischen Verbindungen, des kollektiven Unbewußten, des Es mit Ich und Über-Ich, die archetypische Bedeutung von Mutterfixierung und Vaterimago; Animus und Anima; politisch, staatstheoretisch geht es um das Verhältnis der Beherrschten zum Herrscher, von »Untertanen« zu ihrer »Obrigkeit«, der Ohnmächtigen zu den Mächtigen, aber auch um die Bedeutung effektiver Gewaltausübung und die Folgen struktureller Gewalt; auf der symbolischen Ebene schließlich stehen sich gegenüber die transzendentale, sakrale Figur des »Königs« auf der einen Seite und auf der anderen das Volk, verstanden als der reale Körper des »Königs«, beide schicksalsmäßig auf Gedeih und Verderb miteinander verbunden und einander ausgeliefert. Der König ist dem Volk verantwortlich, das Volk dem König.

Der Ort, den der König besetzt, ist ein symbolischer Ort im sozialen Raum. Alles, was er tut, ist symbolisch und auf das

Ganze bezogen. Alles Sein und Handeln des Königs stiftet »Sinn«, als das Selbstwertverständnis, in dem die Gemeinschaft/das Volk seine Identität findet. Als repräsentative Person, die gleichzeitig auch ein Individuum ist, ist er ein »sinnbildlicher Mensch«. Auf dieser symbolischen Ebene verdichtet sich das historische Geschehen zum Mythos.

3 Aspekte einer Biographie

Man kann das Rätsel Wilhelm II. nur lösen, wenn man diesen Ausnahmemenschen in den Kontext seiner Zeit stellt, ihn nicht lediglich als historische Figur behandelt, sondern in ihm den Exponenten einer Epoche, den Repräsentanten eines Volkes, den »sinnbildlichen Menschen« sieht. Seine schillernde Erscheinung hat eine archaisch-mythische Dimension und kommt als Ganzes nur in den Blick, wenn man sie als kulturhistorisches Phänomen wahrnimmt.

Die Persönlichkeit des Kaisers hat viele Facetten. Er trug nicht nur viele Kostüme, sondern auch verschiedene Masken. Vielleicht ist eine andere Metapher angemessener: Er gleicht in seiner inneren Struktur jenen russischen Matrjoschkas: Wenn man sie öffnet, findet man in ihrem Inneren eine andere, etwas kleinere, und so fort. Zuletzt das Püppchen, das bloß und hilfsbedürftig anmutet, wie das Kindlein in der Krippe.

Um das durchaus Singuläre seiner Position und der Rolle, die er in der Geschichte gespielt hat, in seiner Komplexität zu erfassen, sollte der Biograph Wilhelms II. die folgenden subjektiven und objektiven Eigentümlichkeiten seines »Kaiser-Seins« im Hinterkopf haben; Vorbedingungen – Bedingungen der Möglichkeit seiner Existenz als dieser und kein anderer, Vorbedingungen zu ihrer Erkenntnis.

»Le Kaiser«

Wilhelm II. war nicht nur der letzte, er war auch der einzige wirkliche Kaiser des Zweiten Deutschen Reiches. Als ganz junger Mann hat er bewußt und mutig das prekäre Erbe seiner Väter angetreten. Erhobenen Hauptes ist er in das von dem dämonischen Riesen mit Blut, Eisen und Gold errichtete Walhalla eingezogen. Auch er mußte irgendwie fühlen, daß es dem Untergang geweiht war. Aber er wollte sich und der Welt das Gegenteil beweisen.

Man mag sich morosen Gedanken darüber hingeben, was aus dem Reich Schönes hätte werden können, hätten seine Eltern die Chance gehabt, ihre Konzeption zu verwirklichen, einen liberalen, parlamentarischen Verfassungsstaat nach englischem Vorbild daraus zu machen. Wilhelms Absicht war dies nicht. Er hatte andere, kühnere Vorstellungen: Er wollte aus dem etwas altfränkischen, mitteleuropäischen Bundesstaat eine moderne Weltmacht machen, ein Empire. Er tat damit das, was die Mehrzahl seiner Zeitgenossen von ihm erwartete.

Nachdem die desaströse Innenpolitik Bismarcks es an den Rand des Abgrunds gebracht hatte, konnte man den Eindruck gewinnen, daß es dieses »Reich« überhaupt noch gar nicht wirklich gab. Man mußte es erfinden: Darin sah Wilhelm seinen historischen Auftrag. Um ihm aber eine Gestalt zu geben, mußte er dem Reich zunächst einmal eine innere Einheit verleihen.

Im Spannungsfeld von Zentralismus und Partikularismus, in dem es hieß, fünfundzwanzig heterogene Bundesstaaten zusammenzuhalten (es war nicht einmal mehr sicher, ob Preußen sich nicht kurz und bündig seiner lästigen Reichsverpflichtungen entschlagen würde); in dem staatlich-militärische und konstitutionell-bürgerliche Führungsansprüche im unversöhnlichen Widerstreit lagen; in dem ein agrarischer Osten und ein industrieller Westen die widersprüchlichsten wirtschaftspolitischen Forderungen stellten; in dem Katholiken und Protestanten (von den Juden ganz zu schweigen) sich feindselig gegenüberstanden; in dem fremdsprachliche Völkergruppen wie Polen und Elsässer jederzeit die Gefolgschaft zu verweigern bereit waren; in dem die Stände (Adel, Bürgertum und Arbeiterschaft) durch unüberwindliche soziale Schranken voneinander getrennt lebten; in dem sich der Antagonismus der Besitzenden und der Besitzlosen jederzeit zum offenen Kampf verschärfen konnte, unternahm es dieser Mann, von einer einmaligen Position her, das ist wahr, eine permanente Integrationsfunktion zu erfüllen.

Von dieser menschliche Kräfte schier übersteigenden Aufgabe her hat er in durchaus origineller, schöpferischer, phantasievoller Weise seine Rolle als Kaiser interpretiert und damit dem »unmöglichsten aller Berufe« einen konkreten Inhalt gegeben.

Niemand hat das Spezifische der kaiserlichen Performance besser auf den Punkt gebracht als Hans-Bernd Gisevius in seinem leider Fragment gebliebenen Versuch einer Kaiserbiographie:

»Das Einzigartige an der historischen Erscheinung Kaiser Wilhelms II. ist nun, daß er sich allen Ernstes vornahm, ein moderner Kaiser zu sein – und es auch wurde. Nur daß er mit erstaunlichem Gespür witterte, wie hinter der unabweisbaren – aber von ihm gar nicht als solche begriffenen – Notwendigkeit einer liberal-sozialen Umstrukturierung der sich soeben formierenden deutschen Industriegesellschaft bereits etwas ganz anderes, ungleich Moderneres im Anzuge war. Er löste sich nicht von dem ererbten Absolutismus, sondern übersteigerte ihn zu einer ganz aufs Persönliche zugeschnittenen Kombination von König, Kaiser, Oberster Kriegsherr, Sprecher der Nation – alles eigenster Machart, wobei er sich aus den verschiedenen Funktionen das für ihn jeweils Verlockendste herauspickte. In der heutigen Terminologie gesprochen: Was ihn unaufhörlich beschäftigte und absorbierte, war sein selbstherrliches, von missionarischem Drang erfülltes Führer-Image weltweiten Formats.«

Dazu bediente er sich, neben den traditionellen Mitteln dynastischer Machtausübung, zu denen immer auch eine bewußte Prachtentfaltung gehörte, völlig neuartiger Methoden: Er hielt, für einen Monarchen ungewöhnlich, so oft es ging, öffentliche Reden und entwickelte eine bis dahin nie erlebte Ubiquität. Mit einer an Wunder grenzenden Energie und Unermüdlichkeit versuchte er, durch seine Präsenz und Repräsentanz dem von zentrifugalen Kräften auseinandergezerrten Reich einen jederzeit sichtbaren und für jeden in der Welt unverkennbaren Mittelpunkt zu geben.

Wie reagierte das Volk? Ludwig Thoma schrieb dazu 1908: »Gerade der merkwürdige Hang zum Opernhaften hat unser loyales Bürgertum dazu gebracht, in Wilhelm II. die Verkörperung des Ideals zu sehen. Welche epischen Gefühle hat jede Vergnügungsreise des Herrschers ausgelöst! Welche Lyrismen sind gesagt und geschrieben worden, wenn nichts geschah, als die Abnahme einer Parade. Kein Ding konnte mehr nüchtern und in der Stille geschehen! Auch das Einfachste vollzog sich in bengalischer Beleuchtung. Die bourgeoise Phantasie war täglich angeregt und aufgeregt durch die Persönlichkeit des Kaisers. In allem letzte und höchste Instanz, fand Wilhelm II. nirgends Widerspruch! Auch da nicht, wo er ihn suchte.«[20] Thomas Mann bestätigt ihn, wenn er sagt: »Im Grunde wünscht das Volk, sich stolz und herrlich dargestellt zu sehen«.[21]

Auch die berüchtigte Kaiserkritikerin, die Dame Spitzemberg, konnte sich der Wirkung dieses Mannes nicht entziehen. Am 1. Dezember 1898 schildert sie in ihrem Tagebuch den Einzug des Kaisers durch das Brandenburger Tor – der Magistrat empfing ihn, die Truppen standen Spalier bis ans Schloß, ein »bloßes Theaterstück, das jedem, der es gut mit unseren Herren meint, leid und peinlich sein muß«. »Kein Augenmaß« also. »Und doch« – fährt sie fort: »… als ich die Tausenden ehrsamen Bürger zurückströmen sah, die mit Kind und Kegel sich das Schauspiel angesehen hatten, ihren Kaiser und die schmucken Soldaten, mußte ich mich fragen, urteilen die breiten Schichten, die die obersten Zehntausend trennen vom sozialdemokratischen Mob, nicht anders in solchen Dingen, und ist ihnen der Hang ihres Kaisers zu theatralischer Schaustellung nicht sympathisch?«[22]

Für die Deutschen war dieser phantasievolle Akteur auf der politischen Bühne der Volkskaiser, der er zu sein wünschte. Für die Welt war er ein Unikum, das man mit Befremden zur Kenntnis nahm, teils bewunderte, teils fürchtete. Sehr deutsch, zu deutsch.

»Wilhelm der Zweite hat tatsächlich die Aufgabe eines Königs vollkommen erfüllt, indem er fast immer der Ausdruck der erdrückenden Mehrheit seiner Untertanen gewesen ist, der Verfechter und Vollstrecker ihrer Ideen, der Repräsentant ihres Weltbildes. Die meisten Deutschen waren nichts anderes als Taschenausgaben, verkleinerte Kopien, Miniaturdrucke Kaiser Wilhelms – und dies hat sogar das Ausland sehr deutlich empfunden. Er hieß schlichtweg ›Le Kaiser‹.«[23]

Wenn man die ungeheuren inneren und äußeren Widerstände ermißt, die in ihm und um ihn dagegenstanden, hat die grandiose imperiale Show, die er dreißig Jahre lang geboten hat, weil er das für seine Mission hielt, man kann sagen, was man will, etwas Imponierendes. Er versuchte das Äußerste zu bieten, das in dieser Art möglich war; daß ihm das gelungen ist, grenzt an ein Wunder.

Ein europäischer Fürst

Dieser Mann war kein Industriekapitän, kein Literat oder Journalist, auch kein Junker, vor allem kein bürgerlicher Professor, sondern das, was alle seine Kritiker im Grunde ihres Herzens vermutlich hätten sein wollen, ein Fürst, »un prince«.

Wissen wir überhaupt noch, was das damals bedeutete? Er war ein Angehöriger und Exponent jener supranationalen dynastischen Großfamilie, die mit dem Hochadel Europa überlagerte, international verzweigt und versippt, exklusiv mit einem ihr eigenen Standesbewußtsein, zu dem es gehörte, daß sie die Völker, die sie zu regieren berufen waren, als ihr Eigentum betrachteten. Für das Verständnis der Epoche ist diese Vorstellung nicht weniger relevant als die ebenso merkwürdige Vorstellung, der zufolge das Proletariat der Vollstrecker der Weltgeschichte sei. Enkel der Queen zu sein war für Wilhelm II. mindestens ebenso wichtig, wie Kaiser der Deutschen zu sein. Es war natürlich selbstverständlich für ihn, daß er »seinen« Deutschen der bestmögliche Kaiser war, das gehörte zum Berufsethos. Es ist aber auch durchaus denkbar, daß dieser Halbengländer, der sich eigentlich nur in England wohl fühlte, einem anderen Volk ein ganz anderer Monarch gewesen wäre.

Entscheidend für ihn war es, daß er den Thron in einem Moment bestieg, in dem die Kaste, der er angehörte – in der europäisches Menschentum in der höchstmöglichen Form der Selbstverwirklichung zur Entfaltung gekommen war, in der das Sakrale seinen soziologischen Ort hatte –, bereits von dem dunklen Gefühl durchdrungen war, daß ihre Stunde geschlagen hatte. Richard Wagner hat diese Untergangsstimmung in

Wilhelm II. mit seinem Onkel, dem englischen König Edward VII. und dem Herzog von Connaught auf einer Jagdpartie in Windsor im November 1907

seinem Ring großartig und unübertrefflich zur Anschauung gebracht.

Man denke nur: Kaiser Maximilian wird erschossen, Ludwig II. endet in Wahnsinn und Selbstmord, sein Bruder ist in einer Irrenanstalt, der österreichische Thronfolger Rudolf erschießt sich unter melodramatischen Umständen, Zar Alexander II., etwas später die Kaiserin Elisabeth, der König in Italien werden ermordet, ein jugoslawischer König aus dem Fenster gestürzt, ein Sultan entmachtet.

Wir wissen, daß Wilhelm II. von dem Selbstmord Rudolfs am Tage vor seinem eigenen Geburtstag, dem ersten, den er als deutscher Kaiser beging, zutiefst getroffen war. Er mußte fühlen, daß dieser Akt auch gegen ihn gerichtet war. Er las ihn als Menetekel.

Eine Zeitlang hatten die beiden Prinzen, Altersgenossen, als die Dioskuren posiert, in deren Händen die Zukunft Europas lag, gemeinsam gejagt, gesumpft und gehurt. Das gehörte zur Prinzenerziehung. Aber sie mochten sich nicht, sie waren grundverschieden. Wilhelm spürte das Brüchige und Morbide in seinem Gefährten, der ihn als Parvenu behandelte und dem gegenüber er wohl auch ein gewisses Inferioritätsgefühl haben mußte. Jetzt hatte er sich umgebracht, hatte sich der Verantwortung seiner Aufgabe entzogen. Das war stillos und pflichtvergessen, eine Schlamperei, ein unerlaubtes Sich-gehen-Lassen.

Vor diesem Horizont dynastischer Familientragödien noch einmal zu reüssieren, es noch einmal zu schaffen, trotz des ungeheuren Berufsrisikos nicht auszuflippen, sondern voll und ganz seinen Mann zu stehen, ein erfolgreicher Monarch zu sein, das verlangte Mut und Zähigkeit! Als Fürst mehr noch denn als Oberhaupt eines modernen Staates stand Wilhelm II. so von der ersten Stunde seiner Regierung an unter einem unerbittlichen Erfolgszwang, und man muß sagen, daß es ihm tatsächlich in exemplarischer Weise gelungen ist, ein »wirklicher und wirkender europäischer Dynast« zu sein.

Figur des Fin de siècle

Ganz ohne Geschichtsmetaphysik kann man den Kaiser auch aus einem völlig anderen Blickwinkel sehen. Kaiser Wilhelm II. ist eine der markantesten Figuren des Fin de siècle. Er gehört in die Kategorie der *monstres sacrés* der Jahrhundertwende – so wie Gabriele D'Annunzio, Sarah Bernhard, Sergei Diaghilew oder die Marchesa Casati – geniale Exzentriker, die ihr Leben als Ausnahmemenschen bewußt wie ein Kunstwerk gestalteten. Als Kaiser hatte er allen anderen natürlich besonders exquisite Möglichkeiten der Selbstverwirklichung voraus. Er konnte sich leisten, wovon Privatpersonen nur träumen konnten. Verglichen mit den Durchschnittsmonarchen seiner Zeit, hatte er einen ausgesprochen künstlerischen Sinn für die ästhetische Dimension der ihm schicksalsmäßig oktroyierten »allerhöchsten« Daseinsform – ausgenommen Ludwig II. von Bayern und der österreichischen Kaiserin Elisabeth, die er beide bewunderte.

Ein ganz ungewohntes Bild war mir der Kaiser in seiner – wie ich später erfuhr – selbst erfundenen Kommode-Jagdadjustierung: Er trug die Bluse eines Jägers zu Pferd mit den schweren goldenen Fangschnüren eines Generaladjutanten um die Brust, am Hals ein Kreuz, eine Kombination der Ordensabzeichen der Johanniter und Deutschen Ordensritter – auch nach eigenem Entwurf. Niemand anderer als er durfte dieses Kreuz tragen. Seine bis über die Knie reichenden Stiefel aus glänzendem gelben Leder, an denen goldene Sporen klirrten, erinnerten an die Ritterzeit. Ich dachte unwillkürlich an das schlichte Jägergewand Kaiser Franz Josephs und daran, was er wohl zu dem Vorschlag sagen würde, sich auch einmal so schön anzuziehen wie Kaiser Wilhelm. ... Nach Tisch begab man sich

33

in den Rauchsalon, und nun blieb der Kaiser bis zum Schluß des Abends im Mittelpunkt der Unterhaltung, das heißt, er besorgte eigentlich die Konversation allein. Alles hörte ihm andächtig zu wie einem guten Prediger. Und wieder war es seine Kleidung, die mir einen ganz ungewohnten Eindruck machte: der Kaiser trug den grünen Fürstenbergischen Jagdfrack, dazu eine kurze schwarze Hose, angeschnittene Schuhe und lange Strümpfe, unterm Knie den englischen Hosenbandorden, quer über die Brust das Band des Schwarzen-Adler-Ordens, um den Hals das spanische Goldene Vlies. An der Brust glitzerten reich mit Diamanten besetzte Brustknöpfe, ähnliche Knöpfe an den Manschetten. An den Fingern trug er eine Unmenge schöner Ringe.

Fürstin Nora Fugger, Im Glanz der Kaiserzeit, Wien, 1932, S. 431 ff.

Irgendwie hatte er die Wagnersche Idee des Gesamtkunstwerkes verinnerlicht und in der romantischen Tradition eines Adam Müller, in der der ideale Staat ein »Kunstwerk« ist und der wahre Staatsmann ein Staatskünstler, fühlte er sich als Staatsmann zum Künstler berufen. Sein nicht erlahmendes Interesse galt der Inszenierung seines kaiserlichen Wirkens als Schauspiel, der dekorativen Gestaltung seiner imperialen Auftritte.

Er war ein genialer Ausstattungskünstler. Vom Design seiner Uniformen und Kostüme (und derer seines Gefolges) über die Ausstattung seiner Schlösser, die Anlage von Parks und Gärten, das Arrangement großer Feste, wie zum Beispiel das Fest in friedrizianischen Kostümen in Sanssouci zu Ehren von Adolf Menzel, glanzvoller Paraden und Kavallerieattacken, Segelregatten und Kreuzfahrten bot er seinem Volk und der Welt ein einzigartiges Schauspiel der permanenten künstlerischen Selbststilisierung.

Darin ist er mit Ludwig XIV. und Napoleon I. vergleichbar, dessen Empire ein großartiger Fall epochaler Stilbildung in allen Bereichen des öffentlichen Lebens ist. Deswegen trägt seine Epoche, die als die Belle Époque in die Kulturgeschichte eingegangen ist, im deutschen Raum mit Recht seinen Namen. Der »Wilhelminismus« ist auch das Zeugnis eines ästhetischen

Wilhelm II. liebte das historische Kostüm,
diese Aufnahme entstand um 1900

Wollens. Es spiegelt, wie es nicht anders sein kann, das Zeitalter in seiner ganzen Zerrissenheit zwischen Tradition und Moderne, Konvention und Sezession, und der Kaiser ist sein getreuer Repräsentant. Es verwundert nicht, daß er auch hier wieder zum Fokus der Kritik wurde.

Ein guter Teil der Kritik, die an ihm geübt wurde, zielte auf seinen schlechten Geschmack. Ganz unversöhnlich war darin sein mutmaßlicher Onkel, Harry Graf Kessler[24]. Bei einer Zeiterscheinung, deren Gestaltungsmöglichkeiten zwischen den Märchenschlössern Ludwig II. und dem Eifelturm, Neugotik und D'Annunzio liegen, ist ein Kriterium wie der »gute Geschmack« vollkommen unangemessen. Hat je jemand daran gedacht, Bismarck wegen seines horrenden schlechten Geschmacks, was sein Interieur und seine Eßgewohnheiten betraf, zu kritisieren? Mit Recht nicht. Das war eben sein Stil.

Der sehr ausgeprägte Stil des Kaisers reflektiert, was rückblickend immer deutlicher wird, das Aberwitzige dieser letzten Epoche der okzidentalen Hochkultur, in der verbunden mit einer erschreckenden Bevölkerungsvermehrung, eine alles Bisherige übertreffende Steigerung der Produktivkräfte alle überkommenen Lebensformen aus den Angeln hob. Dieser »Schub« wurde um die Jahrhundertwende gleichzeitig als die exaltierende Möglichkeit empfunden, zu neuen Horizonten aufzubrechen, als die tödliche Bedrohung des Hergebrachten, als Infragestellung alter Ordnungsstrukturen, als »Umwertung aller Werte« und als Nihilismus. Die unerhörte Steigerung der materiellen Mittel führte zum Luxurieren, zur barocken Wucherung der traditionellen Formwelt. Von der Wirkung des gleichzeitig freigesetzten Zerstörungspotentials, das seismographische Geister mit einer Mischung von Lust und Entsetzen registrierten, sollte dann der Weltkrieg eine erste Anschauung vermitteln ...

Jede soziale Gruppe erlebte und verstand diesen explosiven Vorgang auf ihre Weise. Die Perzeption der Welt wurde nicht mehr durch einen generellen Konsensus reguliert, konkurrierende Interpretationsangebote verselbständigten sich, die Gesellschaft zerfiel in untereinander kaum noch kommunizierende Subkulturen. Das galt natürlich auch für die höchste Führungsschicht, die sich den anderen gegenüber allerdings in der vorteilhaften Lage befand, die Repressionsmittel des überkommenen Herrschaftssystems zu ihren Gunsten einsetzen zu können. Doch nagte an ihrem Selbstverständnis längst der Wurm der Ahnung, daß der »Ordnungsentwurf«, den sie zur Norm erhoben hatte und verteidigte, in nichts weniger fragwürdig war als jeder andere auch. Da half kein Auftrumpfen!

Machtdemonstrationen gerieten zu Manifestationen der Ohnmacht, der Gestus der Herrschaft zur Pose, die Entfaltung des Reichtums zum Kitsch.

Wer ein Paradigma für den »Stil« dieser Epoche sucht, findet es in den großen Bahnhöfen, die damals entstanden: modernste Technologie verbunden mit historisierenden Fassaden, megalomane Naturbeherrschung, neue soziale Bezüge, neue Mobilität und Möglichkeiten der Distanzüberwindung, neue Formen eines auch den Massen zugänglichen Luxus (vergleichbar den römischen Thermen). Der Gesamteindruck: grandios und scheußlich.

Der Wilhelminismus hatte seine eigene Ästhetik, und seine Ausdrucksformen müssen nicht danach beurteilt werden, ob sie diesen oder jenen »gefallen«, sondern danach, was da eigentlich zum Ausdruck kam.

In dem verzweifelten Versuch, das zutiefst Widersprüchliche auf eine repräsentative Formel zu bringen, in der Altes und Neues zur Synthese kommen würde – in dem aufrichtigen Wunsch, es allen recht zu machen –, konnte auch der Kaiser nicht mehr, als die generelle Orientierungslosigkeit zu repräsentieren.

Wenn ihn Glanz und Glamour der Belle Époque umflimmern, so sollte man nicht vergessen, daß er auch Zeitgenosse des Expressionismus und Dada war. Als Exponent der offiziellen Kulturmanifestationen zeigte er wenig Sinn für den Lärm der Subkulturen. Die aber wußten, was sie an ihm hatten. Zu den größten Bewunderern des Kaisers, die sein Lifestyle, nein, seine pure Existenz, sein So-Sein faszinierte, gehört nicht zufällig der Futurist Emilio Marinetti.

Marcel Proust, der verschiedene Gründe hatte, sich für den Kaiser zu interessieren, besonders natürlich im Zusammenhang mit der Eulenburg-Affaire, widmet ihm eine kleine Vignette: In einem Tischgespräch mit einem deutschen Standesherrn, läßt er die Duchesse de Guermantes sagen: »Der Kaiser gefällt mir nicht. Er hat etwas Aufgesetztes, wie eine grüne Nelke. Etwas, was mich in Erstaunen versetzt, mir aber nicht wahnsinnig gefällt, etwas, von dem cs erstaunlich ist, daß es gemacht wurde, aber von dem ich finde, es wäre besser gewesen, man hätte es nicht gemacht.«[25]

Egon Friedell sah das ganz richtig, wenn er über den Kaiser schrieb: »Während die ›Modernen‹ ihn unablässig als rückläufig, amusisch, zeitfeindlich bekämpften, übersahen sie, daß er in seiner ganzen seelischen Struktur sehr deutlich die Züge seiner Epoche trug, denn er war zweifellos ein *homme du fin de siècle*, nämlich Impressionist und Décadent. Seine vielgerügte Fähigkeit, Impulsivität, Unberechenbarkeit war nichts als Impressionismus, denn auf eine ganz allgemeine, psychologische Formel gebracht, ist dieser nichts als Ideenübervölkerung, eine Invasionierung durch Mengen neuer Vorstellungsmassen, für die (noch) keine ordnenden Dominanzen gefunden sind. Und was die Dekadenz anbelangt, so ist nach Nietzsche ihr Wesen die Übertreibung, die Disproportion, die Nicht-Harmonie ... wenn der Erschöpfte mit der Gebärde der höchsten Aktivität und Energie auftrat, dann verwechselte man ihn mit dem Reichen ... die interessantesten Menschen gehörten hierher, die Chamäleons ... ihre Zustände liegen nebeneinander. Sie wechseln, sie werden nicht.«[26]

Der andere Wilhelm

Dabei stand hinter dem im glitzernden Kostüm, ordens-behängt, helmbuschrauschend, kreuz und quer durch sein Land jagenden, redenschwingenden Imperator, der sich als modern-expressionistischer Volksführer gerierte, ein äußerst sensitiver, differenzierter, geistreicher, eleganter, vielseitig interessierter, den Umgang mit bedeutenden Persönlichkeiten aus allen Lebenssphären suchender Grandseigneur.

Man hat sich so sehr daran gewöhnt, ihn immer in (wechselnden) Uniformen zu sehen, daß man vergessen hat, daß er durchaus auch »Zivil« trug, besonders wenn er in England weilte, seine Mutter in Kronenburg besuchte oder auf Korfu seinem archäologischen Studium nachging.

1905 empfing der Kaiser Nicholas Murray Butler, den Präsidenten der Columbia University und späteren langjährigen Präsidenten des Carnegie Endowment for International Peace, Träger des Friedensnobelpreises 1931, um mit ihm ein deutsch-amerikanisches Austauschprogramm für Studenten und Professoren zu besprechen, das dann auch sofort verwirklicht wurde. In seinen Memoiren gab Butler, mehr als dreißig Jahre später, seine Eindrücke von diesem Besuch wieder. Wie unzählige andere, besonders ausländische Besucher, war er tief von der Persönlichkeit des Kaisers beeindruckt. Er schreibt: »Es dürfte kein Zweifel daran bestehen, daß, wäre der Kaiser nicht ein regierender Fürst gewesen, so hätte er es leicht als *homme de lettres* zu Ansehen gebracht.«[27]

Dieses verständnisvolle Urteil eines Fremden wird der Persönlichkeit des Kaisers gerechter als alles, was die Flügeladjutanten aus seiner nächsten Umgebung, die Herren Zedlitz-

Trützschler, der Admiral von Müller und der Hauptmann Sigurd von Ilsemann[28], zu berichten wissen, obwohl das negative Kaiserimage sich weiterhin hartnäckig aus diesen trüben Quellen speist. Sie waren durch den täglichen Dienst in einer subalternen Stellung gestreßt. Sie waren preußische Offiziere und hatten nur eine sehr beschränkte, ganz einseitige, kasinomäßige Auffassung von den Verpflichtungen ihres Herrn, der für sie in erster Linie ihr militärischer Vorgesetzter war. Was da nicht hineinpaßte, waren Launen, Marotten – nichtkonformes Verhalten. Sie beurteilten den Kaiser nach ihren konventionellen Maßstäben, den Rest – und das war das wichtigste – nahmen sie nicht wahr.

Zu einem vollständigen Bild des Kaisers gehört zum Beispiel eine ausführliche Würdigung der effektiven, ganz durch seine Persönlichkeit geprägten Rolle als Initiator einer progressiven deutschen Bildungs- und Wissenschaftspolitik.

Das war durchaus ungewöhnlich. So etwas gab es vor ihm nicht. Kein anderer Monarch, kein anderes Staatsoberhaupt seiner Zeit hatte derartige Interessen. Für Wilhelm II. waren sie integrierende Bestandteile seiner Funktion als König und Kaiser – wie er sie verstand.

Mindestens so wichtig wie sein persönliches Engagement für den Ausbau einer deutschen Hochseeflotte ist sein persönlicher Einsatz als Förderer der deutschen Universitäten, Technischen Hochschulen, Forschungsinstitute, seine unermüdliche Anteilnahme an technisch-wissenschaftlichen Innovationen jederart – von der Hirnforschung bis zur Konstruktion eines Luftschiffes. Ohne ihn wäre die Kaiser-Wilhelm-Gesellschaft nicht ins Leben gerufen worden, die heute noch als Max-Planck-Gesellschaft ein Rückgrat der wissenschaftlichen Forschung ist. Auch daß unter seiner Herrschaft die größten deutschen Museen entstanden, Städtebau und Denkmalpflege Höhepunkte erreichten, an die wir nur mit Nostalgie zurückdenken können, gehört zu seinen Verdiensten.

Besonders muß seine bekannte Leidenschaft für die Archäologie und Ethnologie hervorgehoben werden, die mehr war als eine dilettantische Marotte. Im Medium kulturhistorischer Altertumsforschung reflektierte er über die Grundgesetze des Völkerlebens, Entstehung und Untergang der großen Reiche, reflektierte er über das Wesen und die Problematik des sakralen Königtums – und damit über das zentrale Thema seines Lebensschicksals.

Der Biograph muß die geistigen Interessen dieses Monarchen ernst nehmen. Auch wenn es Wilhelm II. als Staatsmann nicht gelungen ist, Deutschland als Weltmacht zu konsolidieren, so hat er mit seinen progressiven Konzeptionen auf den verschiedensten Gebieten wissenschaftlicher Forschung wesentliche Impulse gegeben, die das Deutsche Reich während seiner Regierungszeit auf den bekannten, von aller Welt unbestrittenen, höchsten Stand ökonomischer und kultureller Prosperität geführt haben, von deren Substanz wir heute noch zehren.

Man wird feststellen, daß der heute so gängige Begriff der »Kulturpolitik« als Alternative zur militärischen Machtpolitik sich im Umfeld des allerhöchsten Interesses für moderne, nicht konforme, ja sogar von der Zunft verpönte Auffassungen für die Beurteilung der Entwicklung der Völker und Staaten entfaltet hat. Kulturgeschichte, nicht Kriegsgeschichte. Der deutsche Weltmachtanspruch sollte kulturpolitisch, nicht militärisch eingelöst werden. Das war der Vorschlag, mit dem Karl Lamprecht kurz vor Kriegsausbruch zu dessen Abwendung an den Reichskanzler Bethman-Hollweg herantrat. Lamprecht gehörte zu den Protegés des Kaisers, der sein »Institut für vergleichende und allgemeine Kulturgeschichte« in Leipzig (also außerhalb Preußens) aus seiner Privatschatulle finanzierte. Sowie die Afrikaexpeditionen des jungen Leo Frobenius, der später als Präsident der »Doorner Arbeitsgemeinschaft«[29] in die Position eines Freundes des exilierten Kaisers hineinwuchs. Diese Zusammenhänge sind auch heute noch weitgehend unerforscht.

Man kann ermessen, wie zutiefst sich der Kaiser durch die innenpolitischen Angriffe der Jahre 1907/08 (Daily-Telegraph und Eulenburg-Affaire, auf die später noch ausführlich zu sprechen zu kommen sein wird) verletzt fühlte, als er feststellen mußte, daß er nicht von Freunden umgeben war, sondern von Intriganten, die ihm an den Kragen wollten, nicht nur Schmeichler, sondern Verräter. Sein schönster Traum war es gewesen, das Reich mit einer Handvoll Freunden zu führen, die fühlten wie er. Damit war es ab 1908 vorbei.[30]

Seine Enttäuschung war mehr als die narzißtische Kränkung eines sensiblen Individuums. Es war die existentielle Erfahrung der Ohnmacht des Königs. Welches auch immer die Vorwürfe waren, die gegen ihn erhoben wurden, sie liefen auf eine radikale Infragestellung seiner Amtsführung und der grandiosen Vorstellung, die er sich davon machte, hinaus. Er mußte sich total verkannt und mißverstanden fühlen. Seine Herrschaft beruhte letztlich auf der charismatischen Ausstrahlung seiner einzigartigen Persönlichkeit, wurde sie in Zweifel gezogen, hatte er die Basis seiner Legitimation verloren. Er zog ernsthaft die Möglichkeit in Erwägung abzudanken.

Wenn sein Pflichtgefühl ihn nach der »Novemberkrise« von 1908 schließlich doch dazu bestimmte, seine imperiale Rolle formal weiterzuspielen, so sprechen viele Anzeichen dafür, daß sein inneres Engagement erloschen war, was dann, wie man weiß, während des Krieges, der nicht sein Krieg war, bis zu dem schier unbegreiflichen Verzicht auf die Ausübung seiner Prärogativen als oberster Kriegsherr führte. Sein »Ich« rief die libidinöse Besetzung von der Staatsmaschine und ihrem Bedienungspersonal ab. Dafür wandte er sich in zunehmendem Maße seinen kulturhistorischen und archäologischen Interessen zu.

Er zog sich innerlich gewissermaßen nach Korfu zurück, sein Arkadien. Das ist »sinnbildlich« und tatsächlich zu verstehen. 1906 hatte er das Märchenschloß seiner Tante, der tragisch umgekommenen Kaiserin Elisabeth, die für ihn zu einer Kultfigur geworden war, mit Mitteln aus seiner Privatschatulle erworben. Dort leitete er fachkundig die Ausgrabungen der »Gorgo«, ein rares Relikt prähellenistischer Matriarchatskulte, das ihm die Vorsehung großmütig als symbolisches Objekt der Begierde zugespielt hatte.[31] Nach seiner Abdankung veröffentlichte er darüber ein Buch, an dem er wahrscheinlich schon

Wilhelm II. (re.) mit Wilhelm Dörpfeld (li.) bei den Ausgrabungen des antiken Gorgotempels bei Garitza auf Korfu im März 1911

Die Gorgo-Medusa

während seiner Mußestunden während des Krieges gearbeitet hat.[32]

Das Exil muß für ihn eine Erlösung von den Bürden des Kaiseramtes gewesen sein. Jetzt endlich konnte er einen geheimen Lebenstraum verwirklichen: die Existenz eines englischen Country-squires zu führen, der seinen Hobbys nachgeht.

Es ist Juni 1916. Nach dem Essen läßt der Kaiser sich eine ihm zugegangene Denkschrift über die Entzifferung der Hethitersprache zukommen und liest sie vor, raisonniert dann darüber, daß man ihm diese äußerst wichtige Sache nicht gleich gemeldet. Als Lyncker bemerkt, man habe wohl geglaubt, der Kaiser sei im Kriege mit wichtigeren Dingen beschäftigt, brauste er auf und sagte: ›Was wichtiger Dinge! Die Erschließung der Hethitersprache ist mindestens so wichtig wie der ganze Krieg. Hätte sich die Welt mehr mit den Hethitern beschäftigt, so wäre der Krieg gar nicht ausgebrochen.‹
Sebastian Haffner, Preußische Profile, a. a. O., S. 213 f.

Das behinderte Kind

Er trat mit der Aura des jugendlichen Helden in die Geschichte ein. Sie gehört zu seinem Kaiserimage, so, wie er es wollte, so, wie man es von ihm erhoffte. Auch noch nach fünfundzwanzigjähriger Regierungszeit war er »unser junger Kaiser«.

Der Kontrast zur sinistren Gestalt Bismarcks, zur Märtyrerfigur des edlen Dulders, seines Vaters, zum greisen Großvater war frappierend, aber in ihm kündigte sich der Epochenwechsel an, der Schritt vom Alten zum Neuen, von der Vergangenheit in die Zukunft. Der junge Herr war 29 Jahre alt.

Ein Märchenprinz, schön, phantasievoll, tatendurstig, voller grandioser Ideen von seiner Aufgabe. Niemand dachte daran, daß sich hinter dieser blendenden Erscheinung ein »Krüppel« verbarg.

Der künftige Kaiser ist mit einem schweren physischen Defekt, einem gelähmten linken Arm, zur Welt gekommen. Das war eine dynastische und nationale Katastrophe. Der Erbe der preußischen Militärmonarchie war für den Heeresdienst untauglich, nach strengen Maßstäben war er überhaupt untauglich, eine Krone zu tragen: die physische Unversehrtheit gehört seit alters zu den Grundbedingungen des Königtums. Der Körper des Königs ist kein gewöhnlicher Körper, sondern eine symbolische Größe. In seiner Unversehrtheit bürgt er für die Unversehrtheit des Gemeinwesens.[33]

Seine Jugend war die eines »behinderten Kindes«, das mit den brutalsten und grausamsten Maßnahmen gequält wurde, die den Köpfen perverser Sadisten entsprungen scheinen; zuerst in der Hoffnung, diesen Defekt »wegzutherapieren«, dann in der Absicht, dem armen Jungen eine Haltung anzutrainie-

Prinz Wilhelm im Jahre 1861

ren, die ihn befähigt, ein quasi normales Verhalten zu simulie-
ren. Ein Martyrium.

John C. G. Röhl hat das große Verdienst, diese traurige Geschichte im ersten Band seiner Kaiserbiographie in allen Einzelheiten erforscht und aktenkundig gemacht zu haben. Niemand kann seinen Bericht lesen, ohne das tiefste Mitgefühl mit
dem Knaben zu empfinden.[34]

Stigmatisiert mit dem Makel der Mißbildung, wurde er zum
Opfer: zum Opfer dynastischen Ehrgeizes, medizinischen Un-
geschicks, pädagogischer Härte, militärischer Disziplin und,

Prinz Wilhelm im Jahre 1870

was vielleicht das schlimmste war, zum Opfer eines totalen
Mangels an Empathie, Einfühlungsvermögen und Verständnis,
an affektiver Zuwendung, an Liebe. Alles kam darauf an, den
physischen Defekt auszutilgen. Daß der Preis dafür schwere
psychische Verletzung und Deformation sein mußte, kam offenbar niemandem in den Sinn.

Gewalt und Liebesentzug gehören vielleicht zur Erziehung
preußischer Prinzen – man denke an Friedrich II. –, von Prinzen überhaupt, vor allem wenn sie zur Thronfolge bestimmt
waren. Um aus einem normalen Kind einen »Herrscher« zu

machen, bedarf es besonderer Methoden. Im Falle Wilhelms II. trat die Notwendigkeit verschärfend hinzu, ein behindertes Kind erst einmal so zu »dressieren«, daß es wie ein normales Kind funktioniert.

Der kleine Prinz wurde in seinem So-Sein negiert: Er mußte ein anderer werden. Nur in dem Maße, in dem er den Makel überwand, mit dem er behaftet war, konnte er Anerkennung finden – konnte er sich selbst anerkennen.

Um ein ganzer König zu werden, mußte er ein ganzer Mann werden. Das galt doppelt in einer Militärmonarchie, einem Soldatenstaat, dessen Wertesystem auf einem extremen heroisch-martialischen Männlichkeitsideal beruhte. Es ist kaum zu glauben: Das Experiment einer physischen Rehabilitierung ist geglückt.

Ein König muß reiten und schießen können, der Kaiser wurde ein kühner Reiter und sicherer Schütze, er war zu jeder physischen Belastung tauglich, ein flotter Tennisspieler, ein zäher *Yachtsman*. Er war in der Lage, seine Rolle als König zu spielen, zackig und laut, motorisch-mechanisch mit der Präzision einer Aufziehpuppe. Er hat es fertiggebracht, eine perfekte Fassade soldatischer Männlichkeit aufzubauen; wie es dahinter aussah, wußte nur er.

Man kann es ahnen, wenn man die traurigen Augen sieht, mit denen er einen auf so vielen Bildern treuherzig anschaut – nicht der blitzende Blick, der zur offiziellen Pose gehört wie Uniform und Ordensschmuck.

Diese traurigen Augen lassen die Abgründe an Einsamkeit ermessen, die dieser Mensch in sich birgt. Könige sind einsam, das ist ihr Los. Für ihn gilt es doppelt, die Unmöglichkeit, mit irgend jemandem über das sprechen zu können, was ihn zutiefst bewegt.

Durch die Maske des Herrschers schaut das gequälte Kind mit seiner unersättlichen Sehnsucht, geliebt zu werden.

Was aus dieser menschlichen Substanz in sein Königtum einfloß, was abwich von dem viril-martialischen Stereotyp, das er verinnerlicht hatte und agierte, was da in Depressionen und Wutausbrüchen, mit rhetorischen Entgleisungen, in einer ner-

Wilhelm II., Gemälde von Philipp Alexius László, 1908/09

vösen Ungeduld und spontanen Willensbezeugungen gelegentlich zum Durchbruch kam, war genau das Wunderlich-geniale, Auratische, das Zwiespältig-schillernde, das ihn so sonderbar, so bizarr, für seine Umwelt so unberechenbar und rätselhaft machte, das, was die einen faszinierte und die anderen erschreckte und befremdete.

Genau dieses »Mehr« machte das Besondere seiner Persönlichkeit, seine Individualität aus und gehörte zu seinem Selbstverständnis. Er hatte keine Möglichkeit, es zu hinterfragen. Er staunte nur über das Unverständnis, das ihm immer wieder begegnete. Der Gedanke, daß seine besten Eigenschaften Abkömmlinge seiner gewaltsam verdrängten Infirmität waren, ist ihm nie gekommen. Er war eben etwas Außergewöhnliches, Einzigartiges – ein Ausnahmemensch.

Seit Emil Ludwig gehört der verkrüppelte Arm zum festen Bestand jeder Kaiserbiographie[35]. Der Monarch mußte eine kongenitale Schwäche mit Demonstrationen der Stärke »kompensieren«. Stärke, die seinem eigentlichen Wesen gar nicht entsprach. Das ist richtig, aber zu kurz gesehen; man kommt dem Rätsel Wilhelms II. mit individual-psychologischen Erklärungsmodellen nicht auf den Grund. Man kann einen König nicht psychoanalysieren, das heißt ihn mit Maßstäben messen, die der Lebenswelt bürgerlicher Subjekte abgewonnen und adäquat sind. Die menschliche Problematik des Herrschertums hat ihre eigene Psychologie, sie ragt in die sakralmagische Sphäre. Wir werden später noch sehen, was das bedeutet.

Die Biographie eines Königs ist nie die Geschichte eines Einzelschicksals. »Der Souverän repräsentiert die Geschichte«, sagt Walter Benjamin. »Als erster Exponent der Geschichte ist (er) nah daran, für ihre Verkörperung zu gelten.«[36]

Das Mißgeschick des Prinzen Wilhelm ist ein signifikantes Moment der deutschen Geschichte. Was rückblickend die Nachwelt interessieren muß, ist seine mythische Dimension.

Die Frage, die sich unausweichlich stellt und vor der wir nicht zurückschrecken dürfen, ist doch die: Warum, um Gottes willen, ist der preußische Prinz, der einmal deutscher Kaiser werden sollte, als »Mißgeburt« zur Welt gekommen? Darin einen Zufall sehen zu wollen ist reine Verlegenheit.

Ist es nicht auffällig, daß in dem Moment, in dem das Unglück geschah, am 27. Januar 1859, Klio am Bett der princess royale im Kronprinzenpalais zu Berlin, Unter den Linden, in den Gestalten der agierenden Personen des Dramas alle Faktoren versammelt hatte, die einmal das Schicksal des Deutschen Reiches bestimmen sollten?

Da lag hilflos, von Chloroform betäubt, die englische Mutter, die Tochter der Queen, die mit ihren liberalen Ideen Preußen humanisieren wollte, selbstbewußt, willensstark, aber eine Frau eben, die am Widerstand der deutschen Männer, der Misogynie des Männerbundes, scheitern sollte.

Da stand, für die Zeit ganz ungewöhnlich, der dieser jungen Frau und ihren generösen Ideen durchaus aufgeschlossene, aber ganz seinen preußisch-soldatenstaatlichen Traditionen verhaftete schwache Vater Friedrich, dem es nur hundert Tage lang vergönnt sein würde, Kaiser zu sein.

Alle dominierend, wenn auch nur im Geiste präsent – er verfolgte die Geburt Minute für Minute aus nächster Nähe, es war ja eine Staatsaktion –, der alte König Wilhelm. Ultrareaktionär, bis in die Knochen militaristisch-soldatisch geprägt, der streng in dynastischen Kategorien dachte und seine Lebensaufgabe darin sah, die Hegemonie des Hohenzollernschen Staates in Deutschland zu etablieren, wozu er einen tauglichen Nachfolger brauchte, wofür er seinen Sohn nicht hielt. Wilhelm I. war preußischer König und wollte nichts anderes sein. Kaiserkrone und Reich empfand er als unseriösen Firlefanz, das war sein Ding nicht, nur widerstrebend ließ er sich dazu überreden, sich auf dergleichen einzulassen. Sie bedeuteten für ihn das Ende Preußens.

Schließlich die Schar der »Geburtshelfer«, die Ärzte, die alleruntertänigsten Ratgeber ratlos, uneinig und inkompetent. Ganz wichtig Fräulein Stahl (nomen est omen), die Hebamme, die als Repräsentantin der niederen Klassen der Bevölkerung, als Vertreterin des Volkes gewissermaßen, mit gesundem Menschenverstand ihres Amtes waltete und in populärem Pragmatismus den Neugeborenen – den man, allein um das Befinden der schwer angeschlagenen Mutter besorgt, schon für tot hielt – mit den harten Schlägen eines nassen Handtuches ins Leben holt.

Und da, das Kindlein in der Wiege, das Kronprinzlein, der präsumtive Verwirklicher all dieser so widersprüchlichen Hoffnungen und Größenphantasien, von den Ärzten aus dem Mutterleib gezerrt, gewaltsam ins Leben geholt, nur unter Aufwendung äußerster Gewalt lebensfähig – ein behindertes Kind. Wenn das nicht ein böses Omen war! Alle Beteiligten müssen es so empfunden haben.

Die mythische Urszene. Das Dispositiv der deutschen Geschichte, die Grundkonstellation, aus der sich alles Weitere ergeben würde.

Rückblickend können wir erkennen, daß die Konfiguration der königlichen Steißgeburt *in nuce* emblematisch die Kräftekonstellation der zwölf Jahre später erfolgten Reichsgründung antizipierte, in der um den Preis der Gewalt ein Monstrum in die Welt gesetzt wurde, das ebenfalls seine kongenitale Schwäche nie los wurde. Es fand in dem Königssohn mit dem verkrüppelten Arm seinen sinnbildlichen Repräsentanten. Von der Stunde seiner Geburt an war Wilhelm dazu prädestiniert.

Das »behinderte Kind« wird zur Symbolfigur eines nationalen Schicksalsdramas. Die historische Rolle, die der junge Kaiser offiziell übernahm und perfekt zu erfüllen suchte – das deutsche Volk einer glänzenden Zukunft entgegenzuführen –, war ein tragisches Simulacrum. Das »Reich« war nicht zu retten. Seine Bestimmung war eine andere: die »Schuld« der Reichsgründung auf sich zu nehmen, nicht Heros, sondern Sühneopfer zu sein. Auch diese Rolle ist eingeschrieben in das Repertoire der Geschichte und gehört zur Dialektik des Königtums – es ist die mythische Rolle des Sündenbocks.

Eine ganz andere Frage, die sich uns aufdrängt, wenn wir uns mit dem Leidensweg Wilhelms als behindertes Kind beschäftigen, lautet: Wie ist es zu erklären, daß Wilhelm II. nicht ein zutiefst böser, sondern ein außergewöhnlich guter Mensch geworden ist?

Er war kein Caligula, kein Nero, kein Richard III. Er haßte

nicht, er war zu Intrigen unfähig, er hatte nur einen Wunsch: Gutes zu tun. »Er war kein böser Mensch, er wollte geliebt werden, nicht Leid verursachen.«[37] »Daß er stets das Beste gewollt hat, steht außer allem Zweifel.«[38] Auch seine ärgsten Kritiker attestieren ihm, manchmal nicht ohne Süffisanz, Großherzigkeit, Großzügigkeit und Noblesse. »Es war schönste Pflicht, die Menschen glücklich zu machen«, sagt Rathenau.[39] »Der Kaiser hatte überhaupt das Bedürfnis, zu schenken und anderen eine Freude zu bereiten, und war unerschöpflich in liebenswürdigen Aufmerksamkeiten.«[40]

Die Gewalt, deren Opfer er als Kind geworden war, hatte in ihm nicht den Zwang erzeugt, Gewalt mit Gewalt zu erwidern. Er war nicht von dem Gefühl besessen, sich rächen zu wollen. Von seinem Regierungsantritt an wollte er Versöhnung, etwas gutmachen. Im Sinne des idealen Königtums war er Mittler und Vermittler. Das war sein Ehrgeiz. Darin war er auch charakterlich das Gegenteil von Bismarck, den er schweren Herzens aus dem Weg schaffen mußte, um seine Vorstellungen von Herrschaft zu verwirklichen. Er kannte sehr wohl die unglaublichen Gemeinheiten, vor denen Bismarck nicht zurückschreckte. Verleumdung, Diffamation seiner Feinde bis zum Rufmord, Bestechung, Unterschlagung, Landesverrat. Der Kaiser schwieg dazu, weil er dem deutschen Volke nicht seinen Heros nehmen wollte. Er lehnte diese Methoden der Machtausübung aber ab, sie waren ihm wesensfremd.

Sein Konzept politischen Handelns war nicht das des Gewaltpragmas. Es zielte nicht auf die Vernichtung des Feindes, sondern auf Versöhnung.

Versöhnung – mit dem Proletariat, mit dem Papst und den Katholiken, mit den Welfen und den Juden, mit den ostpreußischen Konservativen, den Polen und den süddeutschen Liberalen. Mit allen wollte er gut Freund sein.

Auch außenpolitisch: Freund mit den Russen und Engländern, mit den Italienern und Franzosen. Seine Idealvorstellung war eine Vereinigung der Staaten Europas. Was er über alles verabscheute, war Krieg und Bürgerkrieg. Was er wollte, war Frieden, er war eine irenische Natur.

Warum, fragt man sich, setzte ihm die politische Klasse einen derartig zähen Widerstand entgegen? Warum taten seine nächsten Ratgeber, die offiziellen und die inoffiziellen – mit Ausnahme vielleicht von Eulenburg – alles, um ihn daran zu hindern, das zu tun, was er für richtig hielt; so daß man so weit gehen kann, zu sagen, Politik im wilhelminischen Deutschland bestand in der Verhinderung der kaiserlichen Intentionen?

Die Antwort ist einfach: Das Reich war nicht auf Versöhnung angelegt, sondern auf Repression und Gewalt, Krieg und Bürgerkrieg. Der Kaiser blieb »ein ewiger Fremdling in der düsteren, furchtbar realen Männerwelt, in der sich das abspielt, was wir Geschichte nennen.«[41] War das seine Schuld?

Wilhelm II. als »sinnbildliche Existenz« ist beides, Täter und Opfer. Deshalb stellt sich auch die Frage nach Schuld nicht. Er war unschuldig. Sein Sakrifizium ist in seine Biographie als Vollzug einer tragischen Notwendigkeit eingeschrieben. Er hat sein Menschenmöglichstes getan, um einen unmöglichen Auftrag zu erfüllen. Abschließend sei hier noch einmal Thomas Mann zitiert, der gesagt hat: »Eben dann also, wenn es sich nicht um den derbsten Durchschnitt handelt, scheint die monarchische Daseinsform in unserer Zivilisation eine unmögliche Überspannung des Menschlichen zu bedeuten – womit sie als inhuman in einem noch nicht genügend empfundenen, individuellen Mitleidssinn gekennzeichnet wäre.«[42]

4 DIE WILHELMINISCHE EPOCHE

Nie hat eine Epoche mit größerem Recht
den Namen ihres Monarchen geführt.
Die Wilhelminische Epoche hat am Monarchen
mehr verschuldet als der Monarch an ihr.
Walther Rathenau

Was war das für ein merkwürdiges Zeitalter, in das der Prinz hineingeboren wurde und dem er seinen Namen geben sollte, was wenigen großen Männern der Geschichte vergönnt war?

Das zweite deutsche Kaiserreich war, mehr noch, als einem landläufig bewußt ist, ein kulturgeschichtliches Kuriosum. Es wäre falsch, von Abnormität zu sprechen, weil es die Norm nicht gibt, an der es gemessen werden könnte.

Dem rückschauenden Beobachter frappiert das, was man als »Monstrosität« bezeichnen könnte, eine bis ins Groteske gehende Mißgestaltung, die aber der Größe nicht mangelt. Gleichzeitig ist nicht zu verkennen, daß diese Epoche, die als eine Epoche außergewöhnlicher Spannungen, Gegensätze, ja Widersprüche und Zwiespältigkeiten erscheint – wir müssen darin sogar eine ihrer charakteristischen Züge sehen –, in ihrer Physiognomie, in ihrem Stil, ihrer Vielfalt der Erscheinungsformen, sich in einer selten erreichten Einheit darstellt, wie sie nur ganz exzeptionelle Kulturepochen auszeichnet.

Im kulturhistorischen, ethnologischen Vergleich ist man an vorkolumbianische Kulturen, die mexikanischen Azteken zum Beispiel, erinnert. In der europäischen Geschichte bietet sich als möglicher Vergleich das burgundische Reich Karls des Kühnen an, das unter ungünstigen politischen und ökonomischen

Bedingungen noch einmal den Traum eines mittelalterlichen Ritterstaates zu verwirklichen suchte.

Dabei darf das Wilhelminische Deutschland nicht isoliert gesehen werden. Es steht im Kontext einer Weltepoche und stellt gewissermaßen nur eine spezifische – wenn man will mißglückte – Variante innerhalb der verschiedenen Ausformungen der europäischen Hochkultur des späten 19. Jahrhunderts dar, die mit dem Ersten Weltkrieg unterging. Das Viktorianische und Edwardsche England, das Habsburgische Kaiserreich (das »Kakanien« von Musil) gehören genauso dazu, wie das zaristische Rußland, aber auch, an den beiden Extremen des Spektrums, das ottomanische Reich, mit dem das Wilhelminische Reich mehr gemein hat, als man wahrhaben will, und das republikanische Frankreich, das in einer von Monarchien geprägten Welt als defizienter Modus des gültigen Herrschafts- und Gesellschaftsmodus galt (und von der Reichspolitik bewußt in diesem Status gehalten wurde).

Im folgenden wird der Versuch unternommen, Grundlagen für eine adäquate Beurteilung der Wilhelminischen Ära, das heißt der Periode zwischen 1888 und 1918, zu schaffen.

Wir können uns dabei auf die eindrucksvollen Studien stützen, die deutsche Historiker in den letzten Jahren vorgelegt haben – Michael Stürmer, Thomas Nipperdey, Hans-Ulrich Wehler[43], um nur die wichtigsten zu nennen –, jedoch etwas anders vorgehen, als sie es getan haben.

Pointiert könnte ich sagen, daß wir das Wilhelminische Deutschland untersuchen wollen, wie die Kulturanthropologie oder die moderne Ethnologie einen afrikanischen Eingeborenenstamm oder eine versunkene mittelamerikanische Kultur untersuchen würde. So hat es Norbert Elias getan[44]. Bei der großen Nähe, in der wir zu dieser Epoche stehen, deren Auswirkungen jeden von uns immer noch unmittelbar betreffen, ist das nicht leicht.

Sieben Eigentümlichkeiten sind dabei hervorzuheben, die für ein kulturanthropologisches Modell der Wilhelminischen Gesellschaft, denn um nicht weniger geht es, in erster Linie berücksichtigt werden müssen:

Das Zweite Reich – ein Gebilde sui generis

Monstro irregulare aliquod simile
Samuel Pufendorf

Das organisierte Chaos
Kaiser Friedrich III.

Staatsrechtlich und politisch war das Zweite Deutsche Reich ein Bund von Monarchen, zu denen sich drei republikanische Stadtstaaten gesellt hatten. Diese Föderation aber hatte eine hegemoniale Struktur und wurde von einem militärischen Soldatenstaat dominiert, wie es ihn in dieser Form und in dieser Konsequenz nie und nirgendwo gegeben hat. Die militärische Organisationsform, die Armee wurde dadurch für das gesamte Reichsvolk in allen seinen Schichten und Regionen das gültige, verbindliche Ordnungsmodell. Die Oberschicht wurde geprägt durch das preußische Offiziersideal – die übrige Bevölkerung wurde durch die »allgemeine Wehrpflicht« total erfaßt und in der entscheidenden Phase der sekundären Sozialisierung durch die Einübung von Gehorsam und staatsbezogener Autoritätsvorstellungen – die ausgesprochen monarchistisch geprägt waren – auf homogene Verhaltensmuster und soziale Interaktionsmodelle verpflichtet. Der Nichtsoldat, der Zivilist, war ein Volksgenosse zweiter Klasse.

Staatsrechtlich gesprochen hatte dieses Reich eigentlich keine »Verfassung«. Ein Club von Fürsten, fehlten ihm trotz Reichstag und Bundestag, im Sinne des bürgerlichen Konstitutionalismus, »verantwortliche« Zentralorgane. Die auf der Hegemonie Preußens beruhende, im Bundesratspräsidium verankerte Herrschaftsspitze hatte verfassungsrechtlich die Struktur des ottomanischen Absolutismus: Einem quasi allmächtigen Sultan stand ein quasi allmächtiger Großwesir zur Seite.

Das bürgerlich-konstitutionelle, »parlamentarische« Verfassungsideal wurde trotz des »allgemeinen Wahlrechts« zum Reichstag als Fremdkörper, wenn nicht überhaupt als Störfaktor empfunden, wie alle politischen Vorstellungen und Einrichtungen, die nicht dem monarchisch-hierarchisch-militärischen Ordnungsmodell entsprachen.

In der Sprache der Politikwissenschaften war dieses Reich »unregierbar«. Das galt sowohl für die Außenpolitik wie auch für die Innenpolitik – die sich im übrigen überlappten, da ja ein großer Teil der Reichsinnenpolitik über diplomatische Kanäle betrieben werden mußte.

Vergegenwärtigen wir uns die innenpolitische Szene, so stoßen wir auf die folgenden Antimonien: Die Hegemonialmacht Preußen mußte konservativ, das übrige Reich aber liberal regiert werden. Es galt, die Industrialisierung zu forcieren, gleichzeitig aber auch die Interessen der Agrarier zu wahren. Man mußte die Prärogativen des Protestantismus respektieren, sich aber auch mit dem Katholizismus gutstellen. Man mußte die Polen und Elsässer integrieren, sie aber gleichzeitig in Schach halten. Die föderalistische Struktur durfte nicht angetastet werden, gleichzeitig mußte partikularistischen Tendenzen entgegengetreten werden. Man mußte die Unterstützung der Parteien suchen, ohne aber um einen Zoll vom dynastischen Prinzip abzurücken. Diese Widersprüche und Gegensätze – die Liste ließe sich beliebig verlängern –, wenn sie einzeln für sich auflösbar gewesen wären, schufen in ihren vielfachen Überschneidungen, in ihrer Häufung und ihrem Zusammenwirken eine Situation, in der »Politik« nichts anderes sein konnte, als das Management einer permanenten Krise. So war das Bewußtsein, sich in einer Krise zu befinden, die Grundbefindlichkeit der politischen Klasse und des Kaisers selbst.

Herrschaftsstruktur

Erstaunlich ist nun, trotz aller Gegensätze, Widersprüche und Spannungen, die Stabilität dieses äußerst fragilen Gebildes, das schließlich sogar im Stande war, einen vierjährigen Weltkrieg durchzustehen, ohne einen Quadratkilometer seines Territoriums zu verlieren. Diese Stabilität beruht auf der inneren Geschlossenheit und der Beständigkeit des von der Führungsschicht hartnäckig durchgesetzten »Ordnungsentwurfes«, der bis zuletzt die Basis eines, weniger in der bewußten Bejahung, als in einer unbewußten Abhängigkeit wurzelnden generellen Konsensus abgegeben hat.

Zunächst einmal müssen wir die Tatsache herausstreichen, daß das Reich von einer relativ kleinen Gruppe von Männern – ich betone Männer, Frauen spielten im Gegensatz zu England und Frankreich so gut wie keine Rolle – getragen und zusammengehalten wurde.

Seine Führungsschicht war eine auf die monarchische Spitze hin straff gegliederte aristokratische »Kaste«, die sich durch ein System von Symbolen, Riten, Verhaltensnormen und Privilegien scharf von der übrigen Bevölkerung absetzte. Grundsätzlich erblich, wie die Monarchie, nahm sie neue Elemente nur insoweit auf, wie diese sich ihrem Komment und Lebensstil (geistig und materiell) anzupassen fähig und willens waren. Ihre ökonomische Basis war der Großgrundbesitz. Wo die »Industrialisierung« nicht vom agrarischen Großgrundbesitz ihren Ausgang nahm, führte sie automatisch zum Landerwerb der erfolgreichen Industriellen, wie im Saarland und Ruhrgebiet.

Man muß freilich auch festhalten, daß ganz generell die Organisation der Produktionskräfte, die Wirtschaftsentwicklung im Reiche, ganz anders als in England und Frankreich, im wesentlichen von dieser sozialen Spitze her stattgefunden hat. Das »Know-how« der Industrialisierung, Wissenschaft und Technologie wurde fix und fertig aus dem Ausland (England) importiert und in die hierarchischen feudalen Strukturen zu deren Gewinn und Stärkung eingebaut (ganz ähnlich wie damals in Japan). Das wurde durch eine geistig trainierte, aber dienstwillige, mittelständische Intelligenzia erreicht, die hier ein weites Betätigungsfeld fand, ohne Machtansprüche zu entwickeln[45]. Alle Versuche, von seiten der Bourgeoisie und der Arbeiterschaft, diejenigen politischen Institutionen zu entwickeln, die den Erfordernissen der Industrialisierung besser entsprochen hätten – die gesellschaftlichen Verhältnisse also den neuen Produktionsverhältnissen anzupassen –, wurden von der etablierten Führungsschicht energisch, man kann beinahe sagen, zynisch abgewehrt. Heute wissen wir, daß dieser Widerstand nicht eine Manifestation der Stärke, sondern ein Symptom ausgesprochener Schwäche war.

In ihrem Habitus war die herrschende Kaste – die Wilhelminische war keine »Klassengesellschaft« – geprägt durch eine equestrische Tradition, in der die Herkunft Preußens aus dem Ordensritterstaat eine wichtige Rolle spielt. Man könnte sagen, daß sie eine letzte Erscheinungsform der alten Reiterkulturen war – ein Residuum jener durch Überlagerung von Reiternomaden über Ackerbauern entstandenen Herrschaftsstruktur, in der Alexander Rüstow und Alfred Weber den Ursprung der okzidentalen Hochkulturen überhaupt gesehen haben.

An der Spitze dieser Führungsschicht stand als ihr höchster symbolischer Repräsentant, aber auch als ihr politischer Führer, in einer einmaligen Exponiertheit, die Person des Kaisers.

Das Zweite Deutsche Reich war eine Monarchie. Wenn sie sich auch staats- und verfassungsrechtlich nur schwer definieren läßt, so ist sie doch das für Staat und Gesellschaft ausschlaggebende Grundfaktum. Unangefochten herrscht das monarchische Prinzip, daß die Institutionen, die Entscheidungsmechanismen, die sozialen Beziehungen, ja die Organisation der Produktionskräfte strukturiert. Seine Bejahung ist die Basis des offiziellen, bewußten Konsensus. Seine Internalisierung das eigentliche Ziel der primären und sekundären Sozialisation. Gleichzeitig aber ist diese Herrschaftsform eine im Zeitalter der wachsenden Demokratisierung, der Anerkennung des autonomen Subjekts, der bürgerlichen Exaltierung des Individuums ihrem Wesen nach ein bizarrer »Anachronismus« – der im kollektiven Unbewußten als psychischer Störfaktor wirkt.

Das Pragma der Gewaltsamkeit

Den Funktionsmodus des »Reiches« hat Max Weber, der Soziologe des Wilhelminismus, in seiner berühmten und berüchtigten Definition des Staates auf den Begriff gebracht: »Der Staat, ist derjenige Verband, der das Monopol legitimer Gewaltsamkeit in Anspruch nimmt – anders ist er nicht zu definieren.« Und weiter: »Der Appell an die nackte Gewaltsamkeit der Zwangsmittel, nach außen nicht nur, sondern auch nach innen, ist jedem politischen Verband schlechthin wesentlich. Vielmehr: Er ist das, was ihn für unsere politische Terminologie zum politischen Verband erst macht.« Lassen wir getrost dahingestellt, inwieweit diese Aussage (deren verbale Gewaltsamkeit ins Auge springt) in ihrer Verallgemeinerung (»jeder politische Verband«) tatsächlich Anspruch auf Gültigkeit erheben kann. Fest steht, daß er für das von Bismarck erschaffene Reich gilt, daß er die exakte Beschreibung der Zustände ist, die Max Weber am eigenen Leibe zu spüren bekommen hat (ein Musterbeispiel der »Theoretisierung« einer existentiellen Leidenserfahrung).

So können wir auch, in ihrer Anwendung auf das Wilhelminische Deutschland, die Konsequenzen akzeptieren, die Max Weber aus seiner Theorie zieht: »Gewalt und Bedrohung mit Gewalt gebiert ... nach einem unentrinnbaren Pragma allen Handelns unvermeidlich stets erneute Gewaltsamkeit«. Dieses »Pragma der Gewaltsamkeit« ist die »wissenschaftliche« Kehrseite der Bismarck-Verherrlichung, an der sich Max Weber allerdings nicht beteiligt hat.

Es ist der Kern des typisch deutschen Staats- und Politikverständnisses, an dem sich auch unser Verständnis von Geschichte noch weitgehend orientiert, dazu gehört jene ebenfalls von Max Weber zur soziologischen Theorie erhobene »Verabsolutierung der Macht«, des Denkens in Machtkategorien als den angeblich einzig adäquaten Kategorien für das Verständnis von Staat und Gesellschaft.

Heinrich August Winkler stellt dazu fest: »Das Denken in machtstaatlichen Kategorien war ein Ausdruck der innerpolitischen Ohnmacht des preußischen Bürgertums, das nationale Pathos ein Reflex seiner gesellschaftlichen Insuffizienz«[46]. Hier taucht etwas auf, was bei Max Weber nicht vorkommt, nicht angesprochen wird: die Ohnmacht.

Die Frage, die sich nun unausweichlich stellt, ist natürlich die: Wie reagieren die Objekte der Herrschaft? Wo bleibt die dem Gewaltpragma zufolge unausbleibliche Gegenreaktion, die von der Gewaltausübung ausgelöste Gewalt? Wie wird die Gewalt erlebt, erfahren, psychisch verarbeitet? Darauf bleibt die Webersche Soziologie die Antwort schuldig.

Die Verherrlichung der Macht kann keine Aufschlüsse über die Leiden der Ohnmächtigen geben. Wir müssen uns nach einem anderen Zugang zur Problematik der Gewalt umsehen und den Schritt von einer Soziologie der Herrschaft zu einer Psychopathologie der Beherrschten tun.

»Die wissenschaftliche Auseinandersetzung mit Macht und Herrschaft verläuft immer im Kraftfeld der Faszination, die sie ausüben. Wenn man ihr folgt, so taucht ein Teilbereich der Beziehung zwischen Herrschaft und Unbewußtheit auf, und zwar in den Identifikationen, aufgrund deren das Bild der Herrschaft entworfen wird. Entweder man identifiziert sich mit den Herrschenden oder mit den Beherrschten. Im ersteren Falle werden die Größen- und Allmachtsphantasien, im letzteren die Geschichte der Kränkungen, der Erniedrigungen und Beleidigungen ausgesprochen und reaktiviert.«[47]

Mit diesem Zitat aus dem Buch des Ethnopsychoanalytikers Mario Erdheim vollziehen wir den notwendigen Diskurswechsel von der traditionellen deutschen Soziologie und politischen Theorie zur tiefenpsychologischen Analyse politischer und gesellschaftlicher Beziehungsstrukturen, als deren wesentlichstes

Merkmal wir die Einbringung einer neuen Dimension in das Feld der Analyse ansehen müssen: das Unbewußte. Erst die Unterscheidung einer bewußten, rational artikulierten Sphäre zwischenmenschlicher Beziehungen von einer unbewußten wird uns die Möglichkeit geben, die Beziehungsstruktur zwischen dem Kaiser und dem deutschen Volk vollkommen zu verstehen. Sie ist eingebettet in das System der Gewalt.

Ein wesentlicher Teil der durch Herrschaft aktualisierten Gewalterfahrung, der Reaktionen und Gegenreaktionen, wird nämlich unter den gesellschaftlichen Zwängen in das Unbewußte abgedrängt, verliert aber im Status der Unbewußtheit nichts von seiner intrapsychischen und interpersonellen Dynamik, im Gegenteil: Die dort aufgestauten Kräfte determinieren auf eine, man könnte sagen hinterlistige Weise, die bewußt erlebte Beziehungsstruktur. Mehr noch: Im Gegensatz zu dieser haben sie eine Fähigkeit, auf noch nicht ganz geklärte Weise miteinander zu kommunizieren und eine unbeschränkt große Anzahl von Individuen auf geheimnisvolle Weise miteinander zu verbinden.

Auf diesem Tatbestand – man spricht vom kollektiven Unbewußten – beruhen alle massenpsychologischen Phänomene von der kleinsten Gruppenbildung bis zur Identifikation in millionenstarken staatlichen Verbänden. Der erste, der das gesehen und auf den Begriff gebracht hat, war Sigmund Freud aus Wien, der Erfinder der Psychoanalyse. Die Psychoanalyse ist nicht in Berlin, im Zentrum der harten Militärmonarchie des Wilhelminischen Reiches, sondern in der weichen dekadenten Atmosphäre »Kakaniens« entstanden, sie stammt nicht von einem preußischen Ordinarius, sondern von dem Angehörigen einer unterdrückten Minderheit, einem Juden. Bemerkenswert bleibt, daß die Entstehung der deutschen politischen Theorie und die der Psychoanalyse zeitgleich ist. Es sind zwei Antworten auf dieselbe Herausforderung.

Während die Max Webersche »Gewalttheorie« auf der »Identifikation mit dem Aggressor« beruht, entsteht die Psychoanalyse als Theorie der subversiven Entlarvung der gesellschaftlich-kulturellen Gewaltstrukturen aufgrund der »Identifikation mit den Opfern«. Die eine verabsolutiert die bewußte Seite der Beziehungen, die andere entdeckt ihre Folgeerscheinungen im Unbewußten. Das ist wichtig. Das ist der entscheidende Unterschied, auf den es hier ankommt.

Die Wiener jüdische Intelligenz hat die narzißtische Kränkung ihrer politischen und gesellschaftlichen Marginalisierung in der Position des Opfers voll ausgelebt (durchlitten). Sie unterwirft sich zwar, es bleibt ihr nichts anderes übrig, aber sie identifiziert sich nicht mit dem Gewalthaber. Sie »analysiert« die Bedingungen ihrer Ohnmacht, statt des Regizit probt sie den Patrizit[48]. Die Theorie der »Macht« eines Max Weber weiß nichts davon, weil sie nichts von den Leiden der »Ohnmächtigen« weiß, obwohl sie selbst ein Produkt der Ohnmacht ist. Sie bleibt systemtreu, affirmativ. Die Psychoanalyse hingegen thematisiert diese Ohnmacht – ihr originellster Beitrag zum Instrumentarium der Hermeneutik ist die »Empathie«. Nur mit ihrer Hilfe wird die eigene Ohnmacht erträglich, weil transparent – aber es kommt auch etwas anderes in den Blick, was Weber nicht kennt: die »Ohnmacht des Mächtigen«. Insofern ist sie, obwohl scheinbar nur auf das private Subjekt bezogen, politisch subversiv.

Übrigens wird die »Ohnmacht des Mächtigen«, nach dem Sturz der Monarchie, auf dem Umwege allerdings über literaturwissenschaftliche Untersuchungen, auch von einem Berliner Juden entdeckt und thematisiert – ich meine Walter Benjamin.

Eine patriarchalische Männergesellschaft

Zu den unsichtbar wirkenden Polaritäten, die das morphogenetische Spannungsfeld der Gesellschaft in der Wilhelminischen Epoche bestimmen, gehört neben der Dialektik von Macht und Ohnmacht und dem Verhältnis von bewußt/unbewußt als dritte, vielleicht wichtigste, der Antagonismus der Geschlechter, des Männlichen und des Weiblichen, der Gender-Problematik.

Die Wilhelminische Gesellschaft ist wesentlich eine Männergesellschaft. Als solche ist sie allerdings nur eine auf ihre besonderen Eigentümlichkeiten hin genauer zu untersuchende Spielart des für die europäische Hochzivilisation der Neuzeit charakteristischen patriarchalischen Gesellschaftsmodells, das auf der Unterwerfung und der Ausbeutung der Frau beruhte.

Niemand wird die Tatsache bezweifeln wollen, daß die großen sozialen Institutionen der europäischen Gesellschaft, nicht nur der deutschen, in der zweiten Hälfte des 19. Jahrhunderts – Staat, Armee, Wissenschaftsestablishment, Erziehungssystem sowie die Organisation des Wirtschaftslebens – wesentlich Männerorganisationen und Männersache waren.

Dazu gehören auch die Geschlechterbeziehungen, im besonderen die Institution der Ehe, die auf der Herrschaft des Mannes über die Frau und die Kinder beruht. Dazu gehört vor allem auch, daß das Sexualleben der Individuen, soweit es gesellschaftlich sanktioniert ist, auf die legale heterosexuelle Zweierbeziehung programmiert ist, Sexualität reduziert sich also auf das physiologische Minimum – den Kontakt der Genitalien im Zeugungsakt. Dazu gehört, daß alles, was in *sexualibus* von dieser Norm abweicht, als unsittlich diskreditiert oder

Abſchied

(O. Gulbransson. 1910)

»... und dann müßt ihr bedenken,
als Zivilisten seid ihr hergekommen und als Menschen geht ihr fort!«

Karikatur von Olaf Gulbransson aus dem »Simplicissimus«, 1910

als pathologisch diskriminiert und klinischer Behandlung zugeführt wurde respektive als »kriminell« galt und ins Gefängnis führte. Der Rest war Anpassung und Sublimierung.

Es gehört wesentlich zu diesem Gesellschaftsmodell, daß die angebotenen Geschlechterrollen äußerst limitiert sind, wobei es auf der Seite der Maskulinität eigentlich nur eine Rolle gibt –

die des viril-martialischen, heroischen Mannsbildes, während für die Frauen ein Spektrum von Rollen bereitsteht, deren Widersprüchlichkeit frappiert, die aber alle als Erscheinungsformen der weiblichen Unterdrückung gelten können. In einer subalternen »domestizierten«, entsexualisierten Variante findet die Frau gesellschaftliche Anerkennung – als Jungfrau oder Mutter –, im übrigen wird sie als Objekt sozialer oder sexueller Ausbeutung – und in ihr der gesamte Bereich des Weiblichen – abgewertet oder dämonisiert. Die Heilige oder die Hure, die anständige oder die verworfene Frau – gleichberechtigte autonome Partnerin des Mannes ist sie nie.

Ein Gender-Problem, das längst zum Gegenstand historischer und soziologischer Forschung geworden ist. Heute wissen wir, daß dies von zentraler Bedeutung für das Verständnis der Entwicklung moderner Gesellschaften in der zweiten Hälfte des 19. Jahrhunderts und damit auch des Wilhelminischen Reiches ist.

Die politischen, ökonomischen und sozialen Veränderungsschübe, das Phänomen der »Revolution«, das zur Signatur des Zeitalters gehört, sind von der Dynamik dieses Geschlechterverhältnisses nicht zu trennen. Die Forderung nach der Emanzipation der Frauen ist, wie diejenige nach der Emanzipation der Juden und des Proletariats, in ganz Europa ein wesentlicher, wenn nicht der ausschlaggebende Faktor, einer durch die Impulse der französischen Revolution von 1789 ausgelösten Kulturbewegung, die auch die sozialen Verhältnisse des Deutschen Reiches verunsicherte. Erinnern wir uns: Das Deutsche Reich wurde als Bastion gegen die Revolution geschaffen. Seine drei »natürlichen« Feinde waren die Juden, die Sozialdemokratie und die Frauen.

Dabei scheint es so, als hätte der sogenannte wissenschaftlich-technische Fortschritt, die Ablösung der agrargesellschaftlichen Strukturen, die Ablösung der feudalaristokratischen Eliten durch die Bourgeoisie, vielleicht sogar der demokratische Legalismus, paradoxerweise eine Verstärkung und Verhärtung der männlichen Prädominanz, eine Aufwertung der säkularen patriarchalischen Gesellschaftsordnung begünstigt.

Heute kennen wir den Zusammenhang, der zwischen einem auf der Unterdrückung der Frau beruhenden Gesellschaftsmodell und den politischen und ökonomischen Verhältnissen einer Epoche besteht, und können darin die Ursache katastrophaler Fehlentwicklungen der europäischen Industriegesellschaften im 19. Jahrhundert verstehen. Für das Verständnis der Krisensituation der Wilhelminischen Gesellschaft gilt das in besonderem Maße.

Im Binnenraum der patriarchalischen Herrschaftsordnung entwickelten sich hier zwei spezifische Formen der Verarbeitung eines gestörten Geschlechterverhältnisses, zwei okkulte Dimensionen des Systems, die aus der Öffentlichkeit, aus dem Bewußtsein zu verdrängen eine seiner wichtigsten Funktionen war:

– ein neurotisches Abwehrverhalten gegen das Weibliche, im weitesten Sinne über die konkreten femininen Geschlechterrollen hinaus, und

– eine damit zusammenhängende Hypertrophie männlicher Homosexualität.

Homosexualität und die Angst
vor dem Weiblichen

Weil sie so überaus wichtig ist für das Wilhelminische Deutschland, wollen wir diese Polarität, (männliche) Homosexualität und die Angst vor dem Weiblichen, näher untersuchen.

Das Problem der männlichen Homosexualität ist ein weites Feld. Ich gehe hier von der Auffassung aus, daß die männliche Homosexualität eine anthropologische und soziologische Konstante ist, die in der fundamentalen Bisexualität des Menschen seine Wurzel hat. Es gibt keine bekannte Gesellschaft ohne Homosexualität. Allerdings kommt der Homosexualität in jeder Gesellschaft eine andere Bedeutung zu. Sie hat in jeder Gesellschaft einen anderen Stellenwert, wird anders »bewertet« und kommt in anderen Normen und Verhaltensmustern, in jeweils anderen Sozial-, Persönlichkeits- und Interaktionsstrukturen zum Ausdruck. Je nachdem, ob sie gesellschaftlich anerkannt oder geleugnet wird, ist sie manifest oder latent (was auch heißen kann dominant oder rezessiv). Immer ist sie in ihren Erscheinungsformen ein Ausdruck der kulturspezifischen Organisation der Triebstruktur im Individualisierungs- und Sozialisierungsprozeß und den damit verbundenen Fixationen, Repräsentationen, Projektionen, Phantasmen und Zensur- und Verdrängungsmechanismen.

Man könnte eine Typologie der verschiedenen Gesellschaftssysteme, die uns aus Ethnologie und Geschichte bekannt sind, entwerfen, indem man die Rolle, die die männliche Homosexualität in ihnen spielt, zum ausschlaggebenden Parameter macht. Für uns kommt es darauf an, zwei Grundtypen zu unterscheiden, und zwar das patriarchalische und das männerbündlerische Modell.

Über das patriarchalische Gesellschaftsmodell wurde schon gesprochen. Wir müssen hier nur eine ausschlaggebende Präzisierung vornehmen. Obwohl nämlich in der patriarchalischen Gesellschaft der Mann und das männliche Prinzip dominant sind und die Rolle des Mannes ins viril-martialische »Patriarchalische« übersteigert wird, wird die mann-männliche Erotik gesellschaftlich unterdrückt und im männlichen Individuum verdrängt. Diese Ablehnung der (männlichen) Homosexualität entspricht der für dieses System konstitutiven generellen Disqualifizierung des Geschlechtlichen überhaupt, soweit es nicht der Reproduktionsfunktion dient.

Das Geschlechtliche, die »Sexualität«, wird als das Weibliche schlechthin verstanden und gefürchtet. Die Unterwerfung der Frau geht mit einer Unterdrückung des »Weiblichen« Hand in Hand, die auch zu einer Ablehnung und Unterdrückung des »Weiblichen« im Manne führt. Sozialisierungs- und Individualisierungsprozeß vollziehen sich im ödipalen Dreieck als Identifizierung des Knaben mit dem Mann/Vater gegen die Mutter und alles Weibliche. Das Über-Ich dieser Gesellschaften ist maskulin. Was in das Schema nicht paßt, wird verdrängt.

Die verdrängte Bisexualität des Mannes, das heißt das Weibliche in ihm, wird zur Basis seiner Disposition zur Homosexualität, die jedoch latent bleiben muß. Dort, wo sie manifest wird, wird sie als Abweichung von der heterosexuellen Norm als »anormal« gesellschaftlich geahndet (kriminalisiert) respektive als »sexualpathologische« Abnormität diskreditiert. Die Homosexualität der Frau hingegen wird toleriert, sie »entlastet« die Männer; im übrigen ist sie für die biologische Funktion des Systems irrelevant.

Dies ist das auch heute noch weitgehend gültige körper- und sexualitätsfeindliche Gesellschaftsmodell der okzidentalen Hochkultur, in dem sich römische und jüdisch-christliche Traditionen mit spezifisch europäischen, neuzeitlichen Kulturelementen verbunden haben.

Im radikalen Gegensatz zum patriarchalischen steht nun ein ganz anderes Modell, das ich das der männerbündlerischen Gesellschaften nennen will, und für das die Homosexualität das

71

gesellschaftlich anerkannte Konstitutivum des sozialen Ordnungsentwurfes – Gemeinschaft der Brüder, Bund – und als solches dominant und manifest ist[49].

Während die Herrschaftsstruktur in der patriarchalischen Männergesellschaft als eine autoritär-hierarchische gekennzeichnet werden kann, ist sie in der männerbündlerischen Gesellschaft eher eine oligarchisch-elitäre. Heterosexuelle Erotik ist gesellschaftlich diskreditiert. In der elitären Oberschicht kommt dagegen das »Weibliche« im Manne in der mannmännlichen Beziehung voll zum Zuge. Historische Beispiele für dieses Modell sind das antike Sparta und die in den Kreuzzügen entstandenen Ritterorden.

Damit sind wir im Deutschland Wilhelms II. Die Tradition des deutschen Ritterordens, wir deuteten es schon an, eines männerbündlerischen Staates also, ist für die preußisch-deutsche Geschichte und damit auch für die Wilhelminische Ära von ausschlaggebender Bedeutung. Sie wird im kollektiven Unbewußten der ostelbischen Oberschicht durch Jahrhunderte als Matrix männlicher Verhaltensmuster vermittelt und gehört bis in die Wilhelminische Zeit zu ihren apologetischen Referenzen, man kann sagen, zu ihrem Legitimationsfundus, zu ihren Mythen.

Im Wilhelminischen Deutschland – und dies im Unterschied, ja im Gegensatz zu anderen europäischen Gesellschaften – herrschte eine patriarchalische Gesellschaftsordnung, innerhalb derer ein starkes männerbündlerisches Element eine entscheidende und für ihren spezifischen Charakter ausschlaggebende Rolle spielt.

Was hat es nun mit der »Abwehr des Weiblichen« für eine Bewandtnis? Schaut man sich die heute gängigen Theorien an, die das Phänomen der Homosexualität nicht nur als anthropologisches, sondern als soziales zu deuten versuchen, so liegen sie zwischen zwei Extremen, den apologetischen und den diskreditorischen. Um Namen zu nennen, könnte man sagen zwischen der Theorie von Hans Blüher, in der die mann-männlichen Beziehungen der Heterosexualiät gegenüber als eine superiore Form zwischenmenschlicher Beziehungen angesehen werden, Homosexualität mit Polis und Staat in Beziehung gesetzt wird, die »reine Männersache« sind, aber auch zur geistigen Betätigung schlechthin, zu der allein Männer befähigt, Frauen aber nicht fähig sind[50], und der Theorie eines Alfred Adlers[51], in der Homosexualität als ein spezifischer Fall männlicher Lebensuntüchtigkeit, als Symptom eines »Minderwertigkeitskomplexes« angesehen wird, der auf ein konstitutionelles Unterlegenheitsgefühl des Mannes der als superior empfundenen Frau gegenüber zurückzuführen ist, der sich den Ansprüchen des Weibes, in erster Linie natürlich ihren sexuellen Ansprüchen (»Das Weib ist unersättlich«), nicht gewachsen zeigt. Der Mann weicht deshalb in die bequemeren, vertrauten Verhältnisse der Männerwelt aus, in denen er schließlich, wenn unbedingt nötig, auch die Befriedigung seiner sexuellen Bedürfnisse finden kann.

Auf der einen Seite also Homosexualität als Index kultureller Superiorität und natürlich auch höchster physischer Form, Gesundheit und Virilität, auf der anderen Seite Symptom von Lebensschwäche, fehlender Potenz, Inferiorität und Krankheit. In beiden Fällen aber, und hier liegt der für die weiteren Überlegungen interessante Ansatzpunkt, Homosexualität als Gegenposition zum Weiblichen, das als minderwertig und gefährlich empfunden wird.

Diese Theorien reichen jedoch nicht aus, um die Organisation des psychischen Abwehrapparates im Manne in bezug auf das Weibliche zu deuten. Die vom Mann beherrschte Welt organisiert sich als System der Abwehr des Weiblichen. Die Frau wird unterworfen, das Weibliche wird verdrängt. Als Verdrängtes aber behält es seine Macht, wo es als die große permanente Bedrohung präsent bleibt. Das Gefühl der Bedrohung und der durch sie ausgelösten Angst wird nicht in bezug gesetzt zu irgendwelchen Frauen – sie sind ja gesellschaftlich unschädlich gemacht –, sondern aktualisiert sich an allen die Männergesellschaft als Herrschaftsstruktur gefährdenden Ereignissen: Umsturz, Revolution, Anarchie. Der große Feind ist das »ewig Weibliche«. Dieses »ewig Weibliche« gehört zum Beispiel zu den Phantasmen von Bismarck und ist die Wurzel

73

seines Angstsyndroms, das aber durchaus repräsentativ ist für die konstitutive Unsicherheit und das Fehlverhalten der deutschen Führungsschicht im Wilhelminischen Deutschland, wie wir in der Eulenburg-Affaire sehen werden.

Der Schrecken der Wilhelminischen Männer war das Matriarchat als Inbegriff einer von Frauen dominierten Gesellschaft, in der den Männern eine subalterne Rolle zugewiesen ist. Die Sexualität entfaltet sich nach den Bedürfnissen der Frauen und führt selbstverständlich zur freien Liebe, zum dionysischen Hetärentum. Es ist aber vielleicht auch die Utopie der Männer, die an den Zwängen der Männergesellschaft leiden, eine Sehnsuchtsfigur[52].

Für unseren Zusammenhang ist es wichtig zu sehen, daß die Matriarchatstheorien mit anarchistischen Vorstellungen in Verbindung gebracht werden. Dabei blieb hinter den ökonomischen und sozialen Aspekten die sexuelle Dimension oft unausgesprochen. Sie wurde um so deutlicher von denen »gerochen«, die an der Aufrechterhaltung der herrschenden Ordnung interessiert waren. Ihr Affekt und ihre Abwehrstrategien gegen jede Art von sozialen Veränderungswünschen orientierten sich aber immer an der Gefahr, die für sie die sexuelle Emanzipation (wesentlich als Emanzipation der Frauen) darstellt. In den Repräsentationen und Assoziationsreihen fließen sexuelle Libertinage, Weibergemeinschaft, Anarchie, Sozialismus, Sozialdemokratie, Revolution, Umsturz nahtlos ineinander über.

Auf diese Weise erklärt sich die für die Wilhelminische Epoche charakteristische Verkoppelung der sexuellen mit der politischen Repression. Die Angst vor sozialer Veränderung wird aufgestachelt durch die Angst vor dem Weiblichen.

Für uns wäre vielleicht die Frage relevant, inwieweit das Viktorianische England, in dem nicht nur die Königin, sondern auch die Frauen der Hocharistokratie eine so ausschlaggebende politische und gesellschaftliche Rolle gespielt haben, als »matriarchale gens« anzusprechen wäre. Man müßte untersuchen, inwieweit der primäre Sozialisierungsprozeß bereits anderen Ablaufmustern folgt, als sie für die Wilhelminische Gesell-

74

schaft gültig sind; das Über-Ich zum Beispiel starke Anima-Anteile enthält, die im deutschen Über-Ich vollkommen fehlen. Man würde dann vielleicht auch eine Erklärung dafür finden, warum die männliche Homosexualität in England bei größter Verbreitung einen so völlig anderen Stellenwert hat, als im Wilhelminischen Deutschland. Man könnte sagen, sie war die »Spielwiese« der Männer, nicht die Basis ihrer Machtstellung.

Daß eine Identifikation Englands mit dem Weiblichen (ganz ohne Matriarchatstheorie) – die Queen Viktoria, Kaiserin von Indien und Herrin der Weltmeere, aber auch Edward VII., der »Weiberheld« als Gegentyp des zackigen Soldaten Willy – in der Repräsentation der deutschen Männer, zu denen auch der Kaiser zählt, eine ganz ausschlaggebende Rolle gespielt hat, liegt auf der Hand.

Neurotischer Englandhaß und grenzenlose Englandbewunderung gehören – nicht nur für den Kaiser, sondern für die wilhelminische Führungsschicht – zusammen. Sie sind die widersprüchlichsten Ausdrucksformen der Abwehr und der tiefen Sehnsucht nach dem verdrängten Weiblichen. Angeblich »Machtpolitik« – das ist Synonym für »Politik echter Männer«, »Männerpolitik« – ist die Wilhelminische Flottenpolitik, das ebenso irrwitzige wie rührende Unternehmen, die in ihrer absoluten bedrohlichen Überlegenheit gehaßte, aber zutiefst geliebte und begehrte »Große Mutter« wiederzugewinnen und zu bezwingen.

Inkohärenz und Wiederholungszwang

Zu den Wesenszügen der Epoche und ihres höchsten Repräsentanten gehört auch ein merkwürdig zwanghaftes, sich jeder rationalen Kontrolle entziehendes, repetitives Fehlverhalten, ein irgendwie gestörter Realitätsbezug, kurz: etwas Dementielles. Das ist nicht redensartlich zu verstehen. Ein durch Wahnvorstellungen gestörtes Verhältnis zur Realität läßt sich auf allen Gebieten nachweisen, in denen sich das Wilhelminische Reich als Herrschaftssystem manifestierte.

Seine Außenpolitik erscheint heute wie das Ritual von Paranoikern, die von bestimmten Zwangsvorstellungen besessen sind; der berühmte Zickzackkurs durchaus systemkonform, als Resultante von Inkohärenz und Wiederholungszwang.

Die Hypertrophie alles Militärischen – Armee, Offizierscorps, Uniformen – hat eindeutig Fetischcharakter. Der frenetische Flottenbau, angeblich notwendig um der nationalen Sicherheit und Größe willen, ist von infantilem Wunschdenken diktiert und erweist sich als ein suizidäres Unternehmen, das auch folgerichtig in die Selbstzerstörung führt.

Die soziale Frage, statt als Problem der Bewältigung des gesellschaftlichen Wandels verstanden und behandelt zu werden, wird dämonisiert und durch blutrünstige Bürgerkriegsphantasmen jedem rationalen Zugriff entrückt.

Und wie stand es mit jenen großen Skandalprozessen, die das Reich zutiefst erschüttert haben, als deren Motiv nicht eine verfassungsrechtliche oder etwa sozioökonomische Krise, sondern die Homosexualität erscheint?

Es ist unmöglich, ein kohärentes Konzept, einen bündigen Plan aufzuweisen, der die Politik bestimmt hätte. Was sich als nationales Projekt präsentierte – Weltmachtstellung, Kolonien, Flotte, später Kriegsziele –, waren wahnhafte »Projektionen«. In einer Zeit, deren Signatur Max Weber in einer unaufhaltsamen Tendenz zur Rationalisierung sehen wollte, waltet eine Irrationalität, deren psychopathologischer Charakter in die Augen springt.

In nur scheinbarem Gegensatz dazu steht die Starrheit des Grundgefüges der gesellschaftlichen und mentalen Strukturen dieses seltsamen Gebildes. Man muß sehen, daß es dieser Wilhelminischen Gesellschaft gelungen ist, in ihren Sozialisierungsmechanismen – Familie, Erziehungswesen, Armee – ein Persönlichkeitsmodell mit der dazugehörigen Triebstruktur zu prägen, das für alle Schichten der Bevölkerung verbindlich war. In diesem Modell finden wir *en miniature* das Modell der Herrschafts- und Sozialstruktur wieder, wie es dem Selbstverständnis der Führungsschicht entsprach und das als der offizielle Ordnungsentwurf, als das Normale galt. Man könnte so weit gehen, von einer gewissen Isomorphie der individualpsychologischen und staatlich-gesellschaftlichen Raster zu sprechen. Sie galten in vollem Maße auch für den Kaiser.

Folgendermaßen läßt sich dieses Grundmuster umreißen[53]:
– Hypertrophie des Über-Ichs als interiorisierter sozialer Kontrollinstanz. Das Über-Ich ist monarchisch, militärisch männlich. Ausgesprochenes Vaterimago.
– Eine starke Zensurschranke schirmt das Ich (unter der Kontrolle des Über-Ich) von einem unbewältigten Es ab. Das Triebpotential wird nur ganz limitiert in die zur Reproduktion der Gattung unbedingt nötige Sexualität geleitet. Der Rest fließt in die staatserhaltenden Funktionen (Militär und Bürokratie) und die ökonomische Produktion (Arbeit). Generell verdrängt wird, mit den sexuellen Trieben, das Weibliche.
– Der Gegendruck, der vom Es ausgeht, wird als ständige Bedrohung empfunden und führt, wo er nicht im Künstlerischen ein Ventil findet, zu neurotischen und sexualpathologischen Symptombildungen. Die Realitätsperzeption ist reduziert durch neurotische Theoriebildung und Phantasmenprojektion. Politische Veränderungsansprüche, die sich natürlich auch aus

dem Es-Potential speisen, werden mit den repressiven Abwehrmechanismen, die das Über-Ich diktiert, behandelt, das heißt unterdrückt und nicht in das Ich hineingehoben.

Also: Zwischen einem hypertrophen Über-Ich (männlich/martialischem Überstaat) und einem unbewältigten, mit dem verdrängten Weiblichen aufgeladenen Es steht das zerquetschte Ich als »Untertan«, der präsumtive Träger des staatsbürgerlichen Subjektes (Citoyen), von Angstvisionen verstört. Dabei leidet dieses geschrumpfte Ich unter den schrecklichsten Insuffizienzgefühlen. Es findet beim Über-Ich einen gewissen Halt und Schutz, ist aber dessen sadistischen Aggressionen ausgeliefert. Seine Autonomiewünsche und Herrschaftssehnsüchte projiziert es in kollektive (nationale) Wahnvorstellungen (Größen-Selbst).

In der typischen Ich-Schwäche der deutschen Männer kommt auch, wie schon erläutert, ihre Auseinandersetzung mit dem Weiblichen zum Ausdruck. Das durch das Über-Ich sanktionierte, kontrollierte und zensurierte Mißverhältnis zum Weiblichen, das die Ausbildung einer Anima, jede positive Wertung, jedes Verständnis des Weiblichen überhaupt inhibiert, jede Annahme der Frau als vollgültigen Partner und Mitmenschen ausschließt, hat zur Folge, daß das Weibliche (innen und außen) als Verdrängtes den Triebdruck aus dem Es potentiell gefährlich verschärft.

Für die Führungsschicht hatte das zur Folge, daß ihre Grundbefindlichkeit bestimmt wurde durch ein durch nichts zu übertönendes diffuses Unsicherheitgefühl, das sich jederzeit zu irrationaler Angst steigern konnte. Das Denken und Handeln dieser Männer wurde nicht determiniert durch die Arbeit ihres Bewußtseins, den Wirklichkeitsbezug eines autonomen Ichs, sondern durch Phantasmen, die aus der Tiefe des Unbewußtseins heraufdrängten. Jede Gesellschaft hat nicht nur die Regierung, sondern auch die Geisteskrankheit, die sie verdient.

Emil Kraepelin beschreibt 1883 in seinem Kompendium der Psychiatrie eine psychische Erkrankung, die er »primäre Verrücktheit« nennt. Er versteht darunter eine »dauernde, tiefgreifende Umwandlung der psychischen Persönlichkeit, die sich hauptsächlich in einer krankhaften Auffassung und Verarbeitung der äußeren und inneren Eindrücke kundgibt«. Kraepelin vermerkt, daß die Helligkeit des Bewußtseins nicht getrübt und die Besonnenheit vollkommen erhalten sei, aber »das Erfahrungsmaterial wird durch die mannigfachsten subjektiven Elemente verfälscht und zu einer krankhaft verschobenen ›verrückten‹ Anschauung von der Umgebung und der eigenen Persönlichkeit verarbeitet«. Einzelne Wahnideen oder ein ganzes Wahnsystem bildeten das charakteristische Symptom dieser Erkrankung, wobei die Unkorrigierbarkeit der wahnhaften Inhalte oder Sinnestäuschung typisch und durch die herabgesetzte Fähigkeit zu objektiver Kritik erklärbar sei. Diese Kritiklosigkeit sei die Folge von »Phantasievorstellungen«, welche eine schwache, haltlose psychische Persönlichkeit überwältigen und ihre Auffassung der Außenwelt verfälschen. Dazu kommt es, weil »naturgemäß zum Mittelpunkt aller der geheimnisvollen Beziehungen, wie sie sich dem Kranken allmählich herstellen, die eigene Persönlichkeit wird«[54].

Diese »psychische Erkrankung« der Wilhelminischen Führungsschicht hat ihre Entsprechung in einer dunklen Bereitschaft »unterzugehen«, in der selbstzerstörerischen Attitüde eines »alles oder nichts« – das Gegenteil des englischen Pragmatismus, der parlamentarisch-liberalen Suche nach »lebensfähigen« (realistischen) Kompromissen.

Eine der letzten bedeutenden Verlautbarung des Kaisers, 1914, enthält den signifikanten Satz: »Wenn wir uns verbluten sollen, dann soll England wenigstens Indien verlieren.«[55] Das ist Klartext.

Das Reich der Mitte

Das »Reich« steht nicht im luftleeren Raum, sondern in einem geographisch-weltpolitischen Kontext. Vom Status einer kontinentaleuropäischen Macht zweiter Größe strebte es unwiderstehlich zum Rang einer Weltmacht empor. In einer noch ganz eurozentrischen Welt befand es sich dabei in einer äußerst prekären »Mittellage«.

Auch hier war die Situation wieder gekennzeichnet durch eine Reihe unauflösbarer Antinomien: Man mußte mit Österreich und Rußland gleichzeitig verbündet sein, ohne aber einen der beiden Partner, die Todfeinde waren, zu favorisieren; man mußte aber auch mit England eine Verständigung versuchen, ohne sich Rußland zu entfremden, das mit England in Asien rivalisierte; man mußte eine starke Flotte bauen, durfte aber England nicht indisponieren; man mußte Frankreich isolieren und sein Interesse von Europa nach Übersee ableiten, mußte gleichzeitig aber auch jedes Anwachsen der französischen Kolonialmacht verhindern.

Um die Komplexität dieses Beziehungssystems, das in der Sprache der »internationalen Beziehungen« und der »Außenpolitik« als eine Angelegenheit des Machtgleichgewichtes von Staat, von Allianzen und Gegenallianzen, von Friedens- und Kriegsmöglichkeiten erscheint, in seiner ganzen Verzwicktheit zu verstehen, braucht man sich nur die verschiedenen Ebenen zu vergegenwärtigen, auf denen operiert werden mußte:
– die der europäischen dynastischen Großfamilie der untereinander vervetterten und gleichzeitig verfeindeten regierenden Fürstenhäuser und ihrer Höfe, in denen jede Heirat und jeder Todesfall zum Politikum wurde;

– die Ebene des Corps diplomatique mit seinen seit dem Wiener Kongreß kodifizierten Regeln, Usancen und Ticks;
– die Ebene der Regierungen – Ministerpräsidenten und Minister –, die wiederum eine ganz andere war, in ihrer Meinungs- und Willensbildung als
– die der Parlamente oder
– die der Presse und der sogenannten Öffentlichen Meinung.

Alles das wohlbemerkt reichsintern und im europäischen Zusammenspiel. Jeweils in einer anderen Sprache, mit anderen Sonderinteressen und Ordnungsvorstellungen, mit anderen Zielsetzungen und anderen Phantasmen.

Auf der Ebene der Repräsentationen fließen »Innen« und »Außen« auf geheimnisvolle Weise ineinander über. Das Schema der inneren Strukturen des Reiches – individualpsychologisch und politisch-soziologisch – deckt sich in verblüffender Weise mit dem Schema der geopolitischen Lage, wie es sich nicht nur in den Köpfen der Deutschen, sondern auf der politischen und kulturellen Landkarte Europas ablesen läßt. In der zweiten Hälfte des 19. Jahrhunderts ist das Reich zweifellos der Ort, an dem sich zwei polare Kraftfelder überschneiden, eine Interferenzzone, das »Schlachtfeld«, wenn man so will, eine Auseinandersetzung, die man letztlich nur mit geschichtsphilosophischen Kategorien zu deuten versuchen kann und deren Schwerpunkte, Polaritäten und Achsen so etwas wie eine Kulturtopographie der Epoche ergeben.

Das Reich der Mitte steht im Zentrum einer Ost-West-Achse. Auf den Extremen dieser Achse können wir die folgenden Schwerpunkte einzeichnen:

Im Westen: England, als Land des »Liberalismus«, »Parlamentarismus«, des Empire, der Seeherrschaft (Meer) und der Königin (Weib). Sodann Frankreich, das Land des Königsmordes, der Revolution, der Republik, der Kommune (Anarchie), der »Unzucht« und »Weiberwirtschaft« (Paris).

Auf der anderen Seite – im Osten – als zwei Gegenpole: das autokratische Zarenreich, als die überwältigende Landmacht (noch extremer: den orientalischen Despotismus des ottomanischen Reiches); in größerer Nähe die von der alles überragen-

*Die Huldigung deutscher Bundesfürsten zum 60. Regierungsjubiläum
Kaiser Franz Josephs in Schönbrunn am 07. Mai 1907, Gemälde von
Franz von Matsch, 1908*

den Vaterfigur Kaiser Franz Josephs geprägte, halb absolutistische, von einer aristokratischen Oberschicht beherrschte Donaumonarchie.

Auf dieser Achse lag das Deutsche Reich, zwischen den Polen, in deren Interferenzzone. Die besonderen Umstände der Bismarckschen Reichsgründung (Fürstenbund, Hegemonie Preußens, Demütigung Frankreichs durch Annexion von Elsaß/ Lothringen) haben es mit sich gebracht, daß Deutschland für den Osten, gegen den Westen, für den Absolutismus, gegen den Liberalismus, für den Soldaten, gegen den Bürger, für das Land, gegen das Meer optiert hat. Das heißt aber nicht, konnte nicht heißen, daß die westlichen Elemente aufhörten, in ihm wirksam zu sein. Ihr Weiterbestehen konstituiert die »innere« Front.

Die Führungsschicht war auf diese Grundoption existentiell festgelegt. Die Möglichkeit einer Revision, die bei einer länger

Die Großmutter von Wilhelm II. Viktoria, Königin von Großbritannien und Irland, Kaiserin von Indien, im Alter von 76 Jahren, Porträtaufnahme aus dem Jahre 1895

dauernden Regierungszeit Kaiser Friedrichs eventuell möglich gewesen wäre, von Bismarck als eine schreckliche Drohung empfunden wurde, gegen die er mit allen Mitteln gekämpft hat – sie personifizierte sich für ihn in der Figur der englischen Prinzessin, der Tochter der Queen –, wurde von Wilhelm II. nie in Betracht gezogen. Sie bestand aber als eine ständige inner-psychische und innenpolitische Forderung fort. Außenpoli-tisch perpetuierte sie sich in der Ambivalenz des Verhältnisses zu England, der Möglichkeit einer deutsch-englischen als Al-ternative zu einer deutsch-russischen Allianz.

Der Ost-West-Achse ist aber auch ein »Zivilisationsgefälle« eingeschrieben, das Gefälle von progressiven zu degressiven Kulturstufen, von »freiheitlichen« Institutionen zu unfreiheit-lichen, von Liberalismus zu Absolutismus, von der Republik zur Monarchie, von einer industriell-kommerziellen zu einer militärisch-agrarischen Gesellschaftsordnung. Dahinter steht der elementare Gegensatz von Meer und Land – und in einer tieferen Schicht, der der Repräsentationen zumindest: der Ge-gensatz vom Weiblichen und Männlichen.

Die Konsequenz dieser unbequemen Lage war eine Verhär-tung der militärstaatlich geprägten Sozialstrukturen (was bis in die Ausformung der industriellen Produktionsverhältnisse gilt), die sich in einer spezifischen Organisation der für die Per-petuierung des Systems erforderlichen Persönlichkeitsstruktur spiegelt.

Symbolisch auf eine kurze Formel gebracht, bedeutet dies: Wilhelm II. stand zwischen der Vaterfigur Franz Josephs, der er bis in den Untergang die Treue hielt, und der Mutterfigur der Queen, die er abhorreszierte (»die alte Hexe«), gleichzeitig aber auch als das unerreichbare, große, faszinierende Vorbild von Größe und Macht empfand. Die Ablehnung von Liberalis-mus und Parlamentarismus ist konträr zu dem Wunsch, nicht Kontinentalmacht zu bleiben, sondern eine Seemacht wie das Empire zu werden. Konnte man gleichzeitig innenpolitisch re-gressiv und außenpolitisch progressiv sein? Wilhelm II. glaubte zwischen den Gegensätzen vermitteln zu können, das war sein Dilemma[56].

5 Der Herr der Mitte

Kaiser sein

Eine Krone tragen, eine Ungeheuerlichkeit!
Thomas Bernhard

Die Demokratie hat es in der Hand, ohne alle
Gewaltmittel, nur durch einen stetig geübten ge-
setzmäßigen Druck, das König- und Kaisertum
hohl zu machen: bis eine Null übrigbleibt, viel-
leicht wenn man will, mit der Bedeutung jeder
Null, daß sie, an sich nichts, doch an die rechte
Seite gestellt, die Wirkung einer Zahl verzehnfacht.
Das Kaiser- und Königtum bliebe ein prachtvoller
Zierat an der schlichten und zweckmäßigen Ge-
wandung der Demokratie, das schöne Überflüs-
sige, welches sie sich gönnt, der Rest alles historisch
ehrwürdigen Urväterzierates, ja das Symbol der
Historie selber – und in dieser Einzigkeit etwas
höchst Wirksames, wenn es, wie gesagt, nicht für
sich allein steht, sondern richtig gestellt wird.
Friedrich Nietzsche

Was hieß das überhaupt, »Kaiser sein« – am Ende des 19. und zu Beginn des 20. Jahrhunderts in Deutschland? Wir nehmen es als selbstverständlich hin. Dabei war nichts weniger selbstverständlich als das.

Wilhelm II. von Hohenzollern sollte Kaiser sein, und er wollte Kaiser sein, wirklicher Kaiser sein, die sichtbare Zentralfigur des Reiches, die souveräne, repräsentative Person.

Das Paradox: Ein »Kaiser« kam im deutschen Staats- und

Verfassungsrecht nicht vor; er war – erblicher – Titel des preußischen Königs. Die Institutionen des Reiches waren der Reichstag, der Bundesrat und der Reichskanzler, der gleichzeitig preußischer Ministerpräsident war. Das Reich hatte keine Verwaltungsspitze. Es fehlte ihm der repräsentative, symbolische Mittelpunkt.

Wilhelm II. trat in ein staats- und verfassungsrechtliches Vakuum. Aber er betrat einen in der »symbolischen Ordnung«, in der sakralen Topographie vorgezeichneten Ort.

Er hat sein »Sein zum Herrschen« – wie Sartre sagt[57] – interpretiert als die Erfüllung der ihm eigenen Aufgabe: deutscher Kaiser sein. Er mußte diese neue Rolle erfinden, und das hat er getan. Das war sein »Projekt«, sein Lebensentwurf. Sein nicht zu schmälerndes Verdienst ist es, daß er – da, wo nichts war – das »Kaiseramt« konstituiert und dreißig Jahre lang unermüdlich ausgeübt hat. Ich sage: Kaiseramt. Der Neologismus stammt von Friedrich Naumann, der feststellt, daß ein neues Kaiseramt sich als eine dritte Größe neben Bundesrat und Reichstag gebildet habe, eine noch unformulierte politische Gewalt, die jedoch mit jedem Jahre wachse und die feste, einheitliche Grundlage für die imperiale Weltmachtpolitik biete. Naumann spricht auch treffend von der »Fülle kaiserlicher Tatwirkung«; im Spannungsfeld politischer, sozialer und ökonomischer Kräfte »ein Faktor unter anderen, aber allerdings ist er der erste«.[58]

Damit ist die effektive Ausübung, das Exerzitium einer supremen »Zentralfunktion« richtig gesehen und gezeichnet, die über den Bundesländern und Fürsten – inklusive des Staates Preußen –, über den Klassen und Ständen, über den Gegensatz eines konservativen Nordens und eines liberalen Südens hinweg, über den Parteien, die Einheit des Reiches erst eigentlich konstituiert, nach innen und außen repräsentiert, zwischen den Gegensätzen vermittelt und das Auseinanderstrebende, Auseinanderfallende integriert.

Diese Funktion wurde erfüllt nicht mit den Mitteln der Innenpolitik – Parteienpolitik, Interessenverbände, Verwaltung – und nicht mit den Mitteln der Außenpolitik – so wie sie vom

Auswärtigen Amt im Stile Bismarcks als Bündnis-, Intimidations- und Sicherheitspolitik betrieben wurde –, sondern mit den Mitteln des Königsrituals.

Die Möglichkeit, aus einem Titel ein Amt, aus einem Amt eine Funktion zu machen, fand der junge Kaiser in den dynastischen Prärogativen und in der materiellen Ausstattung, die er als König von Preußen geerbt und als Mitgift in das Kaisertum mit eingebracht hatte. Und das war nicht wenig: die Rechtsstellung, die er auf der Grundlage des monarchischen Prinzips innehatte, seine Attribute als oberster Kriegsherr und Summum Episcopus, sein Reichtum. Das genügte nicht, um Kaiser zu sein. Seine Machtbefugnisse innerhalb des Bundes waren bedeutend, aber beschränkt; seine Wirkungsmöglichkeiten als Monarch, so wie er sie vorfand, eingeengt. Es bedurfte größter Phantasie, um sich den Spielraum für die Ausübung des Kaiseramtes zu verschaffen. Und das konnte nur gelingen, weil Wilhelm II. dem »Pattern of Kingship« folgte, das er irgendwie in sich trug. Dazu Emil Ludwig: »Zeitlebens fühlte Wilhelm II. sich wie ein authentischer König, der zugleich oberster Priester war, buchstäblich Mittler zwischen Gott und Volk, und hat aus diesem Bewußtsein die bedeutendsten Folgerungen gezogen.«[59] Das war als höhnische Kritik gemeint, man muß es aber ganz ernst nehmen.

Das Sendungsbewußtsein, von dem Wilhelm II. durchdrungen war, ist keineswegs eine Form von Megalomanie, Selbstüberschätzung oder Cäsarenwahn. Das kaiserliche Sendungsbewußtsein hat seine Wurzeln vielmehr in einer archaischen, archetypischen Tiefenschicht.

Das »Königsmodell« spukt nicht nur im Kopf eines preußischen Prinzen, sondern in Millionen Köpfen, weil es im kollektiven Unbewußten unterhalb der Schwelle jeder bewußten politischen Urteilsbildung dessen Vorstellung von der idealen Ordnung eines Gemeinwesen prägt.

Darum konnte ihm sein kühnes Vorhaben, »Kaiser zu sein«, gelingen; darum jubelten ihm die Massen zu; darum akzeptierte ihn die politische Klasse. Er erfüllte eine Erwartung. Er improvisierte nichts; er übte eine in ihren ewigen Grundzügen vorgezeichnete sakrale Funktion aus.

Auf dieser Ebene muß man den Satz von Walther Rathenau – den ja auch Emil Ludwig und sogar John C.G. Röhl übernimmt – interpretieren: »Der Kaiser war so, wie ihn das Volk wollte« – ohne damit von einer Denunziation des Herrschers in eine Diffamierung des Volkes umzukippen.

Das monarchische Prinzip

Trotz der allgemeinen Demokratisierungstendenzen, trotz des republikanischen Trends, trotz der Ideen von 1789 müssen wir uns zu der Einsicht bequemen, daß das 19. Jahrhundert in der äußeren Staatsform ein monarchisches Jahrhundert war und geblieben ist.[60] Das Deutschland des Zweiten Reiches stellte sogar einen Höhepunkt der Monarchie dar. Ob es uns paßt oder nicht: Die Monarchie war, trotz aller Revolutionen, das die soziale und politische Ordnung bestimmende Grundfaktum, das herrschende Ordnungsmodell. An ihren Werten maßen sich alle Werte. Sie war die Norm der politischen Kultur. Sie war das Normale.

Man geht in die Irre, wenn man erklärt: Die Monarchie war ein Anachronismus. Wieso Anachronismus? Allenfalls die Gleichzeitigkeit des Ungleichzeitigen. Richtig muß die nächste Frage doch lauten, was diese Monarchie im Verständnis der politischen Klasse, im Verständnis des Volkes, im Selbstverständnis des Monarchen gewesen ist. Einen gewissen Zugang zur Klärung dieser Frage kann man über die Theorie des »monarchischen Prinzips« gewinnen.[61]

Im deutschen Staats- und Verfassungsrecht findet man in der Doktrin des »monarchischen Prinzips« den wesentlich an der preußischen Verfassungswirklichkeit orientierten Versuch, der exzeptionellen Position des Königs eine verfassungsrechtliche Grundlage zu geben. Gegen einen parlamentarischen Konstitutionalismus, gegen jede demokratische Theorie von einer Volkssouveränität geht es um die Abgrenzung und Ausgrenzung der königlichen Gewalt und der königlichen Prärogativen.

»Staatsgewalt ist königliche Gewalt.« Das »monarchische Prinzip« besagt, daß, wie im älteren kontinentalen Absolutismus, die einheitliche Staatsgewalt in der Hand des Herrschers liegt. Er *kann* eine Verfassung erlassen, durch die er sich beschränkt *(octroyer)*, braucht es aber nicht. »Eine ›parlamentarische Monarchie‹ ist eine Contradictio in adjecto – eine Erscheinungsform der Republik.«[62] Nach Treitschke ist das wahre demokratische Bewußtsein erreicht in der Identität von Volkswillen und königlicher Gewalt. Der Parlamentarismus ist überflüssig. Dem König obliegt die Darstellung der innersten übersozialen Kraft lebendiger Allgemeinheit.

Der Unterschied zwischen einem konstitutionellen und einem parlamentarischen König – die berühmte Distinktion des deutschen Staatsrechts, die für das deutsche Staatsrecht und die deutsche politische Praxis, die deutsche politische Kultur entscheidende Differenz liegt darin, daß sich der parlamentarische König nicht auf die Staatsgewalt zurückziehen kann, wenn sein Parlament versagt. Der preußische König kann das.

Das deutsche Staatsrecht denkt den Staat von der kaiserlich-königlichen Zentralposition her, der Position des Souveräns. Für die Theorie des monarchischen Prinzips gilt einzig und allein der Grundsatz des römischen Kaisertums »princeps legibus solutus est« und für den Konfliktfall die Formel »in dubio pro rege«.[63]

»Das monarchische Prinzip«, so Brunner, »ist eine Formel des Staatsrechtes, hinter die man nicht weiter zurückgehen kann.« Das ist nur insofern richtig, als hier das Staatsrecht aufhört im Sinne positiven Rechts; nur auf der Ebene des Staatsrechts entbehrt »das monarchische Prinzip einer geistigen Begründung«.[64]

Um heute zu begreifen, was die Monarchie für das Wilhelminische Deutschland war, ist die Theorie des monarchischen Prinzips freilich ungenügend, weil sie im Verfassungsrechtlichen hängenbleibt. Wenn man das »Wesen« der Monarchie – und des monarchischen Handelns – begreifen will, muß man die Grenzen des Staatsrechtes überschreiten. Wir müssen weitergehen zu einer »metahistorischen Theorie« des Königtums.

Eine »geistige Begründung« ergibt sich dann, wenn wir »die eigentümlich sakral-magische Sphäre, die das europäische Herrschertum umgibt«[65], in Betracht ziehen; wenn wir vorstoßen zu jener universell urtümlichen Schicht, die »mythisch-magische Grundschicht«, wie Brunner sagt, »in der jedes Königtum wurzelt«. Wir müssen vordringen zu den archetypischen »Pattern of Kingship« des »sakralen Königtums«.

So kann man sich Wilhelm II. nicht nähern mit republikanischen Vorurteilen im Hinterkopf, mit sozialem Ressentiment, auch nicht mit den Augen eines Kammerdieners. Die Sichtweise des Psychiaters erweist sich letztlich als ebenso unergiebig.

Man verfehlt das Phänomen aber auch dann, wenn man sich ihm nähert mit den Kategorien eines beschränkten, profanen, zeitgenössischen Politikverständnisses, indem man den Kaiser – Primat der Innenpolitik oder Primat der Außenpolitik, gleichviel – als modernen »Staatsmann«, das heißt als »Berufspolitiker« beurteilt. Der Kaiser hat zwar selbst von seinem »Beruf« gesprochen – sogar von seinen »Berufskollegen, den anderen Monarchen –, aber das war wohl eher redensartlich gemeint. Der Kaiser war nicht »Regierungschef« in irgendeinem verfassungsrechtlichen Sinne. Er war schon gar nicht, wie Maximilian Harden ihm unterstellen wollte, der »Geschäftsführer des Deutschen Reiches«. Er war »König« und stand als solcher über der Politik.

Max Webers kritische Einschätzung des Monarchen als »Dilettanten« ist typisch und topisch für das grundsätzliche Mißverständnis, dem dieser außergewöhnliche Mann in außergewöhnlicher Position ausgesetzt war. Tatsächlich war er kein Löcher-in-Bretter-bohrender Politfachmann, kein Spezialist. Das Königliche an ihm ist ja gerade, daß er das nicht ist und nicht sein darf. Er ist seiner ureigensten Bestimmung nach – als die »Allerhöchste Person« – wesensmäßig und funktional ein »Uomo universale«, Universalist. Er ist zuständig für die höchsten Werte seines Volkes »als Ganzes«: Wohlfahrt, Friede, Gerechtigkeit und Einheit. Seine Vielseitigkeit war ein Erfordernis des »unerfüllbaren Anspruches auf Vollkommenheit«[66], dem er als »König« genügen mußte.

Die Ebene, auf der das »Königtum« Wilhelms II. untersucht werden muß, steht oberhalb der Unterscheidung verschiedener Daseinsbereiche und der ihnen zugeordneten Beurteilungskriterien, oberhalb der Distinktion von Politik, Kunst, Wissenschaft, Wirtschaft – sie konstituiert ein alles übergreifendes, alles transzendierendes Wertesystem. Das »Königtum« strahlt in alle Einzelgebiete hinein, steht als das Zentrale, das Höchste zu ihnen in Beziehung, ist das alles Verbindende, das in letzter Instanz Sinnstiftende.

»Ein rein politisches Königtum hat es nie gegeben«, sagt Philipp Wolff-Windegg zu Recht in seinem schönen Buch »Die Gekrönten. Sinn und Sinnbilder des Königtums«.[67]

Der einzig adäquate Maßstab, mit dem die Herrschaft Wilhelms II. gemessen werden kann, ist das Modell des »sakralen Königtums«. Der methodologisch richtige Umgang mit dem »Sakralen« fordert eine eigene Semantik. Es findet seinen Ausdruck nicht in Rechtsnormen, in Institutionen, in rationalen Handlungsabläufen, sondern in Zeremonien, Ritualen, sinnstiftenden Akten und Aktionen, in Bildern.

Der moderne, bürgerliche Mensch hat es verlernt, die Dimension des Sakralen wahrzunehmen. Sein einziger Zugang zu ihr führt über die Erfahrung des Ästhetischen.

Das Ästhetische, verstanden in einem weiten, ursprünglichen Sinne – für das Politik und Kunst keine Gegensätze sind –, ist dann der Prozeß der Identifikation, der emphatischen Teilnahme, der Partizipation über die sinnliche Erfahrung, das ekstatische Erlebnis – als Konstitution des *fait social total*.

Es geht dabei nicht um eine Privilegierung des Ästhetischen gegenüber dem Politischen, eine Ästhetisierung des *fait politique*, sondern um ein noch zu gewinnendes holistisches Politikverständnis, das sich dem ästhetischen Paradigma einer modernen Gesellschaftswissenschaft verdankt, die den Versuch unternimmt, die Dimension des Sakralen wieder sichtbar werden zu lassen.

Wie soll man den souveränen Vollzug des Königrituals in der zweiten Hälfte des 19. Jahrhunderts anders benennen als mit dem in dieser Zeit, für diese Zeit geprägten ästhetischen Begriff des Gesamtkunstwerkes, der in seinen Intentionen genau das meint, was hier der Fall gewesen ist.

Das Gesamtkunstwerk ist nicht die phantastisch-megalomane, artistische Superproduktion eines einzelnen, sondern das Sichtbarwerden und Funktionieren eines archaisch-archetypischen, im kollektiven Unbewußten schlummernden omnipräsenten Grundmusters einer hierarchisch-hieratischen Ordnung des Gemeinwesens im Wechselspiel von »Herrscher« und »Volk«.

Gewollt und inszeniert, beschworen und vorexerziert, vom Träger einer Krone, der einer Nation den Stempel aufdrückt, weil er sie in ihren geheimsten Wünschen und Aspirationen vollkommen repräsentiert – das meint Rathenau, wenn er von der symbolischen Figur und Person des Monarchen spricht, der kein Zoll anders sein durfte, als er war.

Man muß mit neuen Augen sehen, wie das alles zusammenhängt, zusammengreift, zusammengehört; wie es strukturiert und komponiert ist nach in sich stimmigen, kohärenten Gestaltungsprinzipien, wie es einem Projekt entspricht, das »Sinn« macht und stiftet. Deshalb der Vorschlag, diese zeitlich-räumliche, symbolisch-funktionale, phantastisch-reale Großkomposition ein Gesamtkunstwerk zu nennen, um das Phänomen, um dessen Verständnis es geht, zu erfassen: die Epiphanie des sakralen Königtums im Wilhelminischen Reich.

Das sakrale Königtum

Sprechen wir also nicht mehr von »Monarchie« und »monarchischem Prinzip«, sprechen wir von dem idealen, dem »sakralen Königtum«. Das ist nicht mehr Sache der Historiker, sondern der Kultursoziologie.[68]

Man ist ohne weiteres dazu bereit, wenn es um das afrikanische Königtum geht, um die französischen Könige des Mittelalters oder auch um die des Absolutismus, besonders Ludwig XIV. Das Modell des sakralen Königtums für das späte 19. Jahrhundert, gar für das Zweite Deutsche Reich, in Anspruch zu nehmen mag ungewöhnlich, wenn nicht ungehörig scheinen, dies ist aber die einzige Möglichkeit, die Rolle und Funktion, das Denken und Agieren des letzten deutschen Kaisers angemessen zu beurteilen und zu verstehen.

Worum geht es? Um eine Denkfigur, um ein metahistorisches und metapsychologisches Strukturmodell, um einen »Archetypus«. Es geht um eine jener universellen Vorstellungen und Inhalte des kollektiven Unbewußten, mit deren Hilfe, so die klassische Definition von Emile Durkheim, »die Menschen die Gesellschaft vorstellen, deren Mitglieder sie sind, und die dunklen oder engen Beziehungen, die sie mit ihr haben«. Durch sie werden grundlegende Triebkräfte des kollektiven Daseins aktiviert. Sie sind die Bedingung der Möglichkeit jener gemeinschaftlichen Übereinkunft, durch die sich eine Gesellschaft als solche konstituiert.

Es geht um das Urbild des »idealen Königs«, der, stellvertretend für sein Volk, die »mythische Mitte« innehat und es als Ganzes repräsentiert. Er kann dies, weil er eine Projektion der

menschlichen Seele ist und die kosmische Ganzheit und das
»menschliche Selbst« symbolisiert.

Der Körper des Königs ist das Abbild des Körpers der Gesellschaft; der Körper der Gesellschaft bildet sich im Körper
des Königs ab.

Der Ursprung des Königtums liegt im Konzept der
»sakralen Mitte«, und aus der Mitte ergibt sich zwangsläufig
die kosmische Orientierung nach den vier Himmelsrichtungen. Am Kreuzungspunkt der Weltlinien liegt die Stadt, die
kosmische Residenz, in ihrer Mitte der Palast und in dessen
Mitte wiederum der Herrscherthron – um dieses Zentrum organisiert sich das »Königsritual«, in dem sich das königliche
Handeln vollzieht. Das ist das »Pattern« – das idealtypische
Schema.

Das Königsritual entfaltet sich auf der Ebene der symbolischen Ordnung, wenn wir diese im Sinne von Lévy-Strauss als
jene höchste Ebene verstehen wollen, auf der sich jede gesellschaftliche Ordnung artikuliert und repräsentiert.

Von dieser Ausgangsposition her lassen sich die wichtigsten
Aspekte der Königsfunktion – des Königtums – folgendermaßen definieren: Der König ist der »Herr der Mitte«. Er verkörpert in seiner Person »l'idée du principe central«. Er ist der
ruhende Pol, der »point fixe«. Er ist der Nabel der Welt. Er ist
der Arbiter mundi. Er ist der Erste, der Größte, der Reichste.
Alles an ihm ist groß. Er ist der »législateur primordial«.[69]

Die Aufgabe des Königs ist die Vermittlung. Er verkörpert
die Idee des Ausgleichs, der Versöhnung, der Gerechtigkeit. Er
hat nicht nur die sakrale »Funktion der Vermittlung, jenes Amt
des Mittlers zwischen dieser Welt und den höheren Welten«[70].
Er ist der »Mittler« – geistig, politisch, sozial zwischen unten
und oben, Ost und West, Nord und Süd, männlich und weiblich, Land und Meer. Er ist damit der Garant des sozialen Ausgleichs und der sozialen Gerechtigkeit. Er ist der »Herr des
Friedens«, der Friedensfürst. Man könnte sagen, die Aufgabe
des »idealen Königs« ist es, symbolisch zumindest, die allgemeine Entzweiung des Lebens zu überwinden. Sie ist in seiner
Person in einer höchsten Synthese aufgehoben.[71]

95

Der König ist verantwortlich für die materielle und geistige Wohlfahrt des Gemeinwesens, das er repräsentiert – im weitesten Sinne für das Leben schlechthin: für die Fruchtbarkeit des Landes, für die Erhaltung der Natur, für die Reproduktion des Volkes.[72] Er ist der »Nährer des Reiches«. Wir erkennen hier die Prinzipien einer sakralen Ökonomie, zu der auch die Verschwendung, die symbolische Verbrennung (consomation – consumation), der »part maudite« gehört, wie uns George Bataille gelehrt hat, was aber auch schon Marshal wußte. Er ist der Stifter des »don«. Luxus, Munifizenz, Generosität gehören zu seinen natürlichen Attributen. Er ist der »Herr des Festes« – so wollen wir das »Außeralltägliche«, den Ausnahmezustand definieren.

Der König verkörpert die Idee der Einheit und der Identität des Volkes, des Gemeinwesens, des Commonwealth, mit sich selbst – die politische Einheit auf der symbolischen Ebene. Er macht aus dem vielen das eine, nicht im Sinne einer gleichmachenden Vereinheitlichung, sondern im Sinne einer geistigen Größe, eines universellen Bezugsrahmens, dem Reich. Daraus erwachsen ihm zwei seiner wichtigsten Funktionen: die Integration und die Repräsentation. Er repräsentiert die Einheit des Volkes vor Gott und dem Weltkreis, nach innen und nach außen, jene Einheit, die er selbst stiftet.

Das Schicksal des Königs ist mit dem Schicksal des Volkes untrennbar verbunden. Der König ist ihm ausgeliefert auf Gedeih und Verderb. Der König ist nicht nur Herrscher, sondern auch der, auf den jeder seine eigenen Verfehlungen abzuladen vermag: er ist der Sündenbock des ganzen Volkes – der Sündenbock, der das Unreine und das Unglück auf sich nimmt. Darin liegt die tiefe Ambivalenz des Königtums, die zur Ambivalenz des Sakralen gehört. Der König ist verantwortlich für das kollektive Heil und Unheil. Auch das liegt in der absoluten Singularität und Superiorität seiner Position beschlossen.

Der, auf den alle bezogen sind, ist der Einsamste; der Mächtigste ist der Ohnmächtigste. Der Herr des Dankopfers, wenn alles gutgeht, ist, wenn es schiefgeht, das designierte »Opfer«.

Und alles scheint darauf angelegt zu sein, daß es schiefgeht. Das Reich – jedes Gemeinwesen – floriert am Rande der Katastrophe. Größe und Untergang liegen eng beieinander. Sie zu verhindern, sie aufzuhalten ist der jedes menschliche Vermögen überschreitende Anspruch an den König; er ist die Geisel, die die Kollektivität in ihrer Hand hält, um sich gegen den Zorn der Götter zu schützen. Als solche ist der König ihr Gefangener.

Die unerfüllbare Forderung nach Vollkommenheit an den einen, der ihr genügen muß, verschleiert nur schlecht die Angst vor dem Scheitern aller und die Drohung der Sanktionen, die ein Mißlingen unerbittlich nach sich zieht.

Geht man noch etwas weiter, kann man sagen: Jede Staats-(Stadt-)Gründung ist eine Gewalttat. Der in der an sich schöpferischen Tat der Begründung des Gemeinwesens enthaltene Frevel bedarf einer Sühne, damit sich die Mißgunst der neidischen Mächte für immer von der Stadt abwendet. Der König als Repräsentant der auf Gewalt beruhenden Ordnung ist immer auch das Sühneopfer.

Die tiefe Problematik des Königtums ist übrigens auch der wissenschaftlichen Forschung in der Wilhelminischen Ära keineswegs entgangen. Wenn sie sie nicht als eine zeitgenössische thematisiert, so heißt das nicht, daß sie sich nicht mit einem aktuellen Zeitproblem auseinandersetzt. Im Gegenteil: Jener Max Weber, der das Gefühl hatte, »von einer Schar Irrsinniger regiert zu werden«, hat sich sein ganzes Leben mit dem Problem des Charisma und der charismatischen Herrschaft beschäftigt. Max Weber hat gesehen, daß er in seiner Herrschaftssoziologie mit den Idealtypen der traditionellen und legalen Herrschaft nicht auskam – nicht weil das welthistorisch nicht ausreichte, sondern weil es nicht genügte, um zu verstehen, was da im Deutschen Reich vor sich ging und »der Fall war«. Die Ausstrahlungskraft des charismatischen Führers, seine merkwürdige Abhängigkeit von der Zustimmung seiner Gefolgschaft, der Erfolgszwang, der Zwang zur permanenten »Außeralltäglichkeit«, die Gefahr des Erlöschens der charismatischen Wirkung, die Sanktion des Fallengelassenwerdens, die Sündenbockfunktion – er hat das alles gesehen und beschrieben, und man spürt, wie Unbehagen und Faszination dabei Hand in Hand gehen.

Auch Walter Benjamins Untersuchung über das Trauerspiel muß man vor dem tragischen Hintergrund des Wilhelminischen Königtums lesen.

Inner Circle und Königsmechanismus

Wilhelm II. hat seine Mission als »Hort der Reichsidee« – die Formulierung stammt von Eulenburg – bewußt und konsequent als Integrationsfunktion aufgefaßt, als die des über allen Gegensätzen und Widersprüchen die Integrität des Reiches zu erhalten bemühten zentralen Vermittlers und höchsten Repräsentanten der Einheitsidee.

Mit nicht erlahmender Energie und Unermüdlichkeit versuchte er durch seine Präsenz und Repräsentanz, dem von zentrifugalen Kräften auseinandergezerrten Reich, einen jederzeit sichtbaren und für jeden in der Welt unverkennbaren Mittelpunkt zu geben.

Diese Integrationsfunktion überschritt in ihren Anforderungen das, was menschlich zu leisten war. Rekapitulieren wir die verschiedenen Ebenen, auf der sie in völlig verschiedenen Interaktionssystemen mit verschiedenen Sprachen, Zielen und Symbolen wahrgenommen werden wollte:

Auf der Ebene der dynastischen Beziehungen, als König unter Königen, als Fürst unter Fürsten, sowohl nach innen als nach außen. Wir haben schon darauf hingewiesen, welche nicht zu unterschätzende Rolle diese Ebene in der Politik, der Familienpolitik, die ja Familienangelegenheit war, gespielt hat.

Die Ebene, auf der das »höchste Reichsamt« als Partner von Reichstag und Bundestag, im Zusammenspiel mit dem Reichskanzler improvisiert werden mußte.

Die Ebene des preußischen Königs im Rahmen der preußischen Verfassung – Herrenhaus und Landtag –, wobei die Verquickung von preußischen Ministerien und Reichsämtern für

Wilhelm II. und die regierenden Fürsten Deutschlands,
Gemälde von L. Rudow, das dieser anläßlich der Thronbesteigung
des jungen Kaisers 1888 anfertigte

den rückschauenden Beobachter ein ewig undurchsichtiges Puzzle bleiben wird.

Auf der wieder ganz anders gearteten und mit anderen Prärogativen und Mitteln operierenden Ebene eines Obersten Kriegsherrn, die über Preußen hinaus das ganze Reich umfaßte.

Von der Ebene eines Chefs des Hauses Hohenzollern, Haus- und Familienvater und Großgrundbesitzers, in der sich öffentliche und privatrechtliche Verantwortlichkeiten vermischten, sei hier einmal ganz abgesehen.

Eine so komplexe Aufgabe konnte der Kaiser nur erfüllen, indem er sich mit einem Kreis von Männern umgab, die die Vielzahl der konkurrierenden Bezugsgruppen und Interessen – Fürsten, Höfe, Armee, Marine, Industrie, Agrarier, Parteien, Verfassungsinstitutionen, Regierungsinstanzen, Wissenschaft, et cetera,– in ihrer Person repräsentierten und denen gegenüber er einen unbedingten Führungsanspruch geltend machen konnte.

So stand im Zentrum dieses Reiches ein innerer Kreis von knapp fünfzig Personen, die für die politischen Geschicke des Landes eine überragende Bedeutung dadurch gewannen, daß sie in unmittelbarem Kontakt und in einem besonderen Vertrauensverhältnis zur Person des Monarchen standen.

Dieser »Inner Circle«, der in der geschriebenen Verfassung natürlich nicht vorkam, erfüllte in diesem System, in dem sich ganz natürlich und selbstverständlich die politische Macht in einer allerhöchsten Person konzentrierte, eine legitime, weil unbedingt notwendige Funktion. In der Realverfassung – nicht staatsrechtlich, sondern staatssoziologisch – war er der ausschlaggebende Machtfaktor.

Jeder, wie hoch er auch rangierte, hatte immer nur eine Partialverantwortung auf einem Teilsektor. Immer war es der »König«, der »Herr der Mitte«, der für das Ganze stand. Die Machtfülle des Kaisers beruhte im wesentlichen darauf, daß er auf allen Ebenen, in allen entscheidenden Personalfragen das letzte Wort hatte. Keine Nominierung war ohne seine Zustimmung möglich, nicht nur im Heer und in der Marine; dasselbe galt für die höchsten Regierungsämter, Minister und Oberpräsidenten, Richter und Professoren und natürlich für das diplomatische Corps. Der Kaiser berief und entließ. Dieses Machtmonopol hatte zur Folge, daß Personalfragen eine außergewöhnliche Bedeutung gewannen. Alle innen- und außenpolitischen Probleme spitzten sich schließlich auf personalpolitische Entscheidungen zu. Politik war wesentlich Personalpolitik. Es lag also durchaus in der Logik des Systems, daß die Personen, die durch ihre Nähe zum Kaiser auf diese Personalpolitik Einfluß nehmen konnten, die eigentlich Mächtigen im Reich waren.

So gesehen erscheint das Regime Wilhelms II. dann als ein hervorragendes Beispiel für das, was der Kultursoziologe Norbert Elias für die Zeit des französischen Absolutismus als den Königsmechanismus beschrieben hat, in dem die Hauptaufgabe des Monarchen darin bestand, zwischen verschiedensten

konkurrierenden Gruppen und Cliquen, die alle gleicher-
maßen dem System verhaftet und verpflichtet sind, den
Schiedsrichter zu spielen, was im wesentlichen darauf hinaus-
lief, die einseitige Macht- und Einflußnahme einer Gruppe zu
verhindern. Das geschah dadurch, daß über dem primären
Ordnungssystem der institutionellen Verteilung der Machtver-
hältnisse ein sekundäres System auf den Monarchen bezogener,
hierarchischer Vorschriften, Zeremonien und Privilegien aus-
gebildet wurde, die für die Erfolgserwartung, Karriere und
Prestige aller um die Teilhabe an der Macht bestrebten Exponenten der Oberschicht die letztlich ausschlaggebenden Orien-
tierungskriterien sind. Auf dieser Ebene vollzieht sich dann die
Besetzung der politischen Schlüsselpositionen – nicht auf der
des primären Systems, was auch erklärt, warum Beförderun-
gen, Ordensverleihungen, Jagdbesuche, Einladungen zu kaiserlichen Reisen eine derartige Rolle spielen konnten. Es handelte
sich da nicht lediglich um die »Gunstbeweise« des Souveräns,
sondern um die bewußt eingesetzten Mittel einer Politik, die
nach Lage der Dinge nichts anderes sein konnte, als auf den
Monarchen bezogene Personalpolitik. Dazu gehören Verweis
und Drohung ebenso wie Gnadenbeweis und Belohnung, »allerhöchster Befehl« oder »allerhöchstes Vertrauen«. Wer sich
dem einen widersetzt oder des anderen unwürdig erweist, verliert die Gnade des Königs und verschwindet von der Bild-
fläche. Der leidige Streit um die Verfassungsmäßigkeit des
kaiserlichen Handelns und der »Verantwortlichkeit« oder Ver-
antwortungslosigkeit seiner Berater kann nicht auf dem Boden
staatsrechtlicher und verfassungstheoretischer Überlegungen
und Kontroversen ausgetragen werden, sondern muß von der
Frage ausgehen, welche die realen Möglichkeiten waren, ein im
Grund unregierbares staatliches Gebilde allen Widrigkeiten
und Widerständen zum Trotz zu regieren.

Der kaiserliche Apparat

Um das Kaiseramt so vollkommen auszuüben, wie Wilhelm II. sich das vorstellte, brauchte er natürlich einen Apparat – ein Instrument der Selbstdarstellung (des Kaisers), der Transmission seiner Willenskundgebungen, der Amplifikation der »kaiserlichen Tatwirkung«.

Es gelang ihm, nach seiner Thronbesteigung in Blitzeseile diesen Apparat zu schaffen – man weiß nicht recht wie; alles scheint bis ins Detail einem genauen Plan zu entsprechen. Historiker und Biographen schweigen sich darüber aus, woher ihm all diese Ideen gekommen sind, mit wem er sich beraten hat.

Vielleicht hat er nicht systematisch gehandelt. Aber intuitiv hat er das Notwendige und Richtige getan – alles fügte sich zu einem kohärenten Ganzen zusammen.

Was hatte er für Vorbilder?

Er war sicher zutiefst beeindruckt von der Größe und dem Glanz der Höfe in London und Wien, im Vergleich zu denen der preußische Hof seines Großvaters eine recht provinzielle Angelegenheit zweiter Klasse war.

Er war aber sicher auch beeindruckt vom Festspielspektakel in Bayreuth, wohin er mit seinem Freund Eulenburg in einem Salonwagen reiste, den ihm der bayerische König zur Verfügung stellte – Preußen verfügte nicht über solch einen Luxusgegenstand. Man darf vermuten, daß ihn die Idee des »Gesamtkunstwerks« damals berührt hat. Was dieser Wagner da tat – alle Künste zu einem großartigen Kultus nationaler Selbstbestätigung, Erbauung und Erhebung zusammenzufassen –, muß ihm eingeleuchtet haben. Das Politische daran mehr als das Künstlerische, so wie es Wagner ja auch wollte. Bayreuth ist

Hofrangordnung, Bestimmung über die Reihenfolge der Personen, die bei Hof Zutritt haben oder dort erscheinen. Diese Bestimmungen finden sich gewöhnlich in besondern Hofrangordnungen oder Hofrangreglements niedergelegt. Die umfangreichste H. ist die preußische (vgl. das »Zeremonialbuch für den königlich Preußischen Hof«, X, neueste Ausg., Berl. 1903), die nicht weniger als 62 Rangstufen enthält:

1) der Oberstkämmerer
2) die Generalfeldmarschälle
3) der Ministerpräsident
4) der Oberstmarschall
5) der Obersttruchseß
6) der Oberstschenk
7) der Oberst = Jägermeister
8) die Ritter des Ordens vom Schwarzen Adler
9) die Kardinäle
10) die Häupter gewisser (10) fürstlichen und ehemals reichsständischen gräflichen Familien
11) der Vizepräsident des Staatsministeriums
12) die aktiven Generale der Infanterie u. der Kavallerie
13) der Minister des königlichen Hauses und die aktiven Staatsminister
14) die ersten Präsidenten beider Häuser des Landtags
15) die inaktiven patentierten Generale der Infanterie und der Kavallerie
16) die inaktiven Staatsminister im Ministerrang
17) die inaktiven (nicht patentierten) Generale der Infanterie und der Kavallerie
18) die aktiven Generalleutnants
19) die Wirklichen Geheimen Räte (Exzellenzen)
20) die Erzbischöfe und die gefürsteten Bischöfe
21) die inaktiven patentierten Generalleutnants
22) die mit dem Exzellenzprädikat begabten Oberhofchargen
23) die Oberhofämter im Königreich Preußen
24) die inaktiven nicht patentierten Generalleutnants
25) die sonst mit dem Exzellenzprädikat begabten Personen
26) die Nachgebornen der unter 10) aufgeführten Häuser
27) die Vizepräsidenten beider Häuser des Landtags
28) die Oberpräsidenten
29) die aktiven Generalmajors
30) die Räte erster Klasse
31) die Bischöfe beider Konfessionen
32) die Oberhofchargen ohne Exzellenzprädikat
33) die inaktiven Generalmajors
34) die Vizeoberhofchargen
35) die Obersten
36) die Räte zweiter Klasse
37) die Generalsuperintendenten
38) die Feldpröpste beider Konfessionen
39) der Oberbürgermeister von Berlin
40) die Dompröpste und Dechanten der Stifter
41) die Schloßhauptleute
42) die übrigen königlichen Hofchargen
43) die königlichen Kammerherren
44) die Flügeladjutanten des Königs
45) die Inhaber der Erbämter in den Provinzen
46) die Oberhof = und Domprediger
47) die Rektoren der Universitäten, die ständigen Sekretäre der Akademie der Wissenschaften, der Präsident und der Direktor der Akademie der Künste
48) die Oberstleutnants
49) die Räte dritter Klasse
50) die Landesdirektoren
51) die General = Landschafts = und Haupt = Ritterschafts = Direktoren
52) die Domherren
53) die Ritterschafts = und Landschafts = Direktoren
54) die Majore
55) die Räte vierter Klasse
56) die Landesältesten u. Landschaftsräte
57) die bei Hofe vorgestellten Herren
58) die Mitglieder beider Häuser des Landtags
59) die Hauptleute und die Rittmeister
60) die Kammerjunker und Hofjagdjunker
61) die Oberleutnants
62) die Leutnants.

Die genannten Rangstufen 1—3, 5—7, 12 u. 13, 18 bis 20, 29—32, 35—38, 48—51, 54 u. 55 haben je gemeinsamen Rang. Unter Inhabern der gleichen Rangstufe entscheidet das Datum der Ernennung. Die Reichsbeamten rangieren mit den preußischen Beamten des gleichen Ranges, nur der Reichskanzler und ihm sich anschließend der Statthalter von Elsaß-Lothringen gehen bei Festen auch dem Oberstkämmerer vor. Der Rang der hoffähigen verheirateten Damen richtet sich nach dem Rang ihrer Männer, nur geht die Oberhofmeisterin der Kaiserin allen Damen vor.

eine politische, deutschnationale Idee, konkurrierend zur militärischen Reichsgründung Bismarcks durch Blut und Eisen, der Reichsgründung durch Gewalt. Es ist die kulturelle Reichsstiftung durch Verführung und Persuasion.

Man kann auch vermuten, daß der Prinz Anregungen bei seinem Großonkel Friedrich Wilhelm IV. gefunden hat, der ihm in seinen Vorstellungen von der sakralen Bedeutung des Königtums so ähnlich war. Ein Vorläufer, könnte man sagen, »der Romantiker auf dem Thron«. Kein Ruhmestitel, eher ein Schimpfwort, das dann auch von Harden und Carl Schmitt gegen den Kaiser gerichtet wurde.

Was tat Wilhelm II.? Er funktionierte den alten königlich-preußischen Hof völlig um, machte aus ihm den kaiserlichen Hof. War er nur einer von zwanzig deutschen Fürstenhöfen gewesen, wurde er nun zu einer der mächtigsten und aufwendigsten Reichsinstitutionen. Das ist staats- und verfassungsrechtlich nicht zu fassen, weil es in das Schema staatsrechtlicher Theoriebildung nicht hineinpaßt.[73] Es ist aber die neue »Verfassungswirklichkeit«.

Was war dieser »Hof«? Er war die Institution der »Mitte«. Wir haben heute in der Tat gewisse Schwierigkeiten, uns das vorzustellen und zu rekonstruieren. Die Menschen, die ihn erlebt haben, sterben aus.

Der Hof war die zentrale, allhin sichtbare, institutionelle organisatorische, um die »Allerhöchste Person« des Kaisers gravitierende »Spitze der Gesellschaft und des Staates«, einer als Pyramide gedachten Standesgesellschaft, eines hierarchisch nach dem Modell einer Armee strukturierten Staates, orthogonal, mit einem eindeutigen Oben und Unten.

Alle Institutionen und Organe des Reiches, alle Schichten und Stände der Bevölkerung, jeder einzelne war auf diese zentrale Institution zugeordnet. Es gab nichts über ihr und nichts neben ihr. Jeder Deutsche konnte seinen sozialen Ort ganz genau bemessen nach der Distanz, die er zum Hofe hatte. Das war die Bedeutung der Hofrangliste und des durch sie geregelten Protokolls – ein Dokument, wichtiger für das Wilhelminische Reich als seine Verfassungsurkunde.

Die Spitze der sozialen Pyramide war die sogenannte Hofgesellschaft, die sich nicht dadurch definierte, daß sie ständig bei Hofe anwesend war und dort irgendwelche Funktionen wahrnahm – das galt nur für einen inneren Kern –, sondern daß sie Zugang zum Hofe, ja einen Anspruch auf den Zugang zum Hofe hatte, daß sie zum Hofe gehörte. Sie war über das ganze Reichsgebiet verstreut.

Aus der Perspektive des Hofes hatten die Parlamente nur einen relativ geringen Rang. Doch auch der Reichstag war auf den Hof zugeordnet, auch die Reichstagsabgeordneten waren in einem bestimmten Maße hoffähig, wenn sie nicht – wie viele unter ihnen – auf andere Weise zur Hofgesellschaft gehörten. Für das Herrenhaus des Preußischen Landtags versteht sich das von selbst. Analog zum Reichstag rangierte auch das Preußische Abgeordnetenhaus.

Um den Hof, in den Hof integriert, als Teil des kaiserlichen Apparates, lagen die verschiedenen Dienststellen der kaiserlichen Machtausübung, in erster Linie das Zivilkabinett, über das der kaiserliche Wille in die Ministerien, die Verwaltung und die verschiedenen Bereiche des zivilen Sektors des öffentlichen Lebens vermittelt wurde: in Wirtschaft, Wissenschaft, Justiz.

Dann gehörte natürlich dazu die »Maison militaire«, die Wilhelm zum kaiserlichen Hauptquartier ausbaute: die Spitze der Armee und der Flotte. Als Organe des kaiserlichen Oberkommandos das Militärkabinett und das Marinekabinett. Im weiteren Sinne zählte das gesamte Offizierscorps zum Hof, auch der letzte Leutnant war hoffähig – daher die Bedeutung des Reserveoffiziers –, in erster Linie aber die Offizierscorps der kaiserlichen Garderegimenter, die gesellschaftlich – auf den Hofbällen – und funktional – als Flügeladjutanten – unmittelbar am Hofleben beteiligt waren.

Zum Hof gehörten aber auch die Hoftheater und die Königlichen Museen. Der Intendant der Königlichen Schauspiele, Graf Georg von Hülsen-Haeseler, eine Hofcharge, war gräflicher Gardeoffizier, wie sein Bruder Dietrich, der Chef des Militärkabinetts war.

Zum Hof gehörte schließlich als ein wesentliches Element das diplomatische Corps, die Repräsentanten der außerdeutschen, aber auch innerdeutschen Mächte, der Bundesfürsten. Man muß sich daran erinnern, daß das Reich als Bundesstaat über diplomatische Kanäle gesteuert wurde – der Bundesrat war eine Botschafterkonferenz, dadurch ergab sich die doppelte Bedeutung des Auswärtigen Amtes als Schaltstelle der Außen- und Innenpolitik.

Soviel zum personellen Bestand des kaiserlichen Apparates und seiner Struktur. Es ergibt sich aber nur ein äußerst unvollständiges Bild, wenn wir uns nicht eine Vorstellung von seiner materiellen Ausstattung machen. Dazu gehören, über das ganze Reich verstreut, die königlichen Residenzen, seine Schlösser, Gärten und Jagdgründe, die Kasernen und Kasinos der Garderegimenter. Im Zentrum des Reiches, der Hauptstadt, das Königliche Schloß mit seinem berühmten »Weißen Saal«, den viele für den schönsten Festsaal Europas hielten. Dazu gehören der kaiserliche Hofzug und die kaiserliche Yacht, die »Hohenzollern«, der Marstall mit seinen zweitausend Pferden und seinen Automobilen – von den zweitausend Bediensteten, Köchen, Lakaien, Jägern und Gärtnern ganz zu schweigen.

Der Schloßbesitz der Hohenzollern

1) Königliches Schloß mit Lustgarten zu Berlin
2) Schloß und Park Monbijou zu Berlin
3) Kronprinzliches Palais zu Berlin
4) Prinzessinnenpalais zu Berlin
5) Vormaliges Ordenspalais zu Berlin, Wilhelmplatz
6) Palais unter den Linden, Berlin (Palais Wilhelm I.)
7) Niederländisches Palais zu Berlin, Unter den Linden
8) Schloß mit Park Bellevue, Berlin
9) Vormaliges Ansbachsches Palais zu Berlin, Wilhelmstraße 102
10) Palais Wilhelmstraße 72, Berlin
11) Palais Wilhelmstraße 73, Berlin
12) Schloß und Park zu Oranienburg
13) Schloß und Park zu Niederschönhausen

14) Schloß und Park zu Charlottenburg
15) Jagdschloß Grunewald am Grunewaldsee
16) Stadtschloß und Lustgarten zu Potsdam
17) Schloß und Park Sanssouci zu Potsdam
18) Neues Palais zu Potsdam
19) Cecilienhof mit Neuem Garten zu Potsdam
20) Marmorpalais im Neuen Garten zu Potsdam
21) Pfaueninsel
22) Schloß und Park Babelsberg
23) Schloß und Park Sacrow
24) Orangerie bei Potsdam
25) Schloß und Park Charlottenhof bei Potsdam
26) Schloß zu Königsberg in Preußen
27) Schloß zu Oliva
28) Ordensschloß zu Marienburg
29) Schloß zu Stettin
30) Schloß zu Breslau
31) Schloß zu Liegnitz
32) Schloß zu Quedlinburg
33) Schloß zu Merseburg
34) Schloß zu Münster in Westfalen
35) Schloß und Park zu Brühl
36) Schloß zu Koblenz
37) Schloß zu Engers
38) Schloß und Park zu Homburg
39) Schloß zu Wiesbaden
40) Schloß zu Hannover
41) Georgspalais und Georgsgarten zu Hannover
42) Leinepalais zu Hannover
43) Schloß zu Celle
44) Schloß zu Osnabrück
45) Schloß und Fürstenhof zu Kassel
46) Schloß und Park Wilhelmshöhe bei Kassel
47) Löwenburg bei Kassel
48) Schloß zu Kiel
49) Jagdschloß Saupark bei Springe
50) Jagdschloß Göhrde
51) Jagdschloß Letzlingen
52) Jagdschloß Hubertusstock
53) Jagdschloß Stern
54) Jägerhof am Sacrower See
55) Fasanerie bei Potsdam
56) Burg Hohenzollern
57) Burg Sonneck am Rhein
58) Schloß Stolzenfels am Rhein
59) Kavalierhaus in Letzlingen
60) Königshaus Lehnin
61) Ruine Rheinfels
62) Königsstuhl bei Rhense
63) Burg Landshut bei Bernkastel
64) Die Klause bei Castel
65) Villa Liegnitz in Potsdam
66) Villa Ingenheim bei Potsdam
67) Villa Alexander bei Potsdam
68) Herrschaft Schwedt, Vierraden und Wildenbruch
69) Schatullgüter des Königs: Cadinen, Rominten, Urweiler (Urville) und Achilleion

Das war also die Basis, von der aus der Kaiser seine Wirksamkeit entfalten konnte, nicht nur in Berlin und Potsdam, sondern bis an die äußersten Reichsgrenzen – ins Reichsland Elsaß-Lothringen hinein und bis nach Ostpreußen; ja weit über die Reichsgrenzen hinaus bis in die norwegischen Fjorde und das Mittelmeer.

Das war der Rahmen und das Instrument für den Vollzug des Kaiseramtes. Hier konnte er legitim und unanfechtbar sagen: »Ich allein bin Herr.«

Davon muß so ausführlich gesprochen werden, weil für Historiker und Biographen der »Hof« eine Nebensache ist, nicht der Rede wert, eine *quantité négligeable*. Er ist – für ein umfassendes Kaiserverständnis – das wichtigste Faktum. Merken wir hier für Freunde statistischer Daten noch an, daß haushaltsmäßig das Budget des königlichen Hofes und der königlichen Hofhaltung mit allen – oft unter anderen Titeln geführten – Nebenausgaben und Positionen das weitaus größte Budget des Reiches war, nach den Ausgaben für Armee und Flotte.

»Mit einer Einnahme aus staatlichen Mitteln von 22,2 Millionen Mark im Jahr«, schreibt John C. G. Röhl, »kostete der Hof Wilhelms II. mehr als der Reichskanzler, die Reichskanzlei, das Auswärtige Amt (mit dem gesamten diplomatischen Corps und Konsulardienst), das Kolonialamt und die Reichsjustizverwaltung zusammen«[74], fast ein Fünftel davon für den Unterhalt der königlichen Theater in Berlin, Hannover, Kassel und Wiesbaden. Dazu kommen aber noch – und das ist von entscheidender Wichtigkeit – weitere 20 Millionen Mark: die Privateinkünfte des Königs.

Es ist erstaunlich und signifikant, daß die deutsche Geschichtsschreibung von dieser bedeutenden persönlichen Leistung keine Notiz genommen hat, obwohl sie nicht weniger ein Ausdruck der »kaiserlichen Tatwirkung« ist, als die Schaffung der Flotte und die kaiserliche Wissenschaftspolitik. Der Hof erschien den Krypto-Demokraten als nebensächlich und frivol. John C.G. Röhl erkennt, daß »… die Zeitgenossen sich darin einig (waren), daß neben dem Aufstieg zu einer Industrie- und Großmacht ersten Ranges, neben der allseits bewunderten rationellen Organisation seiner staatlichen und militärischen Einrichtungen das prunkhafte Luxurieren einer neoabsolutistischen Hofkultur zu den charakteristischen Merkmalen des Wilhelminischen Kaiserreichs zu zählen sei.«[75]

Kronkassenetat (Zivilliste; Kronfideikomissrente) 1919 – Vierteljahresbetrag

Der hohenzollernschen Hofverwaltung lag wirtschaftlich ein sogenannter Kronkassenetat zugrunde. Er sah mit seinen Vierteljahresbedürfnissen bis zur Umwälzung wie folgt aus:

Etatstitel	Nummer	Ausgabe	Vierteljahresbeitrag
I.	1. Des Kaisers Schatullengelder		440 000 Mk
	2. Der Kaiserin		52 500 Mk
II.	Apanagen usw.:		
	1.–7. Des Kronprinzen und dessen Kinder		213 460 Mk
	8. Des Prinzen Eitel Friedrich		107 750 Mk
	9.–10. Des Prinzen Adalbert und zwei Kinder		90 945 Mk
	11.–12. Des Prinzen August Wilhelm und Kind		82 800 Mk
	13. Des Prinzen Oskar		42 500 Mk
	14.–15. Des Prinzen Joachim und zwei Kinder		77 975 Mk
	16. Des Prinzen Heinrich		85 068 Mk
	17. Des Prinzen Waldemar		15 000 Mk
	18. Des Prinzen Sigismund		12 500 Mk
	19. Des Prinzen Friedrich Leopold (Vater)		7 500 Mk
	20.–21. Des Prinzen Friedr. Sigismund, Tochter und Sohn		9 000 Mk
	22. Des Prinzen Friedr. Leopold (Sohn) und Sohn		7 500 Mk
	23. Des Prinzen Friedrich Heinrich		7 500 Mk
	24. Des Prinzen Joachim Albrecht		7 500 Mk
	25.–28. Des Prinzen Friedr. Wilhelm u. Töchter		15 000 Mk
III.	Ministerium des Königl. Hauses		62 625 Mk
IV.	Hausarchiv		8 450 Mk
V.	Für den engeren Hofstaat: an die Oberhofmarschallamtskasse		
	a) Allgemeines		728 160 Mk
	b) auf besondere Anweisung:		
	1. für Reisen Ihrer Majestäten		275 000 Mk
	2. für Hoffeste usw.		125 000 Mk
VI.	Für die königlichen Gärten:		
	a) Allgemeines		268 815 Mk
	b) für besondere Veranlassungen		7 500 Mk
VII.	Für die königlichen Marställe:		
	1. An die Obermarstallamtskasse		384 825 Mk
	2. Für Reisen u. für Ausgaben auf besondere Anweisung		80 000 Mk
VIII.	Für die königlichen Hofjagden:		
	1. An die Hofjagdamtskasse		102 750 Mk
	2.–4. Für die Parforcejagdverwaltung usw.		14 455 Mk
	Oberzeremonialamt:		
	1.–3. Gehälter (Vize-Oberzeremonienmeister u. ein Hofrat) und Unkosten		4 575 Mk
X.	Für die königliche Hofmusik:		
	1. Zuschuß für den Domchor (viertelj.)		4 125 Mk
	2. für Hofkonzerte		1 000 Mk
XI.	Für die königlichen Theater		626 267 Mk
XII.	Für die königliche Hofapotheke		11 391 Mk
XIII.	Für den militärischen Hofstaat		12 475 Mk
XIV.	Für die königlichen Leibärzte		5 570 Mk
XV.	Für Geistliche usw.		1 537 Mk
XVI.	Für die gesondert verwalteten Kgl. Schlösser usw. sowie für die prinzlichen Palais 40 819 Mk.		
XVII.	Zu unvorhergesehenen Bauten		25 000 Mk
XVIII.	Beiträge für Privattheater		600 Mk
XIX.	Beiträge zu Pensions- pp. Versicherungen		1 896 Mk
XX.	Pensionen, Wartegelder, Erziehungsbeihilfen, Unterstützungen, Witwen- und Waisengelder:		
	1. Zu gesonderter Rechnungslegung, d. h. feste Pensionen usw.		322 250 Mk
	2. Zu Unterstützungen		16 350 Mk
	3. An die Schatulle der Kaiserin, Mehrausgaben aus Anlaß des Protektorats über Stiftungen pp.		12 500 Mk
XXI.	Laufende Gnadenbewilligungen:		
	a) Für einzelne Personen		3 000 Mk
	b) Für öffentliche Institute, d. h.:		
	1. an die Reitschule Hannover usw.		1 500 Mk
	2.–8. an Kinderheim Bornstedt usw		1 188 Mk
	9. an die Beamten des Geheimen Zivilkabinetts		1 500 Mk
XXII.	Immerwährende Renten		6 049 Mk
XXIII.	Reisekosten:		
	1. an die Prinzen		15 000 Mk
	2. an andere Personen		5 000 Mk
XXIV.	Zum Ankauf von Kunstwerken		19 000 Mk
XXV.	Extraordinarium:		
	Zu Bauten nach dem Bauplan		400 000 Mk
	Zum Brandschadenfonds		7 500 Mk
	Inventar der Ministerwohnung		1 500 Mk
	Wohnungsmiete für den Prinzen Sigismund in Danzig		3 125 Mk

Vierteljahresbetrag der Kronfideikomißrente 17 719 296 : 4 = 4 429 824 Mk.

Grundsätzliche Aenderungen traten an diesem Etat mit der politischen Umgestaltung nicht ein.
Bei dem Kronetat ist weiter zu beachten, daß das Hausvermögen und die Privatschatullen mit ihren Einnahmen, Zinsen, Unterstützungsausgaben, Geschenken usw., da sie gesonderte Verwaltungen sind, naturgemäß nicht mit erscheinen. Die Einnahmen des Hausvermögens der Hohenzollern werden im wesentlichen für Substanzverbesserungen dieses Gutes verwertet oder, darüber hinaus, dem Grundvermögen zugeschrieben. Die aus dem Kronetat der Privatschatulle zufließenden Geldmittel wurden ähnlich behandelt. Hausschatzverwaltung und Schatullverwaltung kannten keine Defizitwirtschaft!
Nebenher sei hier bemerkt, daß der Kronkassenetat (Zivilliste) gar nicht selten ebenfalls Ersparnisse auswies.

Königsritual

Die Ausübung des »Kaiseramtes« war ein schweres Geschäft. Eine unglaubliche Vielzahl verschiedener Verantwortungsbereiche hatte ihr Zentrum in der »Allerhöchsten Person«. Die Vielzahl der Verantwortungen fächert sich auf in eine Vielzahl von Funktionen, zu einem breiten Spektrum von Rollen, Kostümen und Sprachen.

Wenn er, wie beschrieben, das Kaiseramt nach innen (Königsmechanismus) personalpolitisch ausübte, so kam er ihm nach außen, formal, repräsentativ und symbolisch nach, im Vollzug des Königsrituals. Was ist das? Im Königsritual tritt das »Pattern of Kingship« nach bestimmten vorgeschriebenen Regeln, im Ablauf bestimmter Zeremonien sichtbar in Erscheinung. Das Königsritual ist nicht die Sache eines einzelnen und sei es die allerhöchste Person. Es betrifft in vitaler, existentieller und sinnbildlicher Weise das ganze Gemeinwesen, das ganze Volk, das ganze Territorium. Es ist öffentlich, publicum; es stiftet Öffentlichkeit. Es stiftet seine Zeit und seinen Raum und damit – »in der Erscheinungen Flucht«, im Chaos der Alltäglichkeit – Einheit und Ordnung: es stiftet Sinn.

In entschiedenem Widerspruch zu denen, die die Unrast und Unstetigkeit, die Sprunghaftigkeit und den Wankelmut Wilhelms II. kritisieren – und das ist ein stehender Topos der Kaiserschelte –, die sich darüber indignieren, daß er »hektisch und planlos« herumreiste, auf der Flucht vor sich selbst, und dies als Symptom seiner Krankheit, einer geistigen Störung, werten, läßt sich zeigen, wie der Kaiser in erstaunlicher Stetigkeit dreißig Jahre hindurch in einem regelmäßigen Rhythmus seine Funktion als »der König«, als »Kaiser des Reiches«

wahrnahm, daß seine gesamte Lebensführung unter dem Gesetz der pünktlichen Erfüllung eines feststehenden Kalenders von Verpflichtungen, der Zelebrierung von Zeremonien, im Zeichen ritueller Abläufe stand, die zusammen gesehen Repräsentation, Integration, Pazifikation so sehr wie Demonstration von Größe und Glanz des Reiches zum Zweck hatten. Darin sah er seine Aufgabe, dadurch erfüllte er sie ohne Tadel.

Prunkentfaltung, Munifizenz war seine Pflicht. Er mußte als der Größte, Reichste und Mächtigste erscheinen, um seine Aufgabe zu erfüllen. Im historischen Rückblick ist es erstaunlich, wie gering die Marge an Improvisation und Wechsel war. Man ist beinahe genötigt, eine gewisse Gleichförmigkeit zu beklagen, das Stereotype des kaiserlichen Jahreszyklus, das Gewohnheits- und Routinemäßige – und ihn dafür zu bewundern, mit welcher Hartnäckigkeit er seinen Dienst am Kaiseramt erfüllte.

Rituale sind Stereotype. Auch wenn es immer das Außergewöhnliche, das »Außeralltägliche«, das Superlativische sein mußte, immer ein Ereignis, ein Fest, ein Höhepunkt – für den Hauptakteur war es eine ununterbrochene Anspannung, ein dreißig Jahre lang durchgehaltener Berufsstreß, der nur auszuhalten war bei totaler Identifikation mit der Rolle. Diese Identifikation ist aber nur möglich, wenn der Lebensplan, der existentielle Lebensentwurf, in der Rolle seine Erfüllung findet. In der Erfüllung des Lebensplanes – jenseits aller individuellen Vorlieben und Schwächen, Begabungen und Handicaps – wird der Archetypus des sakralen Königtums, das »Pattern of Kingship« verwirklicht.

Das war nicht Politik im Sinne eines modernen Politikverständnisses, sondern das in der symbolischen Ordnung angesiedelte Exerzitium des Königtums, des idealen Königs, das Regnum des »roi qui règne mais qui ne gouverne pas«.

Diesen regalen Regierungsstil erfolgreich durchgesetzt zu haben, ihn gegen alle Widerstände den so prekären Verfassungsverhältnissen des Reiches abgetrotzt zu haben, den lebendigen, aktiven, charismatischen König gegen den konstitutio-

nellen Schattenkaiser zu einem machtvollen Faktor der Realverfassung gemacht zu haben – ist seine historische Leistung.
Dadurch, daß er den Kaiserapparat geschaffen und das »Königsritual« instauriert hat, wurde das Deutsche Reich erst eigentlich zum Kaiserreich. Durch diese Maßnahmen, so könnte
man sagen, gelang ihm das, was Bismarck nicht gelungen war:
die zweite, innere Reichsgründung.

Die sakrale Mitte

Der Ablauf des »Königsrituals«, wie es Wilhelm II. inaugu-
rierte und zelebrierte, läßt sich unter zwei Aspekten darstel-
len – einem temporalen und einem spatialen: dem Kaiserjahr,
das sich einschreibt in eine kaiserliche Topographie.

Beides, der Jahreszyklus und die damit verbundene Berei-
sung des Machtgebietes, gründet in der Vorstellung einer durch
die allerhöchste Person konstituierten Mitte und deren Beziehung zur Peripherie. Der Zyklus der Jahreszeiten und die vier
Himmelsrichtungen der Landkarte – Tierkreis und Windrose –
sind die Koordinaten eines symbolischen Kreislaufs, in dessen
rituellem Vollzug der Herrscher, von seiner kaiserlich-königlichen Zentralposition her dem Reich als Mittler und Vermittler
seine Identität und damit seine Einheit gibt. Von dieser Vorstellung her muß man die »Regierungspraxis« Wilhelms II. interpretieren. Alles, was geschieht, ist Ritual und hat eine symbolische Bedeutung. [76]

Der König waltet seines Amtes von der »sakralen Mitte«
aus, am Schnittpunkt zwischen Ost und West, Nord und Süd.
Diese sakrale Mitte hat ihren zentralen Ort im Zentrum der
zentralen Stadt – der Reichshauptstadt –, im Zentrum des kaiserlichen Palastes, wo der Thron des Kaisers steht – im »Weißen
Saal« des königlichen Schlosses.

Die zentrale Bedeutung des »Weißen Saals« ist vielfach
bezeugt, vielleicht aber noch nie richtig gewürdigt worden.
Man kommt ihr nicht mit kunst- und architekturgeschicht-
lichen Monographien bei. Man muß, wie es Hans Sedlmayr[77]
für Versailles getan hat, seine symbolische Bedeutung als Ort
der Mitte des Reiches erkennen und anerkennen[78] – als

*Eröffnung des Deutschen Reichstages im Weißen Saal des Berliner Schlosses
durch Kaiser Wilhelm II., Gemälde von Anton von Werner aus dem
Jahre 1888*

Schauplatz der wichtigsten Staatsakte und Zeremonien, der
größten Feste und Feiern des Landes, als privilegiertes
Zentrum, als »die strenge Stätte eines darstellerischen Kul-
tes«, wie Thomas Mann sagt, um das das Königsritual
kreiste.

Dazu gehören die Hofbälle, die keine Vergnügungen
waren, sondern symbolische Funktion hatten, ebenso wie
Monarchen-, Fürsten- und Diplomatenempfänge, die Trauer-
zeremonien und Hochzeiten »allerhöchster Herrschaften« –
dazu gehörten aber auch die feierlichen Reichstageröffnun-
gen im Weißen Saal, jene erste des jungen Kaisers, eine kühne
Innovation, die Anton von Werner in einem großartigen Bild
festgehalten hat, genauso wie jene letzte Reichstagsversamm-
lung am Tage des Kriegsausbruchs 1914, auf der das berühmte, oft zitierte königliche Wort gefallen ist: »Ich kenne
keine Parteien mehr, ich kenne nur noch Deutsche«.

Am Vormittag des 7. Februar wurde der Reichstag in feierlicher Weise im Weißen Saal nach einem Gottesdienst eröffnet, der für die evangelischen Mitglieder in der Schloßkapelle, für die katholischen in der Hedwigskirche stattfand. Diese Reichstagseröffnungsfeiern im Beisein Seiner Majestät und unter Entfaltung höfischen Glanzes zeigten stets ein eindrucksvolles Gepräge. Ihre Majestät und die Prinzessinnen mit ihren Hofstaaten wohnten ihnen meist von der Kapellentribüne aus bei, auch wurden einzelne Damen und Herren der Gesellschaft geladen. Der Saal war dicht gefüllt von den Reichstagsabgeordneten aller Parteien – nur die Sozialdemokraten hielten sich fern –, den Mitgliedern des Bundesrates, den Ministern, der Generalität usw. Fanfarenrufe kündeten das Nahen des kaiserlichen Zuges an. Voran die Schloßgarde-Kompanie, ihr folgten die Hoffouriere, zwei adlige Herolde, die Hof-, Oberhof- und obersten Hofchargen, dann die Herren, die die Reichsinsignien trugen: General der Infanterie v. Moltke mit dem Reichssiegel, Feldmarschall Freiherr v. d. Goltz mit dem Zepter, Großadmiral v. Tirpitz mit dem Reichsapfel, der Kriegsminister v. Heeringen mit dem entblößten Reichsschwert, Feldmarschall Graf Schlieffen mit der Krone, Generaloberst v. Kessel mit dem Reichspanier. Seine Majestät in der Galauniform der Gardes-du-Corps, den Adlerhelm auf dem Haupt, gefolgt von den königlichen Prinzen, dem Hauptquartier, dem Hausminister und den Gefolgen der Prinzen.
Nachdem Seine Majestät die Stufen des Thrones erstiegen hatte und die Insignienträger sich um ihn gruppiert hatten, erfolgte die Verlesung der Thronrede. Die ganze Zeremonie war ungemein packend und wirkungsvoll und übte einen eigenartigen Zauber aus. Selbst die kühle, kritische Fürstin Anton Radziwill-Castellane, eine geborene Französin, äußerte sich mir gegenüber einmal bei einer derartigen Gelegenheit mit überströmender Begeisterung: »Was seid ihr Deutschen für kalte Menschen, welchen Jubel hätte diese Szene in Frankreich ausgelöst, wie wären die Franzosen hingerissen gewesen von diesem Kaiser!«
Mathilde Gräfin von Keller, Vierzig Jahre im Dienst der Kaiserin, Leipzig, 1935, S. 282 f.

Diner am kaiserlichen Hofe im Weißen Saal,
Farbholzstich von William Pape, um 1895

Das kaiserliche Jahr

Das kaiserliche Jahr beginnt – nach den im Familienkreise im Neuen Palais verbrachten Weihnachtsfeiertagen und der Übersiedlung ins Berliner Schloß – am 1. Januar mit der Paroleausgabe. Jeder kennt das Bild: Der Kaiser geht mit seinen sechs Söhnen vom Schloß zum Zeughaus.

Dann kommt, im Weißen Saal, der Kaiser steht auf den Stufen des Throns, die Große Defiliercour. Der Kaiser empfängt, urbis et orbis, die Granden und Würdenträger des Reiches und das diplomatische Corps.

Am 18. Januar, dem Gründungstag Preußens, findet das Kapitel des Schwarzen Adlerordens statt, dessen Träger das höchste Gremium des Reiches konstituieren. Das Zeremoniell der würdigen Herren in ihren roten, fußlangen Ordensmänteln den kostbaren Ordensketten, ist oft beschrieben worden.

117

Wilhelm II. mit seinen Söhnen, dem Kronprinzen Friedrich Wilhelm und den Prinzen Eitel Friedrich, Adalbert, August Wilhelm, Oskar und Joachim (v. l. n. r.), auf dem Weg vom Berliner Stadtschloß zum Zeughaus zur Paroleausgabe am 1. Januar 1913

23. Januar 1896

Die großen Festlichkeiten am Hofe haben begonnen. Der volle Pomp des Zeremoniells wurde am 18. bei der Versammlung der kapitelfähigen Ritter des Schwarzen Adlers entfaltet. Man glaubt sich zuweilen in die Zeiten des ersten preußischen Königs zurückversetzt, wenn man die dazu ergangene Ansage des Grafen Eulenburg liest. Aber es läßt sich nicht leugnen, Glanz und Gepränge wirken imponierend. Es handelt sich diesjährig um die Investitur von sechs neuen Rittern: drei Fürstlichkeiten, dem Erbgroßherzog von Sachsen, dem Fürsten zu Schwarzburg-Rudolstadt und dem Fürsten zu Wied, den Generalen von Hänisch und von Seeckt und dem Staatsminister von Delbrück. Der feierliche Zug setzte sich von der sogenannten boisierten Galerie aus, neben den Königszimmern, in Bewegung. Voran schritten zwei Herolde in altdeutscher Tracht, dann folgten die Leibpagen des Kaisers von Trotha und Freiherr von Rechenberg und die Hofpagen in ihren roten goldbordierten Röcken, auf Sametkissen die Insignien der neu aufzunehmenden Ritter tragend, der Ordensschatzmeister Geheimer Hofrat Borck und der Ordenssekretär Graf Kanitz mit den Statuten, der Oberzeremonienmeister Graf Eulenburg, die kapitelfähigen Mitglieder des Ordens in großer Uniform mit Band, Kette und Mantel, die Prinzen und die fürstlichen Ordensritter, und endlich der Kaiser selbst. Als der Zug den Rittersaal erreichte, blies das Trompetenkorps auf dem sogenannten silbernen Chore (eigentlich nur versilberten, denn das Original hat Friedrich der Große vor dem Siebenjährigen Kriege einschmelzen lassen) eine schmetternde Fanfare. Gardedukorps und Gardekürassiere pflegen diese Trompeter zu stellen; die Trompeten sind lang und altertümlich, mit Banderolen versehen, und werden nur bei Hoffestlichkeiten verwandt. Die Zahl der Geladenen war diesmal besonders groß. Schon die gesamten männlichen Hofchargen repräsentieren ein stattliches Gefolg; ihre Uniformen stufen sich vom goldüberladenen Hofkleide bis zum einfach dunkelblauen Kammerherrnfrack ab. Dazu kommen die Minister und der Riesenschwarm der Generale und Admirale. Zwischen ihnen verschwinden fast die wirklichen Geheimen Räte erster Klasse, gleichfalls in Uniform und allesamt in Eskarpins – eine förmliche Wadenparade. Die Fanfaren, von dem fernerstehenden Trompetenchor aufgenommen, dauern an, bis der Kaiser den Thron bestiegen und sich der Hofstaat um ihn nach vorgeschriebenem Zeremoniell geordnet hat. Dann erst beginnt der Akt der Investitur. Fürstlichkeiten, in diesem Falle der Herzog Johann von Mecklenburg und der Erbprinz von Sachsen-Koburg, geleiten die neu in den Orden aufzunehmenden Fürsten – zwei Generale die übrigen neuen Ritter vor den Thron, wo der Kaiser als Großmeister ihnen die Kette umhängt, die Akkolade erteilt und nach dem Gelöbnis ihrer Ritterpflicht die Hand reicht.

Fedor von Zobeltitz, Chronik der Gesellschaft unter dem letzten Kaiserreich, Berlin, 1921, S. 138 f.

Am ersten Samstag danach findet das Krönungs- und Ordensfest statt, zu dem alle geladen sind – mehrere tausend, die im Reiche vom Kaiser eine Auszeichnung verliehen bekommen haben. Die Verleihung und das Empfangen von Orden hatten im Wilhelminischen Deutschland gesellschaftspolitisch eine wichtigere Funktion als die Ausübung irgendeines Wahlrechts. Die Hierarchie und Bedeutung der einzelnen Orden, die Praxis ihrer Verleihung als Instrument des Königsmechanismus, als Auszeichnung, Belohnung, Ermunterung – als Stimulanz des Mäzenatentums und karitativer Großzügigkeit ist ein Kapitel für sich, das wir hier leider nicht genauer behandeln können.

Am 27. Januar war Kaisers Geburtstag, ein nationaler Feiertag, der im ganzen Reich, in jeder Schule, in jeder Universität, in jedem Rathaus, in jeder Fabrik, auf jedem Gutshof, an jedem Fürstenhof, in jeder Einheit der Armee und der Flotte, in jedem Verein und Verband, in jeder Familie festlich mit Reden, Paraden, Empfängen, Galadiners, Galaaufführungen, Umzügen und Versammlungen begangen wurde. Ein Jubeltag. Im Zentrum des Reiches, im Weißen Saal, fand die Große Gratulationscour statt.

Einige Tage zuvor oder danach, noch einmal eine Große Defiliercour, diesmal, um die neu bei Hof Akkreditierten dem Kaiser und der Kaiserin vorzustellen: neue Mitglieder des diplomatischen Corps ebenso wie Debütantinnen, das Offizierscorps der Garderegimenter, »étrangers de distinction« und frisch Nobilitierte. Das war ein Zeremoniell der Hofgesellschaft mit einer unglaublichen vestimentären Prachtentfaltung – die Männer in Galauniform oder Hofkleidung, farbenprächtig, goldbestickt, in vollem Ordensschmuck; die Damen und jungen Mädchen in Courroben mit meterlangen Schleppen; viele hundert, die an dem Kaiserpaar vorbeizogen, das, umgeben von den Prinzen und Prinzessinnen des königlichen Hauses und von den höchsten Chargen des Hofstaates, auf den Stufen des Thrones stand – jeder wurde namentlich aufgerufen, jeder grüßte den Kaiser, mit einer Verneigung die Herren, mit einem zeremoniösen, lange geübten Hofknicks die Damen.

Das Defilee dauerte vier bis fünf Stunden, die der Kaiser eisern durchstand, gnädig lächelnd, gnädig sich verneigend, hier und da ein persönliches Wort, ein persönlicher Gruß. Es war kein Vergnügen, aber ein großartiges Schauspiel; keine Festivität, aber ein Fest.

Das Kaiserliche Jahr

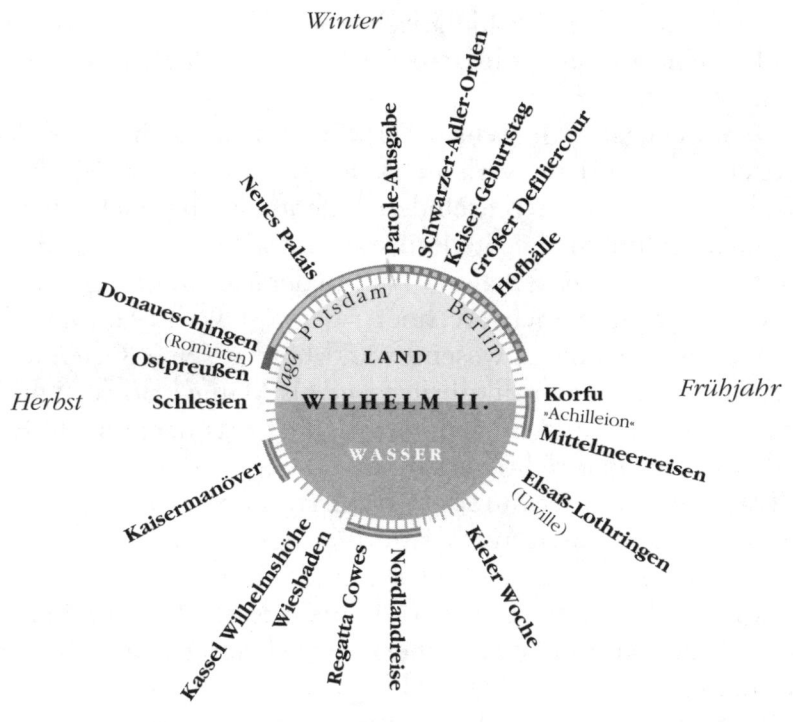

Winter

Frühjahr

Herbst

Sommer

(Diagram labels, clockwise from top:)
Parole-Ausgabe · Schwarzer-Adler-Orden · Kaiser-Geburtstag · Großer Defiliercour · Hofbälle · Korfu »Achilleion« · Mittelmeerreisen · Elsaß-Lothringen (Urville) · Kieler Woche · Nordlandreise · Regatta Cowes · Wiesbaden · Kassel Wilhelmshöhe · Kaisermanöver · Schlesien · Ostpreußen (Rominten) · Donaueschingen · Neues Palais

(Inner circle:) Jagd · Potsdam · Berlin · LAND · WILHELM II. · WASSER

Danach galt die Ballsaison für eröffnet, für den Hof und für die Stadt, wo Hunderte von Bällen in den Botschaften, Stadtpalais und – typisch für Berlin – in den Hotels veranstaltet wurden. Im Schloß, im Weißen Saal, fanden zwei bis drei große Hofbälle statt – mit etwa 2000 Einladungen –; es gab auch einen Subskriptionsball, für den sich jeder einschreiben konnte, der das Spektakel des königlichen Hofstaates mit eigenen Augen sehen wollte. Kostümfeste waren angesagt. Die Saison endete am Faschingsdienstag mit einem Schlußball.

Das waren zwei Monate der kaiserlichen Präsenz und Repräsentanz im Zentrum der kaiserlichen Wirkungssphäre. Ein

Blick in die Presse der Zeit genügt, um zu sehen, daß das ganze Volk darüber in allen Einzelheiten informiert wurde und so daran teilhatte. Das Ritual der jährlichen Hofsaison hatte in seiner Ausstrahlung als hieratisches Schauspiel auf die Öffentlichkeit eine größere politische Wirkung als jede Reichstagssitzung.

Danach begann für sechs bis acht Monate die Zeit, in der der Kaiser das Zentrum verließ; es folgten in immer gleichem Nacheinander seine wechselnden Aufenthalte in verschiedenen Residenzen, Provinzen, Städten; es war die Zeit seiner berühmten Reisen. Den »Reisekaiser« hat ihn der Volksmund genannt, und man hat ihm nachgerechnet, wieviel Tage im Jahr er von Berlin und Potsdam abwesend war. Man hat seine Reisen und Ortsveränderungen ridikülisiert und als Manie kritisiert; man hat sie bestaunt und hingenommen; aber was da geschah, hat bisher kaum einer richtig erkannt.

Das war kein Herumreisen, sondern die zum Königsritual gehörende demonstrative Visitierung des Reichsterritoriums, die, alles andere als willkürlich und improvisiert, wie die Saison der Hofhaltung in Berlin einem festen Schema folgte. Der Kaiser konnte nicht überall gleichzeitig sein, aber er konnte in der regelmäßigen Abfolge seiner Besuche und Aufenthalte im Laufe eines Jahres das Reich in seiner geographischen Ausdehnung durchmessen und durch seine Präsenz die Zugehörigkeit aller Teile zu einem Ganzen statuieren und aktualisieren.

Darüber hinaus hat er, was durchaus ungewöhnlich war, die sakrale Position des Reiches, als Reich der Mitte, in allen vier Himmelsrichtungen demonstrativ markiert. Das sah etwa so aus[79]:

Nach dem Ende der Berliner Saison fanden im März und April die Italien- und Mittelmeerreisen statt. Nachdem er 1907 das Achilleion auf Korfu erworben hatte, verbrachte er die Ostertage dort. Im April und Mai bereiste er Elsaß-Lothringen, wo er in Urville in der Nähe von Metz ein Schloß besaß, von dort aus ging es weiter nach Karlsruhe und zu den Maifestspielen nach Wiesbaden.

Die Kaiseryacht »Hohenzollern« mit Begleitschiffen im Sognefjord bei Balholm (Norwegen) während der Nordlandreise im Sommer 1911

Wilhelm II. beim morgendlichen Exerzieren von Kniebeugen auf einer seiner Nordlandreisen

Im Juni fuhr der Kaiser zur Kieler Woche, einem politisch-gesellschaftlichen Großereignis mit internationaler Besetzung, das er ins Leben gerufen hatte, um für seine Lieblingsidee »Deutschlands Zukunft liegt auf dem Wasser« zu werben. Wilhelm II. hielt Hof im Kreise europäischer Fürstlichkeiten und amerikanischer Millionäre, rheinischer Großindustrieller und hanseatischer Patrizier, die mit ihren Segelyachten an der Kaiserlichen Regatta teilnahmen. Das war nicht nach dem Geschmack der Entourage, aber elegant, sportlich und modern und beinahe so schick wie die britischen Segeltage in Cowes, die ihm als Kronprinzen so imponiert hatten.

Dem Aufenthalt in Kiel folgte im Juli die berühmte vierwöchige Nordlandreise, auf die sich der Kaiser, auf seiner Yacht »Hohenzollern«, zwischen 1889 und 1914 jährlich begab und die ihn mit seiner Gefolgschaft in die Einsamkeit der norwegischen Fjorde führte. Kreuzfahrt, Pilgerreise, maritime Exkursion, Männerbundritual – man kann für diese seltsamen Fahrten keine rationale Erklärung finden, sie gehörten aber essentiell zum Zeremoniell des kaiserlichen Wirkens.

Im August pflegte der Kaiser sich einige Tage in seinem Kasseler Schloß, der Wilhelmshöhe, aufzuhalten. Ein kurzer Zwischenaufenthalt in Berlin stand für den Beginn des Septembers auf dem Programm, hier nahm er die große Militärparade auf dem Tempelhofer Feld ab.

Mitte September begann die Jagdsaison, und Wilhelm II. reiste auf seine diversen Jagdschlösser: Rominten, Hubertusstock und Cadinen, dazu gehörten regelmäßige Jagdaufenthalte bei den ostpreußischen und schlesischen Granden, die Fürsten Dohna, Pless, Lobkowitz und Henckel-Donnersmarck, der, neben seinem pompösen Schloß Neudeck, eigens eine Villa für den Empfang des Kaisers gebaut hatte. Sich zur Jagd anzusagen war die höchste Auszeichnung, die der Kaiser vergeben konnte.

Der Kaiser war ein großer Jäger, und er war stolz darauf, ein guter Schütze zu sein. Er ist auch dafür kritisiert worden. Man muß aber wissen, daß die Jagd zu den vornehmsten Attributen der aristokratischen Daseinsform gehört, ein Atavismus gewiß, aber nicht wegzudenken aus dem Leben der europäischen

Wilhelm II. auf der Jagd im Harz 1902. Im Gespräch mit dem Kaiser Prinz Albrecht und Kronprinz Friedrich Wilhelm

Oberschicht, bis heute. Alle Fürsten der Zeit waren passionierte Jäger, sogar Edward VII.

Jagdpartien waren auch der Anlaß für den Kaiser, um nach Liebenberg zu seinem Günstling Philipp Eulenburg zu fahren. Dort wurde aber, was er besonders schätzte, nicht nur gejagt, sondern auch musiziert und philosophiert. Erst Ende Oktober kehrte der Kaiser nach Potsdam zurück und hielt jetzt bis zum Ende des Jahres Hof im Neuen Palais. Das Weihnachtsfest wurde, wie schon erwähnt, in Potsdam begangen. Anschließend siedelte die Kaiserfamilie und der Hofstaat wieder nach Berlin über, wo sich am 1. Januar »das kaiserliche ›Reisekarussell‹ von neuem zu drehen«[80] begann.

Ein wichtiger Aspekt des Königsrituals, waren die militärischen Großveranstaltungen, die sich auch mit strenger Regelmäßigkeit in das Programm des kaiserlichen Jahres einfügten: Paraden (in Berlin und Potsdam besonders), Truppenübungen, Regimentsbesichtigungen, Manöver, an der Spitze das »Kaisermanöver« im Herbst, jeweils in einer anderen Provinz, bei dem der König als oberster Kriegsherr eine zentrale Rolle spielte.

Wie sehr diese Kaisermanöver – was besonders in militärischen Kreisen scharf kritisiert wurde – über ihre militärische

Wilhelm II. beim Kaisermanöver im Jahre 1906, umringt von der Generalität

Bedeutung und Rechtfertigung hinaus als Demonstration kaiserlichen Glanzes und kaiserlicher Größe konzipiert waren, als Reichsspektakel, als Massenveranstaltungen und Fest, läßt sich ablesen an den militärisch völlig sinnlosen, aber ästhetisch um so eindrucksvolleren, alles, was die Zeit an Großinszenierungen bieten konnte, übertreffenden, Zehntausende von Reitern und Pferden mobilisierenden Kavalleriechargen – Massenchoreographien, überdimensionale »Fantasias«, die alle, die daran teilnahmen, ob aus der Ferne oder Nähe, tief beeindrucken mußten, das ganze Volk, für das sie veranstaltet wurden, nur die Fachleute natürlich nicht.

Die imperiale Topographie

Der »Herr der Mitte« steht symbolisch im Mittelpunkt des Weltrunds, kosmisch und geographisch. Seine zyklischen Bewegungen gehen in die vier Richtungen der Windrose, Nord und Süd, Ost und West. Es ist schon erstaunlich, wie der Kaiser in seinen Reisen das »Pattern of Kingship« auch in diesem Punkte befolgte.

Die Reisen nach England im Westen und nach Rußland im Osten waren gewissermaßen historisch vorgegeben. Im Spannungsfeld dieser Pole lagen Schicksal und Verhängnis der deutschen Politik. Zwischen der Queen und dem Zaren, zwischen der parlamentarischen und der absoluten Monarchie, zwischen dem Commonwealth freier Bürger, dem Weltreich mit der größten Flotte und dem kontinentalen Riesenreich und seiner Masse gehorsamer Untertanen, zwischen Meer und Land stand der deutsche Kaiser in der Mitte und sah es als seine Aufgabe an, Vermittler zu sein. Im Gegensatz zum außenpolitischen Spiel der deutschen Berufsdiplomatie, die nicht zwischen den Großmächten vermitteln, sondern sie gegeneinander ausspielen wollte und der es immer wieder gelang, ihren Herrn, oft durch perfide Tricks, ihren Zwecken dienstbar zu machen.

Auf jeder Seite fühlte er sich dazugehörig: Lieblingsenkel der Queen, fühlte er sich ebenso sehr als englischer Prinz wie als Hohenzoller. Admiral der englischen Flotte zu sein empfand er als höchste Auszeichnung. Dem Zaren fühlte er sich brüderlich verbunden, litt mit ihm unter seinen innen- und außenpolitischen Mißerfolgen. Dort beteiligte er sich mit seiner Yacht an den königlichen Regatten von Cowes, hier ritt er über die Grenze militärische Patrouillen, um »sein« russisches Regiment ohne Vorwarnung zu inspizieren. Hier eilt er gegen den Rat seiner Umgebung nach London, als ihn die Nachricht vom nahenden Tod Königin Viktorias erreicht, die in seinen Armen stirbt. Dort trifft er sich mit dem russischen Zaren im Finnischen Meerbusen, um ihn zum Abschluß eines Paktes zu bewegen, der Europa den Frieden geben sollte.

Das war die Weise, in der er Politik machte: in punktuellen, symbolischen, sinnstiftenden Einzelaktionen, die sich, freilich über die Jahre verteilt, zu einem kohärenten Ganzen, zu seinem Konzept einer kontinentaleuropäischen Friedensordnung zusammenfügen sollten.

Ost – West, das läßt sich verstehen, und das war innerhalb seines Reiches »sein« England und »sein« Rußland. Der industrielle Westen mit seinen Fabriken, Schlotbaronen und seinem Proletariat – der agrarische Osten mit seinen Magnaten, seiner

*Wilhelm II. am Schreibtisch auf der Terrasse im Park des Achilleions
auf Korfu 1909*

Gutsverfassung und seinem Landarbeiterproblem; Krupp war
hier sein Freund, und Fürst Dohna war dort sein Freund, zu
dem einen fuhr er, um dessen Werke zu inspizieren – zu dem
anderen, um zu jagen.

Woher aber kommt ihm die Idee seiner Nordlandreisen? Jahr
für Jahr um die gleiche Zeit, in der beinah gleichen Männer-
runde. Angeregt durch die Skaldengesänge seines Freundes Eulenburg, komponierte er einen »Sang an Aegir«; nordische Mythologie, nordische Einsamkeit, nordische Fjorde und
nordischer Nebel – der Norden einer sakralen Topographie, ein
Topos deutscher Literatur und Geschichtsmetaphysik. Der
Kaiser reist in den Norden.

Und er reist jedes Jahr in den Süden. Die Mittelmeerfahrten
gehören zu seinem jährlichen Reiseprogramm. Er kauft sich
ein Schloß auf Korfu. Dorthin nimmt er die Kaiserin und seine
Tochter Viktoria mit, ein anderes Setting als die Nordlandreisen. Der Zug nach Süden, eine private Vorliebe, die Sehnsucht
nach Arkadien? Die Polarität Nord – Süd: eine andere Achse,

Wilhelm II. verläßt mit seiner Gattin Auguste Viktoria, dem Prinzen August Wilhelm und der Prinzessin Viktoria Luise die Yacht »Hohenzollern« in der Kaisergig vor Korfu, Aufnahme aus dem Jahre 1908

auf der sich das Schicksal der Deutschen entfaltet, seit den Römerzügen der Kaiser im Mittelalter. Seit Goethe. Man lese nur einmal wieder den Tonio Kröger von Thomas Mann, wenn man daran erinnert sein will, was Nord und Süd im kollektiven Unbewußten der Deutschen symbolisch, archetypisch bedeuten. Der Kaiser lebte das demonstrativ und sinnbildlich vor.

Auch als Bauherr befolgt der Kaiser genau die sakrale Topographie der vier Himmelsrichtungen. Im Zentrum ist sein einziges großes Bauvorhaben die Ausgestaltung des Berliner Schlosses und des »Weißen Saals«. Im Westen die Hochkönigsburg, im Osten die Marienburg; im Westen die Saalburg, im Osten das Posener Rathaus. Im Norden die Petersburger Botschaft, im Süden die Römische Botschaft. Soll man dazu auch die Kirchen und das Ölberghospiz der Kaiserin-Auguste-Viktoria-Stiftung im Heiligen Land rechnen?

Seine beiden größten Bauvorhaben – seine größten Projekte – waren nicht aus Stein: das deutsche Heer und die deutsche Flotte. Landherrschaft und Seeherrschaft, Land und Meer. Weltreich und Kontinentalhegemonie. Aristokratisch die Armee, demokratisch die Flotte, aus der dann die Revolution hervorging. Er einmal als Oberster Kriegsherr mit Küraß und Helmbusch, ganz preußischer König, »Enkel« Wilhelms des Großen, er das andere Mal in der Rolle des »Admirals des Atlantik« – war es der englische Admiral, der Enkel der Queen, der sprach?

Im kaiserlichen Selbstverständnis waren Heer und Flotte primär keine Kriegsmaschinen, sondern Symbole der nationalen Macht, Größe und Wohlfahrt. Das Heer war die »Schule der Nation« und strukturierte mit seiner Hierarchie die gesamte Gesellschaft. Seine Garde war sozial, ästhetisch und symbolisch das Nonplusultra des Kaiserreiches. Die Uniform der Gardekürassiere mit Pallasch, Goldrüstung und dem Adlerhelm – die der Kaiser selbst bei großen Ereignissen trug – war das schönste Kostüm der »Fête impériale«.

Auch die Flotte hatte eine symbolische Funktion und Bedeutung. Sie war das grandioseste Integrationsunternehmen des Reiches, in dem Industrie, Wissenschaft, Technik und die öffentliche Meinung in einem großen Gemeinschaftswerk auf einen Nenner gebracht wurden. Der Kaiser antizipierte nicht Seeschlachten, sondern Flottenparaden. Fürst Bülow hat einmal richtig bemerkt, es sei gewiß Wilhelms II. schönster Traum, seine grandioseste Vision, die englische und deutsche Flotte, geführt von ihren Flaggschiffen – der englische König und der deutsche Kaiser jeweils in der Großadmiralsuniform des anderen auf der Brücke – in majestätischem Zuge die Wellen des Ozeans durchfurchen zu sehen.[81] Der Krieg kam in diesem Szenario nicht vor, der »Herr der Mitte« war ein Friedensfürst.

6 Das Leiden am Kaiser

ich bin als einer wie sie als viele
Stefan George

Warum hat ein Herrscher, der in so perfekter Weise sein Königsamt ausgeübt hat, soviel Widerspruch hervorgerufen? Es liegt an den immanenten Widersprüchen dieses unheiligen Reiches, die der Kaiser so vollkommen repräsentierte.

Nur von der inneren Struktur des Gewaltstaates, wie ihn Bismarck geschaffen hatte, kann man den Zugang zum Rätsel Wilhelms II. finden, der schließlich sein symbolisches Opfer geworden ist. Man muß die Beziehungsstruktur des Kaisers und seiner Kritiker in diese Gewaltstaatproblematik einbetten.

Die bloße Existenz eines Kaisers, einer »Allerhöchsten Person« als höchstem Repräsentanten der Herrschaft – und der damit verbundenen Gewaltstruktur – verletzt das Selbstwertgefühl aller anderen Individuen. Als Untertanen erleben sie den Druck der herrschaftlichen Gewaltordnung als narzißtische Kränkung[82]. Dazu eine Äußerung von Maximilian Harden, ein Schlüsselsatz: »Betont der Monarch das souveräne Ich, so erheben sich Millionen von Einzelegoismen, die sonst durch den Gedanken gebändigt werden, daß wir alle dienen.«[83] Harden nimmt da einen Satz von Liman auf, der schon 1904 geschrieben hatte: »Je schärfer sich die Individualität des Monarchen in das Tageslicht stellt, desto schärfer wird auch der Kritizismus unserer Zeit einsetzen. Jedem Ich stellt sich mit dem Anspruch auf gleiche Bewertung das andere Ich, jedem Fordern die entgegengesetzte Forderung entgegen, und die absolutistische Neigung beschleunigt und fördert die Demokratisierung«.[84]

Allmachtsphantasien
und Verfolgungsneurosen

Schon in den frühen 8oer Jahren, also vor der Thronbesteigung
Wilhelms II., hatte Max Nordau in seinem berühmten Bestseller »Die conventionellen Lügen der Kulturmenschheit«[85] auf
die psychologischen Konsequenzen des Scheinkonstitutionalismus hingewiesen. »In den Ländern mit Scheinkonstitutionalismus ... ist der Narrenpart den Volksvertretern zugeteilt, und
es ist schon viel schwerer zu begreifen, daß Männer, die diesen
Namen verdienen, sich jenen gefallen lassen, da die kleinen Eitelkeitsbefriedigungen, die er etwa gewähren mag, doch kaum
für die inneren Demütigungen entschädigen können, welche er
seinem Träger zu jeder Stunde zufügt.«[86]

»Was«, fragt er, »bestimmt den Parlamentarier im scheinkonstitutionellen Lande, sich durch Reden ohne Wirkung, Gesten
ohne Zweck und Voten ohne Folge lächerlich zu machen?«,
und von allen Untertanen weiß er: »Wir tragen bei hundert Gelegenheiten mit feierlichen Mienen und gesetztem Anstand ein
Kostüm, das uns selbst eine Narrenjacke scheint, wir heucheln
äußerliche Verehrung vor Personen und Einrichtungen, die uns
innerlich im höchsten Grade absurd dünken, und halten feige
an Konventionen fest, deren vollständige Unberechtigtheit wir
mit allen Fibern unseres Wesens fühlen.«[87] Es gibt wenige Analysen der politischen Verhältnisse dieser Zeit, die so genau den
Nerv treffen. Es geht nicht um die äußeren, sichtbaren Formen
der Gewaltausübung, sondern um ihre psychische Verarbeitung im Inneren der Menschen.

Wie also reagiert das gekränkte, gedemütigte »Untertanen-
Ich«? Es empört sich und will die Ursache seiner Unterdrückung, die es als unerträgliche Zumutung, als Aggression

empfindet, am liebsten beseitigen – oder, wie Max Weber sagte: »Ich würde den Kaiser erwürgen, wenn man mich nur an ihn heranließe«. Das ist ihm aber durch die staatliche Organisation und die gesellschaftlich-gesetzlichen Normen verboten, ein Verbot, das er verinnerlicht hat.

Die Majorität der Bevölkerung ist Monarchist »bis in die Knochen«. Die zur monarchistischen Loyalität rationalisierte »Identifikation« mit dem Gewaltherrschaftsprinzip ist die Regel, die Norm, das »Normale«. Darauf beruht das Funktionieren des »monarchischen Prinzips«. Man wagt die Abschaffung der »Allerhöchsten Person« nicht nur nicht zu fordern, man ist überhaupt nicht imstande, sie zu denken. Der »republikanische Tötungswunsch« – die Gewaltreaktion auf die Gewalt – wird also nicht thematisiert, sondern verdrängt. Der Monarch – als der Gewalthaber – wird im Über-Ich sogar zu einer unantastbaren inneren Instanz.

Ein Teil des Aggressionspotentials fließt in das monarchische Über-Ich ein, das es gegen das eigene Ich verwendet, um ihm dabei zu helfen, die internalisierten gesellschaftlichen Normen aufrechtzuerhalten. Dazu gehört die Abschirmung gegen den Druck der Tötungswünsche aus dem Unbewußten, die Erzeugung von Schuld- und Angstgefühlen bei innerer und äußerer Grenzüberschreitung, aber auch der Gratifikationsbonus bei gelungener Einpassung in das System.

Ein anderer Teil des unbewußt gemachten, verdrängten psychischen Gewaltpotentials wird in das Funktionieren der Institutionen geleitet, anders wäre die Aufrechterhaltung ihrer autoritären Strukturen – Militär, Verwaltung, aber auch im Wissenschaftsbetrieb, die wissenschaftliche Theoriebildung inbegriffen – gar nicht möglich.

Damit ist aber das Potential der Aggressionen gegen den Aggressor noch keineswegs aus der Welt geschafft. Es staut sich vielmehr als psychisches Gewaltreservoir in der unbewußten Sphäre der gesellschaftlichen Beziehungen an. Von ihm wird die Beziehungsstruktur der Kritiker zum Kaiser wesentlich geprägt.

Man ist zwar Monarchist – aber man leidet unter den Verhältnissen dieser Monarchie und fixiert seinen Unmut auf ihren höchsten Repräsentanten. Man meckert am Kaiser herum, ist hämisch, mißgünstig. Man will ihn anders, als er ist, sieht ihn anders, als er ist. Man nörgelt, sieht schwarz, weiß es besser als er, man karikiert ihn. Man phantasiert. Kurz: Man beurteilt ihn ungünstig, weil man unglücklich ist.

In einem Staat ohne institutionalisierte politische Opposition mit der Möglichkeit direkter Einflußnahme auf die Entscheidungsmechanismen ist die einzige Möglichkeit der Verwertung des Potentials verdrängter Gegenreaktionen gegen Gewalt nach außen das – gesellschaftlich erlaubte – Ausweichen in die verbale, parapolitische, literarische Kritik – oder in die Kunst. Das erklärt das erstaunliche Phänomen, daß sich die eigentlich bedeutenden kreativen Leistungen des Wilhelminischen Deutschland in einer von der herrschenden Schicht durch einen fast unüberbrückbaren Abgrund getrennten Gegenkultur entwickelt haben, die sich dann auch bewußt in ihrem polemischen Affekt als Zerstörungs- oder zumindest Störungsaktion auf den Gewaltstaat verstanden. Hier ist viel des unbewußt Gemachten sichtbar geworden. Die erste, harmloseste Stufe der Kaiserkritik spielt sich auf dieser Ebene ab. Dazu gehört zum Beispiel ein Phänomen wie der »Simplicissimus«. Ohne jedes politische Konzept bringt er eine gewisse Stimmung des Unbehagens an den Verhältnissen zum Ausdruck. Der nicht bewältigte Konflikt entlädt sich im Witz.

Eine weitere, für die Wilhelminische Periode charakteristische Verarbeitung von Gewalt soll nicht unerwähnt bleiben: die Krankheit – die Neurose als Zeitkrankheit, in extremen Fällen die Paranoia. Als klassisches Beispiel kann der Fall des Senatspräsidenten Daniel Paul Schreber im Jahr 1906 dienen. Es handelt sich um mehr als nur um Grenzphänomene. Die intrapsychischen Unterdrückungsmechanismen sind pathogen. Der Präsident Schreber leistet sich mit seinem Wahn den Luxus, das manifest werden zu lassen, was wahrscheinlich keimhaft im Inneren jedes höheren Magistrats- und Verwaltungsbeamten schwelte. Ein Holstein, mit seiner Verfolgungsmanie, aus der er ein Prinzip der deutschen Außenpolitik machte, ist gar nicht so weit von Schreber entfernt. Und Max Weber?[88]

Eine extreme Variante dieser kompensatorischen Kritik ist die, in der das andere Ich seine narzißtische Kränkung dadurch zu beschwichtigen sucht, daß es seine eigenen Größen- und Allmachtsphantasien direkt ins Spiel bringt. Der Kaiserkritiker will dann selber Kaiser sein – natürlich ein Kaiser, der ein Bismarck wäre. So hat der Führer der Alldeutschen, Heinrich Claß, schließlich 1912 ein Buch unter dem Titel »Wenn ich der Kaiser wär« veröffentlicht. Das krasseste Beispiel dieser Pseudo-Identifikation mit dem Kaiser ist Maximilian Harden, dessen ebenso sterile wie wirksame Dauerkritik den Kaiser während seiner ganzen Regierungszeit begleitet und belästigt hat, die aber nie auf dem Konzept einer Alternativlösung, einem Gegenprojekt beruhte, sondern auf der Phantasie, er, Harden, würde, wäre er Kaiser, alles besser machen.

Das meinte der Historiker Hermann Oncken, als er feststellte: »Ein Geschlecht, das das königliche Recht der Individualität so hoch stellt wie nie zuvor, wollte diesem einen gegenüber nicht tolerant sein. Es fühlte sich häufig herausgefordert und so häufig mit Recht herausgefordert, daß es fast verlernte, auch dem Kaiser zu geben, was des Kaisers ist.«[89]

Doch all diese Kritikaster – Publizisten, Professoren, Politikaster, die am Kaiser herumnörgelten, standen dem Kaiser räumlich und gesellschaftlich fern. Sie nahmen ihn, je nach ihrem sozialen Standort, nur in seinen öffentlichen Rollen wahr, ohne sich natürlich klar darüber zu werden, daß sie immer nur die ihnen zugewandte Seite, also nur einen Aspekt des Phänomens wahrnehmen konnten, den sie gleichwohl für das Ganze nahmen. Ihre Informationen waren aus zweiter und dritter Hand, sehr oft aus obskurer Quelle.

Sie waren nicht die Protagonisten einer Alternative. Auch wenn sie auf den Kaiser fixiert waren, war ihre Bezugsfigur der mythische Bismarck. Ihre Kaiserkritik war gewissermaßen die negative Seite der Integrationsfunktion, die der Kaiser positiv zu erfüllen versuchte. Sie waren die Lautverstärker eines kollektiven Mißbehagens, ohne eine andere Wirkung zu haben als die, den »Reichsgründungsmythos« zu perpetuieren.

Bismarck – Maßstab aller Kritik

Je mehr man sich mit dem Verhältnis Kaiser Wilhelms zu seinen Kritikern beschäftigt, desto mehr verstärkt sich der Eindruck, hier handelt es sich um etwas ganz anderes als bloße Kritik. Hier wird einem der Prozeß gemacht. Der Kaiser steht regelrecht unter Anklage. Das Ziel des Prozesses aber ist nicht die Rechtsfindung, sondern seine Verurteilung.

Es geht nicht mehr um die Person des Kaisers, sondern allein um die Rechtfertigung der Bismarckschen Reichsgründung. Um den Preis der historischen Wahrheit konstituiert und behauptet sich hier ein nationaler Mythos.

Der Dossier der Anklage im Sinne eines Prozesses, der der Selbstrechtfertigung, der Aufrechterhaltung einer nationalen Identität, der Rechtfertigung vor der Geschichte gilt, wurde an dem Tage eröffnet, an dem Wilhelm II. Bismarck, den Reichsgründer, entließ.[90]

Entscheidend ist, daß dieser Akt, der von der überwältigenden Mehrzahl der Zeitgenossen als absolute Notwendigkeit, als Wohltat begrüßt wurde[91] und der auch von deutschen Historikern als die größte staatsmännische Tat des Kaisers anerkannt wird[92], zur irreparablen Untat, zur Wurzel alles kommenden Unglücks, zur Ursache der Katastrophe stilisiert worden ist und als der Generalbaß, in wachsendem Crescendo, der gesamten Kritik am Kaiser als das alles bestimmende Grundmotiv unterliegt.

Der Hauptvorwurf, welch Pointe, der zentrale Punkt der Anklage, die gegen den Kaiser erhoben wird, ist dabei gar nicht, daß er Bismarck entlassen habe, sondern daß er selber kein Bismarck sei. Und dabei geht es gar nicht um den realen Bismarck, um die historische Figur, sondern um ein Ideal, einen fiktiven, einen mythischen Bismarck, der in den Köpfen des deutschen Reichsvolkes und seiner Führungsschicht als absolute Größe, als »Staatsmann« schlechthin, als derjenige, der immer richtig gehandelt hätte, sein unheimliches Wesen trieb. Auf die Frage, wie hätte der Kaiser denn eigentlich handeln sollen, kann man darum ohne die Gefahr zu irren antworten: wie Bismarck.[93]

Daß darüber, wie Bismarck gehandelt hätte, jeder wieder seine eigene höchstpersönliche Meinung hatte, daß man in den meisten Fällen, als Bismarckkenner, den Nachweis führen kann, Bismarck hätte sicher nicht so gehandelt, gehört zur Verfahrensweise der Bismarck-Apologeten. Was hat es aber mit diesem phantasmatischen Bismarck für eine Bewandtnis?

Bismarck verkörperte die ins Positive verkehrte Projektion der Ängste um die Überlebenschancen des Reiches. Er war für all die, die in wachsendem Maße das Gefühl haben mußten, daß dieses Reich, so wie es Bismarck gegründet hatte, nicht von Dauer sein konnte, daß es seit seiner Begründung zum Untergang bestimmt war, die kompensatorische Beschwichtigung, an der alle Hoffnungen festgemacht werden konnten, daß es doch gehen würde – unter der einen Voraussetzung allerdings, daß die übernatürlichen Fähigkeiten des nationalen Heros, der das Reich zu schaffen verstanden hatte, auch weiterhin sein Fortbestehen garantieren würden. Eine phantastische Hypothese.

Man erinnert sich: Die preußische Militärmonarchie hatte das Reich in drei Raubzügen auf dem Schlachtfeld gegründet, den großen liberalen Nationalgedanken konfisziert und in einem kleindeutschen nationalen Machtstaat eine Herrschaft etabliert, die auf Repression nach innen und auf Bedrohung nach außen basierte. Zwanzig Jahre Bismarckscher Reichspolitik hatten den Beweis erbracht, daß dies Gebilde aus dem Zustand innerer und äußerer Bedrohung nie herauskommen würde. Das Gefühl dafür war für die Befindlichkeit der Wilhelminischen Führungsschicht konstitutiv.

Es ging immer »Um Sein oder Nichtsein unseres Reiches, das unsere Väter sich gründeten«, wie es in der Kaiserproklamation von 1918 hieß; das war von Anfang an die apokalyptische Alternative, wobei das »Sein« ein frommer Wunsch, das »Nichtsein« das Wahrscheinliche war. Vor jeder neuen Entscheidung stand gegen eine gering eingeschätzte Chance des Gelingens die Konsequenz des Alles oder Nichts. »Es würde uns nichts übrigbleiben als fechtend unterzugehen. Ich sage untergehen«, schreibt Bülow in einer seiner regelmäßigen Situationsanalysen an seinen Intimus Eulenburg – keinem englischen oder französischen Politiker wäre ein ähnlicher Satz, so wortwörtlich gemeint, aus der Feder geflossen. Das ist Reichsdeutsch. Der Untergang war in dem Reichsbau angelegt, wie die Ladung zur Selbstsprengung in einem Geschütz.

Das scheinbar Paradoxe ist nun, daß gerade das Scheitern des späten Bismarck vor der Aufgabe, das Reich zu konsolidieren, die Bedingung der Möglichkeit für die Entstehung des Bismarck-Mythos wurde. Und zwar so, daß die Umstände der Reichsgründung – Bismarcks »historische Tat« –, der schnöde Gewaltakt, die Errichtung einer Militärmonarchie, eines auf Repression nach innen und Aggression nach außen notwendig angewiesenen Machtstaates, daß ausgerechnet das Monströse dieser Staatsgründung nun zur notwendigen Voraussetzung seines Weiterbestandes verabsolutiert wurde. Produkt eines Gewaltstreiches, konnte seine Fortexistenz nur als Gewaltstaat gedacht werden. Das war die »Vision der deutschen Staatsraison«. Ein anderes Programm gab es nicht.

Bismarck – gemeint ist hier der mythische Bismarck – wurde zum Symbol, zum Garanten für die Perpetuierung der militärisch-machtstaatlichen Gewaltsamkeit. Ihm fiel die doppelte Funktion zu: die – problematische – Reichsgründung zu legitimieren und die Bedingungen seines – prekären – Überlebens zu sanktionieren. Die Kaiserkritik war eine Funktion dieser Bismarck-Idolatrie. Je größer Bismarck wurde, desto kleiner mußte der Kaiser sein.

Die Option für die Perpetuierung der Gewalt führte zu einer Doktrin politischen Handelns, zu jener typisch deutschen Vorstellung davon, was Politik sei, Machtpolitik, die sich mit ei-

Après la fête!!! L'anniversaire du prince de Bismarck,
Le Petit Journal, 14. April 1895

nem spezifisch deutschen Verständnis von Geschichte unlöslich verknüpfte. Dazu gehört auch ein Bild vom – immer richtig handelnden – Politiker. Der mythische Reichsgründer
wurde zum Paradigma des absoluten Politikers.

Hier liegt der harte Kern der Kaiserschelte, die letzte Begründung aller Argumente, die bewußt oder unbewußt jeweils
hinter den situationsbedingten Argumenten stehen, die gegen
Wilhelm II. ins Treffen geführt werden: Sie sollen den Menschen, die Persönlichkeit, den Charakter treffen, aber es geht
um den ersten Repräsentanten des Reiches, in dessen Händen
jetzt die Verantwortung für das nationale Schicksal liegt, um
den Staatschef. Und da zeigt sich: Dieser Kaiser war kein Politiker, kein Staatsmann in jenem spezifischen Bismarckschen
Sinne. Was war er aber dann? Das Schlimmste, was man sein
kann an der Stelle, wo ein Politiker hingehört: Er war Idealist,
oder, was noch schlimmer ist, ein Romantiker. Als beides

wurde der Kaiser teils ironisch, teils aggressiv immer wieder apostrophiert.

Der Kaiser ist »politisch farbenblind«, urteilt der Minister Miguel; Fürst Hohenlohe empfindet das kaiserliche Tun als »Einbruch der Romantik« in die Politik; die Diskreditierung des Romantikers wird ein ständiger Topos des deutschen Politik- und Geschichtsverständnisses.[94]

Hinter dem Romantiker zeichnet sich nun, für die Kaiserkritik ausschlaggebend, eine weitere Abweichung von der Idealvorstellung des »richtigen Politikers« ab: Der Kaiser war kein Mann, das heißt kein »richtiger« Mann nach preußisch-deutschen Vorstellungen, kein »Mann von starkem Willen«[95], wie ein Politiker es sein muß, keine Kämpfernatur. Er war nicht entschlossen, nicht brutal genug, ihm fehlte die Tatkraft, sich durchzusetzen.[96] Mit anderen Worten: Er war zu weich, zu weibisch.

Der wichtigste Beweis dafür? Seine Friedensliebe. »Guillaume, le pacifique« war das größte Schimpfwort, das ihm Harden entgegenschleudern konnte. Liman beklagte sich: »Niemals ist [beim Kaiser] der große Irrtum gewichen, das letzte Ziel einer starken Nation in der Erhaltung des Friedens zu sehen. Nicht nur der einzelne verkümmert im Frieden, sondern auch ganze Nationen.«[97] Daß der Kaiser in der Welt[98] und von weiten Kreisen des deutschen Volkes als »Friedenskaiser« gefeiert wurde, mußte bereits als höchst bedenkliche Auswirkung seiner für das Reich verhängnisvollen *penchants* angesehen werden. Friedensliebe war geradezu unsittlich und menschenunwürdig.[99]

So war das negative Bild des Kaisers die Kehrseite der positiven – im Bismarck-Mythos sakralisierten – Vorstellungen der deutschen Führungsschicht von den Bedingungen der Möglichkeit, das »Reich« zu retten. Sie konnten nicht in den Kategorien des Friedens denken, sondern nur in denen der Gewalt – des Bürgerkrieges und des Krieges.

Das war das Gesetz, nach dem diese Männer angetreten waren, die Konsequenz der verinnerlichten Gewaltstruktur, die nicht nur ihr Reich, sondern ihre Persönlichkeit strukturierte.

Um es mit den Worten von Wilhelm Reich zu sagen: »Jede Gesellschaftsordnung schafft sich diejenigen Charaktere, die sie zu ihrem Bestand benötigt.«

Ihre Vorstellungen von Politik waren nicht das Produkt ihrer Stärke, sondern ihrer Ängste. Natürlich durften sie sich die wahren Ursachen dieses Sachverhaltes niemals eingestehen. Nur in der Kritik am Kaiser konnten sie ihrem schlechten Gewissen Luft machen. Die Anklage, die gegen ihn erhoben wurde, lautete: nicht systemkonform im Sinne des Politikverständnisses des Machtstaates zu handeln. Das konnte auf keinen Fall toleriert werden.

Der Kaiser macht alles falsch

Es bildet sich so etwas wie ein Diskurs der Kaiserkritik, der sich auf einen einfachen Nenner bringen läßt: »Der Kaiser macht alles falsch«. Die Kritik an seinem Regierungsstil, an seinem Auftreten, an seinen Charaktereigenschaften steigert sich: Er ist unstet, sprunghaft, er arbeitet nicht, er hört nicht auf seine Ratgeber, er respektiert nicht die verfassungsmäßigen Spielregeln, er ist unernst, ein Schauspieler. Mit einem Wort: Er ist unverantwortlich, wahrscheinlich geistig gar nicht zurechnungsfähig. Für den Historiker bedeutsamer sind die sogenannten Kaisersünden, die sich nach und nach zu einem Kanon verfestigen. Von einer Kaiserbeurteilung geht der Trend zu einer Kaiserverurteilung.

Sie kulminiert erstmals in der 1903 als Broschüre veröffentlichten Rede von Heinrich Claß, dem damals noch stellvertretenden Vorsitzenden des »Alldeutschen Verbandes«; unter dem Titel »Die Bilanz des neuen Kurses« erreicht sie eine beachtliche Auflage von 60 000 Exemplaren. Der Publizist Graf Ernst zu Reventlow – ein Bruder von Fanny –, der später auf derselben Linie sein Buch »Kaiser Wilhelm II. und die Byzantiner« (1906) herausbringt, nennt die Flugschrift »eine sachlich unanfechtbare, erschütternde Übersicht der kaiserlichen Mißerfolge«. Der Claßschen Broschüre folgt das Buch von Paul Liman – ein Vertrauter Bismarcks – »Der Kaiser, ein Charakterbild Wilhelms II.« (1. Auflage 1904), ein Renner bis 1914.

Es fällt nicht schwer, die wichtigsten Anklagepunkte einer Kaiserschelte ins Gedächtnis zu rufen. Die deutschnationale Geschichtsschreibung hat sie sich weitgehend zu eigen gemacht. Mit dieser Kaution sind sie über die Geschichtsbücher in das allgemeine Geschichtsbewußtsein eingesickert und haben sich dort unauslöschlich eingefressen. Erinnert sei an die zehn wichtigsten:

1. Die Entlassung Bismarcks, 1890
2. Die Nichtverlängerung des geheimen Rückversicherungsvertrages mit Rußland, 1890
3. Der außenpolitische Zickzackkurs
4. Die Krüger-Depesche, 1896
5. Die »Hunnen-Rede«, 1900
6. Der Vertrag von Björkö mit Rußland, 1905
7. Die Marokkopolitik
8. Das Daily-Telegraph-Interview, Oktober 1908
9. Die Flottenbaupolitik
10. Die Schuld am Ausbruch des I. Weltkrieges

Die ernsthafte historische Forschung hat inzwischen längst geklärt, daß all diese Vergehen, respektive Verbrechen, dem Kaiser keineswegs allein anzulasten sind, daß in den meisten Fällen der wahre Tatbestand ein völlig anderer ist als der, der zuungunsten des Kaisers kolportiert wird, daß die Okkultierung des wahren Tatbestandes – im Fall der Krüger-Depesche zum Beispiel und der Daily-Telegraph-Affaire – sogar bis zur notorischen Geschichtsfälschung geht.[100]

1908 erfolgte der Zwischenfall mit dem sogenannten »Interview«, das im Daily Telegraph veröffentlicht wurde. Sein Zweck war die Besserung der deutsch-englischen Beziehungen. Ich hatte den mir vorgelegten Entwurf durch den Vertreter des Auswärtigen Amtes, Herrn von Jenisch, dem Kanzler zur Prüfung übergeben lassen. Durch Anmerkungen hatte ich auf einige Stellen hingewiesen, die meiner Ansicht nach nicht hineingehörten und zu streichen seien. Das ist infolge mehrerer Versehen, die seitens des Auswärtigen Amtes bei der instanzmäßigen Behandlung gemacht wurden, nicht geschehen. Der Sturm in der Presse brach los. Der Kanzler sprach im Reichstag, verteidigte aber den angegriffenen Kaiser nicht in dem Maße, wie ich es erwartet hatte, sondern erklärte, die in den letzten Jahren vorgekommenen Neigungen zur persönlichen Politik für die Zukunft verhindern zu wollen.

Wilhelm II., Ereignisse und Gestalten, 1878–1918, Leipzig, 1922, S. 98 f.

Nicht lange nachher begannen an verschiedenen politischen Seiten Stimmen laut zu werden, daß der Reichskanzler, nicht der Kaiser, an dem »Daily-Telegraph«-Skandal schuldig gewesen sei. Die folgenden Jahre haben dies als Tatsache, auch dokumentarisch, bestätigt. Der Hergang hat sich tatsächlich folgendermaßen abgespielt: Der englische Gastgeber des Kaisers hatte durch einen bekannten englischen Journalisten die kaiserlichen Gespräche in die Form eines längeren Zeitungsaufsatzes bringen lassen und übersandte sie dann dem Kaiser. Dieser ließ das Manuskript dem Reichskanzler übermitteln, mit der ausdrücklichen Weisung, es auf die Möglichkeit der Veröffentlichung zu prüfen. Der Kaiser handelte also durchaus korrekt. Bülow hatte das saubere und durchaus nicht schwer lesbare Manuskript gelesen, durch einen höheren Beamten des Auswärtigen Amtes Veränderungen angemerkt und andere direkte Weisungen gegeben, es schließlich dem Kaiser zurückstellen lassen. Als dann, nach der Genehmigung und Veröffentlichung in der englischen und danach in der deutschen Presse, die Explosion erfolgt war, hatte Bülow nicht den Mut, die Wahrheit zu sagen, nämlich zu erklären, er sei der allein Schuldige, denn er habe das Manuskript gelesen und gebilligt. So nämlich hat die Sache gelegen. Anstatt dessen beschuldigte er den betreffenden Legationsrat des Auswärtigen Amtes ... Gleichzeitig belastete der Reichskanzler den Kaiser: derselbe habe nicht verfassungsmäßig gehandelt, während nicht dieser, sondern Bülow der einzig Schuldige war. Dem Fürsten Bülow aber war die Beibehaltung seines Postens wertvoller als die Wahrheit.
Ernst zu Reventlow, Von Potsdam nach Doorn, Berlin, 1940, S. 424

Man weiß inzwischen, wenn man es nicht immer wußte, daß alle sogenannten »Fehlleistungen« des Kaisers auch ganz anders, oft zu seinen Gunsten, interpretiert werden könnten. Ein gutes Beispiel dafür, daß schon die eingeweihten Zeitgenossen genau darüber Bescheid wußten, ist die folgende Aufzeichnung der Fürstin Marie Radziwill, eine der wenigen bedeutenden Frauen am kaiserlichen Hof, die auch, wo es ihr angebracht schien, mit Kritik an »unserem armen Souverän« nicht sparte: »Bülow hat den Kaiser zu unleugbaren politischen Fehlern veranlaßt, von deren Folgen sich das Land nicht erholen wird. Der Kaiser wollte die Marokko-Affaire nicht. Bülow hat, unter der

*Bernhard von Bülow, deutscher Diplomat und Politiker, geboren am
3. Mai 1849 in Klein-Flottbeck, gestorben am 28. Oktober 1929 in Rom.
Bülow trat 1874 in den diplomatischen Dienst ein und wurde 1893 als Bot-
schafter nach Rom berufen, von wo aus er 1897 ins Auswärtige Amt nach
Berlin wechselte. Als Nachfolger des Fürsten Hohenlohe wurde er 1900 zum
Reichskanzler berufen. Diese sensationelle Karriere war von Philipp von
Eulenburg, mit dem Einverständnis des Kaisers, langfristig geplant.
Wilhelm II. sah in Bülow seinen idealen Reichskanzler, »mein Bismarck«.
Das freundschaftliche Vertrauensverhältnis fand sein jähes Ende in der
Daily-Telegraph-Affaire 1908, in der Bülow den Kaiser verriet. Der Reichs-
kanzler wurde ein Jahr später in Ungnade entlassen. Das Gemälde von
Ferraris zeigt Bernhard von Bülow im Jahre 1904*

Einwirkung von Holstein, ihn gegen seinen Willen dazu gedrängt. Er wollte Algesiras nicht, Bülow und Holstein haben
ihn dazu gedrängt. Der Kaiser wollte den Reichstag nicht auf-
lösen. Bülow hat ihn gezwungen, es zu tun. Ich sehe nur Fehl-
entscheidungen, die auf Bülow zurückgehen.«[101]

Schaut man etwas näher hin, so wird man feststellen, daß, wenn sich seine Kritiker in dem einig zu sein scheinen, was sie ihm als Fehler zum Vorwurf machen, nämlich, wie schon erwähnt, nicht Bismarck zu sein, sie sich keineswegs darüber einig sind, was sie sich statt dessen gewünscht hätten. Die Diskrepanz ist hier grotesk, weil sie zwischen absoluten Extremen oszilliert und sich im Grunde aufhebt.

Es gab diejenigen, denen der Kaiser nicht konstitutionell genug regierte und die sich einen Monarchen nach englischem Muster wünschten. Den anderen war er zu konstitutionell, nicht preußischer König genug. Diesen ist er zu friedlich, jenen zu kriegerisch. Für die einen ist er zu beeinflußbar, für die anderen zu selbstherrlich. Für die einen ist er ein Zauderer und Schwächling, für die anderen ein Autokrat. Für die einen wechselt er zu oft die Meinung, für die anderen hält er zu starrsinnig an seinen Ideen fest. So konnte der Historiker Oncken schreiben: »Wenn die innerpolitische Kritik der Radikalen an dem Kaiser seine autoritären Neigungen und Worte, seine Pflege der traditionellen Kräfte des Volkslebens heftig tadelte, so gesellte sich nun in den letzten Jahren dazu eine mehr außerpolitische Kritik der Nationalen, denen er nicht genug tat.«[102]

Es scheint nur auf eines anzukommen: ihm *à tout prix* ein Fehlverhalten nachzuweisen. Das entspricht der Logik einer Beurteilungsstruktur, die den Kaiser nicht aufgrund rationaler Erwägungen kritisiert, sondern ihm aus tieferliegenden Gründen ein Versagen nachweisen muß.

Etwas anderes fällt nämlich auf: Eine Aufrechnung der Leistungen und Verdienste des Kaisers gibt es nicht. Das heißt, es gibt sie schon, aber sie wird von den deutschen Historikern nicht zur Kenntnis genommen. Was Gutes über den Kaiser gesagt werden kann, gilt nicht. Es wird als Hagiographie und Apologetik beiseite geschoben oder diskreditiert. Oder es wird überhaupt nicht gesehen. [103]

Deshalb nützt es überhaupt nichts, wenn man sagt: Der Kaiser hat doch echte Leistungen aufzuweisen! Seine Bedeutung liegt vielleicht gar nicht da, wo man sie vergeblich sucht. Von vierhundert Reden nennt man vier, mit je einem inkriminierten

Satz: aus Tausenden von Briefen und schriftlichen Äußerungen (besonders den berühmten »Marginalien«) zitiert man ein paar Dutzend, meistens aus dem Zusammenhang gerissen.

Von dreißig Regierungsjahren scheinen nur dreißig Tage interessant, an denen angeblich eine ominöse Fehlleistung begangen wurde. Jeder Versuch, den Kaiser positiv zu beurteilen, stößt bis heute noch auf einen harten, rational unerklärbaren Widerstand. Da stimmt etwas nicht.

Wer für den Kaiser ist, disqualifiziert sich. Er ist von den Hohenzollern gekauft, ein Engländer oder ein Dilettant. Wir erkennen in der Struktur dieser Abwehr drei Stereotypen der Kritik am Kaiser wieder, dem man vorwarf, zu sehr Dynast, zu sehr Engländer und nicht genug »Fachmann« zu sein. Die Struktur der Abwehr einer positiven Beurteilung ist mit der Struktur der Kritik deckungsgleich.

Techniken der Entmachtung

Die wichtigste Gruppe der Kaiserkritiker rekrutierte sich jedoch nicht aus denen, die phantasierten, selbst Kaiser oder seine Ratgeber zu sein, sondern aus denen, die effektiv oder potentiell seine »Ratgeber« waren. Die unerbittlichsten Kritiker des Kaisers waren in der Tat die Männer seiner nächsten Umgebung. Sie schrieben keine Bücher, Pamphlete oder Artikel, sie entwickelten auch keine wissenschaftlichen Theorien. Sie schrieben sich vertrauliche Briefe, Tagebücher und Memoiren. Nicht auf der Ebene der Argumente, der Theorien, war die Verfolgung am perniziösesten, sondern auf der des »Acting-out«.

Diese Kritiker gehörten der höchsten Führungsschicht des Reiches an. Sie sind mit seinen Institutionen voll identifiziert. Sie stehen auf der Seite des Machthabers und partizipieren an der Gewaltausübung, sie gehören zu den privilegierten Nutznießern des Systems. Die »absolutistische Neigung« beschleunigt und fördert bei ihnen freilich nicht die Demokratisierung. Sie stehen nicht außerhalb, sondern im Zentrum. Die Konfrontation mit der »Allerhöchsten Person« sekretiert in der Atmosphäre der Intimität des alltäglichen Umganges eine ganz eigentümliche Form der Duplizität des Verhaltens, die an Schizophrenie grenzt und der man überhaupt nicht mehr handlungstheoretisch, sondern nur noch psychoanalytisch beikommen kann.

Die institutionell abgesicherte »Identifikation mit dem Aggressor«, die zum traditionellen Habitus jeder monarchisch-aristokratischen Herrschaftsform gehört, reicht auch hier nicht aus, um die durch die eigene Entmachtung erzeugten Gegenaggressionen voll zu resorbieren. Ein unbewältigter Rest muß auch hier ins Unbewußte abgedrängt werden. Und der durch die Verdrängungsleistung ausgelöste Leidensdruck wird dadurch nur größer, daß das Verbot, seine Ursache zu identifizieren, hier quasi absolut ist. Die Beziehungsstruktur zwischen Kaiser und Kritiker entwickelt hier, auf diesem Niveau, ihre eigenen Modalitäten.

Auf der einen Seite finden wir strikte Loyalität bis hin zur Überloyalität, die Ergebenheitsbekundung bis zur Unterwürfigkeit, die Respektierung von Protokoll und Zeremoniell bis zum Byzantinismus; gleichzeitig – auf der Rückseite davon – Techniken der Hintergehung, die nicht dadurch weniger perfide sind, daß sie oft unbewußt bleiben. Immer handelt es sich um Handlungen und Reden, die von dem unbewußt gemachten, verdrängten, psychischen Aggressionspotential, der von der Gewalt erzeugten, nicht verarbeiteten Gegengewalt in einer Weise eingefärbt, modifiziert, gesteuert werden, die dem bewußten Tun konträr ist.

Hinter dem Funktionsmodus der Institutionen, hinter der Fassade des Protokolls, hinter den Normen des korrekten Handelns schwelte eine Malaise an der Situation – der eigenen und der kollektiven, führungsschichtspezifischen –, die aber niemals auf ihre wirklichen Ursachen hin reflektiert wird – und werden kann. Gelegentlich macht sie sich in Stoßseufzern Luft, Blasen, die aus der Tiefe aufsteigen. So wenn der Staatssekretär Tschirschky 1906 ausruft: »Er [der Kaiser] ist das uns auferlegte Kreuz« oder ein Flügeladjutant unwirsch bemerkt: »Wir leiden eben alle am Kaiser, er hat uns alle entmannt«.

Das sind Indikatoren des psychischen Klimas, das in der deutschen Führungsschicht herrschte. In diesem absonderlichen Klima entstehen höchst absonderliche Verhaltensweisen.

Dazu gehört die Mystifikation. So, um ein Beispiel zu geben, die »Kotze-Affaire«, in der die Hofgesellschaft, inklusive der Kaiserin und des Kaisers, mit anonymen pornographischen Briefen unter Druck gesetzt wurde. In denselben Zusammenhang gehört aber auch die intrigante Komplizität höchster Würdenträger des Reiches in der »Kladderadatsch-Affaire«

149

und beim Eulenburgeklat. Von der verräterischen Rolle der nächsten Vertrauten des Kaisers, in erster Linie Bülows, bei der Daily-Telegraph-Affaire ganz zu schweigen.

Eine andere Form des gestörten Verhaltens ist der Übereifer, die »Überzärtlichkeit«, die der Analytiker kennt als eine Art der Kompensation der Schuldgefühle, die aus dem Andrängen der Vernichtungswünsche resultiert, in einem Exzeß von Umsorgung der »Allerhöchsten Person« unbewußt aber seine Entmachtung betreibt. Eines der erstaunlichsten Dokumente in dieser Hinsicht ist sicherlich der Brief, den Graf Eulenburg dem als Staatssekretär nach Berlin berufenen Bernhard von Bülow im Sommer 1896 in Vöslau vorgetragen hat. In der Sprache höchster Devotion und Ergebenheit wird ein minutiöser Plan entworfen, den Monarchen zu entmündigen. Diese Entmündigung wird – zur Stärkung und Rettung der Monarchie, versteht sich – zu einem Regierungsprogramm stilisiert.

Wieder anders liegt eine Attitüde, für die Holstein das beste Beispiel ist: die Verweigerung. »Il boude« – er geht nicht zu Hofe – von einer Position partiellen Machtbesitzes aus organisiert er unter der Maske höchster Loyalität zwanzig Jahre lang ein System der Durchkreuzung der kaiserlichen Absichten: der »Informationssperre«, der Irreführung, der Insubordination. Nach seiner Entlassung grenzt sein Verhalten an Hochverrat.

Ein weiteres besonders interessantes, weil immer wieder diskutiertes Verhaltensmuster in der Beziehungsstruktur »Kaiser und Kritiker« ist der Umgang mit den Informationen und gegebenenfalls der als Informationsinput in den Entscheidungsmechanismus zu bewertenden eigenen Meinungsäußerung. Das vollzieht sich auf der Ebene der »Rationalisierung«, nach dem Motto: »Der Kaiser verträgt die Wahrheit nicht« oder »Der Kaiser will keine andere Meinung hören als seine eigene«. Darüber gibt es eine ganze Literatur: ob nämlich der Kaiser, ja oder nein, für andere Meinungen und Informationen, von denen man vermuten konnte, daß sie ihm irgendwie unangenehm waren, zugänglich war. Die Forschung läßt keinen Zweifel darüber, daß er nicht nur offen für Meinungen und Informationen, sondern geradezu begierig danach war. Die »Kritiker« bestreiten das. Wenn man das näher untersucht, stellt sich heraus, daß sie sich mit ihrer Behauptung – die sie weitgehend zu einer Überzeugung internalisiert hatten –, der Kaiser sei für die Wahrheit unzugänglich, ein Informationsmonopol sicherten, das sie mit dem unbewußten Ziel der Entmachtung des Kaisers ausübten. Das ging vom Fernhalten unliebsamer Informanten, wie Ballin während der letzten Kriegsjahre, über das Vorenthalten von Nachrichten, darin hat Holstein Unglaubliches geleistet, bis zur glatten Falschmeldung und Lüge, hierzu gehören auch die Ereignisse vom November 1918, mit denen der Thronverzicht erzwungen wurde.

»Wilhelm II. nimmt alles persönlich. Nur persönliche Argumente machen ihm Eindruck. Er will andere belehren, läßt sich aber ungern belehren. Er verträgt keine Langeweile; schwerfällige, steife, allzu gründliche Menschen gehen ihm auf die Nerven und erreichen nichts bei ihm. Wilhelm II. will glänzen und alles selbst machen und entscheiden. Was er selbst machen will, geht leider oft schief aus. Er ist ruhmliebend, ehrgeizig und eifersüchtig. Um einen Gedanken bei ihm durchzusetzen, muß man tun, als ob der Gedanke von ihm käme. Man muß Wilhelm II. alles bequem machen. Er ermutigt andere gern zu forschem Vorgehen, läßt sie aber im Graben liegen, wenn sie dabei hereinfallen. Vergiß niemals, daß S. M. ein Lob hin und wieder braucht. Er gehört zu den Naturen, die ohne eine Anerkennung hin und wieder, aus bedeutendem Munde, mißmutig werden. Du wirst immer Zugang zu allen Deinen Wünschen haben, wenn Du nicht versäumst, Anerkennung zu äußern, wo S. M. sie verdient. Er ist dankbar dafür wie ein gutes, kluges Kind. Bei fortgesetztem Schweigen, wo er Anerkennung verdient, sucht er schließlich Übelwollen. Die Grenze zum Schmeicheln werden wir beide immer genau einhalten.«
Philipp Eulenburg an Bernhard Bülow, als dieser 1897 im Begriff stand, von seinem Botschafterposten in Rom als Staatssekretär ins Auswärtige Amt nach Berlin zu gehen, abgedruckt in: Bernhard von Bülow, Denkwürdigkeiten, Berlin, 1930, S. 5

Erwähnen wir schließlich als letztes eine besonders subtile Form des Umgangs mit dem Kaiser, in der der unbewußte

Wunsch, ihn zu beseitigen, in der Sorge um sein Leben zum Ausdruck kommt: Das Dauergemunkel um seinen Gesundheitszustand, sein Ohrenleiden, seine Schwächeanfälle, die übertriebene Reaktion auf gewisse nervöse oder depressive Gemütsverfassungen des Monarchen, oft nur dem diensttuenden Hofbeamten oder Flügeladjutanten nicht sofort einsichtiges Verhalten, evozierte die immer wieder hinter vorgehaltener Hand diskutierte Frage, ob der Kaiser nicht am Ende geisteskrank sei. Dann mußte er abgesetzt oder mindestens in Urlaub geschickt – das heißt »beseitigt« – werden. Nur im Schutz dieser Sorge um die »Allerhöchste Gesundheit« hat sich das Denken dieser Herren bis zu dem hochverräterischen Gedanken einer Liquidation des Gewaltherrn vorgewagt.

Das Verhalten dieser Führungsschicht zu ihrem Kaiser war äußerst sonderbar: Er wird als der liebenswürdige, genialische, jedoch fürs Regieren untaugliche »Prinz« behandelt, den man ständig vor dem Kontakt mit der rauhen Wirklichkeit schützen muß, dies Schützen aber läuft darauf hinaus, ihn aktionsunfähig zu machen, was um so schwerer fiel, als er ausgesprochen aktionslustig war. Es entwickelte sich daraus ein seltsames Spiel, an dem sich alle beteiligten: ihn daran zu hindern, das zu tun, was er für richtig hielt, und ihn zu zwingen, etwas zu tun, was er nicht wollte.

Das tragikomische Bild für diese Situation kolportiert eine Anekdote von der Eröffnung des Nord-Ostsee-Kanals: Wilhelm II. wollte selbst das Schiff steuern, das als erstes den Kanal durchfuhr. Da man ihm diesen Wunsch nicht abschlagen konnte – es handelte sich ja um kein großes Kunststück –, dekonnektierte man das Steuerrad auf der Kommandobrücke und baute ein anderes auf einem darunter liegenden Deck ein, wo dann ein richtiger Kapitän – ein Fachmann – das Geschäft besorgte, während der Kaiser über ihm an einem Rad drehte, das mit der Steuermechanik des Schiffes nicht verbunden war.

Im Zusammenhang mit dem Topos der Kaiserkritik ist nun noch die Rolle besonders wichtig, die in diesem sinistren Spiel der Indiskretion zufällt: süffisant, arrogant, malveillant wird der Unmut, der sich offiziell nicht äußern kann, abgelassen in vertraulichen, geheimen Informationen, Anekdoten, die nur halbwahr sind, oft reine Erfindungen, die auf Projektionen beruhen. Ebenso viele unbewußte, oft mikroskopische Racheakte. Resultat: Das Kaiserbild der Öffentlichkeit wurde systematisch vergiftet durch die gezielten Indiskretionen aus seiner nächsten Umgebung. Von ihnen lebten die Publizisten, Professoren und Politiker, die darauf ihre Kaiserkritik gründeten. Das lief zum Teil sogar ganz offiziell über das Pressebüro des Reichskanzleramtes oder des Auswärtigen Amtes – über die obskuren Kanäle, durch die Bismarck in der Zeit des »Reptilienfonds« die Presse gesteuert hatte. Einer der ersten auf Versöhnung abzielenden Regierungsakte des Kaisers war es im übrigen, den »Reptilienfond« aufzulösen und dem Herzog von Cumberland das von Bismarck geraubte Vermögen des Königs von Hannover wieder zur Verfügung zu stellen.

Die Ohnmacht des Mächtigen

Es ist klar, daß ein einzelner, wer auch immer er sei, der im Zentrum eines solchen Feldes kollektiver Verfolgung steht, davon affiziert wird. Hier stoßen wir auf das Problem der Ohnmacht des Mächtigen. Selten hat ein Souverän so unerbittlich die seiner Position inhärente Ohnmacht erfahren müssen. Selten hat einer so sehr gegen seine eigene Natur, seine eigenen Vorlieben, sein eigenes Wollen das Amt ausüben müssen, das ihm jeder neidete.

Wilhelm II. war die unlösbare Aufgabe zugefallen, Kaiser dieses von dem Tag seiner Gründung an schon dem Untergang geweihten Deutschen Reiches zu sein, Kaiser gleichzeitig einer sich in voller Expansion befindlichen, modernen Industrienation, die zu völlig neuen Formen der gesellschaftlichen und politischen Organisation strebte und streben mußte. Das ist kein Gegensatz, sondern der fundamentale Widerspruch dieses anachronistischen Gewaltstaates. Der Kaiser hat sich von seiner Rolle eine ganz klare, von seinem Standpunkt aus durchaus kohärente Vorstellung gemacht. Dem »Pattern of Kingship« folgend, hat er sich als Herr der Mitte verstanden und agiert. Er hat die Rolle des Königs mit höchstem Mut und größtem Pflichtbewußtsein unter vollem Einsatz seiner Person zu spielen versucht. Die dem Zweiten Deutschen Reich inhärenten Antinomien, man sagt besser Aporien, konnten eine befriedigende Lösung nicht finden.

Des Kaisers Irrtum, Schwäche, Schuld – es läuft immer auf dasselbe hinaus – war es, zu glauben, er könne das Unmögliche möglich machen, den Bankrott Bismarcks überspielen, das Reich zu Glanz und Größe führen. Es konnte nicht gelingen.

Seine Unsicherheit war vielleicht auch Charakterzug, vor allem aber Ergebnis der permanenten Verunsicherung, der er ausgesetzt war, letzten Endes der Reflex der konstitutiven Unsicherheit des Staatsgebildes, an dessen Spitze er stand.

Gibt es einen modernen Fürsten, der so sehr wie er versucht hat, es allen recht zu machen, und gleichzeitig alle vor den Kopf stieß? Keiner hat wie er erfahren müssen, daß die Wahrheit der souveränen Entscheidung die Unmöglichkeit ist, die Entscheidung zu fällen. Er hat das Martyrium immerhin dreißig Jahre lang durchgestanden, er hat aber auch gesagt, daß, wenn er sich hätte aussuchen können, was er hätte sein wollen, er am liebsten ein englischer Country-squire gewesen wäre. Das dürfen wir ihm glauben.

Kann es also wundernehmen, daß diese »Allerhöchste Person« unter dem Druck der an sie gestellten Ansprüche und in dem Wunsche, es allen recht zu machen, zum Erfüllungsgehilfen ihrer Kritiker, das heißt derer wird, die, von ihren unbewußten Wünschen geleitet, eigentlich nur ihre Entmachtung anstreben? Das ist ein unausbleiblicher mimetischer Vorgang, das Produkt einer Osmose des Opfers mit seinen Verfolgern – eine Identifikation mit dem Aggressor im umgekehrten Sinne.

Diese Anpassung, die schließlich zur unfreiwilligen Komplizität wird, erfolgt auf vielfältige Weise. Einerseits bläht sich das eigene narzißtische »Ich« in der absolut singulären Position auf, die es angesichts der zur Schau getragenen Unterwürfigkeit einnimmt. Es sahnt gewissermaßen die Allmachts- und Omnipotenzgefühle ab, die die anderen sich versagen müssen und auf den Souverän übertragen. Sie fließen in sein Selbstgefühl ein, er läßt sich von ihnen emportragen. Indem er sie übernimmt, schafft er ihnen sogar eine gewisse Entlastung, er begünstigt ihr Identifikationsbegehren. Seine Größen- und Allmachtsprojektionen stehen stellvertretend für die aller anderen. Dadurch wird er zum echten Repräsentanten. Man denke nur an die Flottenphantasien und die Träume von einer deutschen Weltmachtstellung.

Wir haben gesehen, wie sehr das Kaisertum selbst ein vom kollektiven Wunschdenken getragener Phantasmus ist, der

Funktionsträger und das Ritual, mit dem er sich umgibt, eine Maschinerie zur Reproduktion des Phantasmus.

Wir müssen zu verstehen lernen, daß der Funktionsmodus des »Pattern of Kingship«, dem Wilhelm II. gefolgt ist, um zur repräsentativen Person zu werden, als Modus der Selbstverwirklichung des Königs gleichzeitig ein Modus der Selbstentfremdung ist. In dem Maße, in dem er den Erfordernissen dieser Funktion entspricht, ist er nicht mehr er selbst. Der Preis, der ihm abgefordert wird, ist die Außerkraftsetzung jener psychischen Instanz in ihm, die eine adäquate Realitätsperzeption garantiert. Es entsteht bei ihm jene Einsichtslosigkeit der Herrschenden, ihre Unfähigkeit, gesellschaftliche Prozesse angemessen zu beurteilen, die ein Aspekt der Ohnmacht des Mächtigen ist.

Was hilft es Wilhelm II., wenn er versucht, subjektiv diese Steigerung seines Selbstwertgefühls, diese Aufblähung zum »grandiosen Ich« irgendwie zu verarbeiten, sie zu rationalisieren? Seiner singulären Position gemäß wird er es mit Theorien vom Königtum, seiner nationalen Mission, seinem Gottesgnadentum tun müssen. Aber genau das wird wieder Angriffspunkt seiner Kritiker sein. Es ist ein *Circulus vitiosus*. Wie immer er es macht, macht er es falsch.

Der andere, entgegengesetzte Modus der Anpassung liegt darin, daß die »Allerhöchste Person« durch die unbewußten Aggressionen, mit denen sein Unbewußtes auch kommuniziert, sich immer wieder in eine von ihm nicht gewollte Richtung drängen läßt. Das ist eine nicht genug gesehene Dimension des Umgangs des Kaisers mit seiner Umgebung. Was sich unter den Akteuren auf der Ebene des Bewußtseins abspielt, ist dagegen fast ohne Bedeutung.

Indem er »bona fide« diesen und jenen Rat befolgt, der ihn befähigen soll, seine Macht auszuüben, ist er auch immer dem Wunsch preisgegeben, der unbewußt seine Entmachtung ansteuert. Willig, korrekt zu handeln, trifft er dann jene Entscheidungen, die immer nur das Bastardprodukt von dem sind, was bewußt von ihm gefordert und unbewußt herbeigesehnt, gleichzeitig aber auch befürchtet wird. Das aber ist in diesem

Reich die am Bismarck-Mythos festgemachte Hoffnung, die Katastrophe zu verhindern, von der man weiß, daß sie unausweichlich ist. Indem sie mit List und Tücke versuchen dem Kaiser ihr immer an Gewaltlösungen orientiertes Konzept zu oktroyieren, machen seine Ratgeber ihn unbewußt zum Vollstrecker, dessen, was sie selber am meisten fürchten. So produzieren sie die Fehlleistungen, die sie kritisieren, ständig selbst. Diese sogenannten Fehlleistungen des Kaisers reflektieren also keineswegs seine eigene intrapsychischen Störungen, sondern sind der getreue Ausdruck der Störung der interpersonellen Beziehungsstruktur, die ihn zum Erfüllungsgehilfen seiner Umgebung macht. Indem er das tut, was man bewußt oder unbewußt von ihm wünscht, geht er immer schon in die Falle. Er nimmt das an sich Unmachbare auf die eigene Kappe. Indem er aber schuldig wird, entlastet er die anderen von ihrer Angst und Schuld.

Das Merkwürdige ist nun, er tut es in dem stolzen, wenn auch falschen Bewußtsein, das zu tun, was er will. Er, der Allmächtigste, wird so zum Instrument der Ohnmächtigen. Sie rächen sich für ihre Ohnmacht, indem sie ihn zum Exponenten und Akteur ihrer tiefen inneren Unsicherheit machen.

All diese Überlegungen wären nicht mehr als ein auf die Gestalt Wilhelms II. bezogener Beitrag zur Soziologie und Psychologie des Königtums. Sie gewinnen ihre Bedeutung, wenn man sich klarmacht, daß in ihnen das Geheimnis des politischen Schicksals und der Ausformung des nationalen Mythos des Wilhelminischen Deutschlands beschlossen liegt.

Am Anfang steht das dunkle Gefühl, daß die Reichsgründung ein historischer Irrtum, das Reich eine Fehlkonstruktion war. Mit der Sakralisierung einer mythischen Bismarckfigur sollen die damit verbundenen Ängste beschwichtigt werden. Gleichzeitig muß der Schuldige gefunden werden, der für den unausweichlichen Untergang verantwortlich gemacht werden kann, dazu wurde der Kaiser designiert.

7 DIE EULENBURG-AFFAIRE

Wie in einer Stoffprobe unter der Lupe zeigt sich die psychische, soziale und politische Textur der Wilhelminischen Ära in der sogenannten »Eulenburg-Affaire«.

Wer erinnert sich heute noch daran? Sie liegt neunzig Jahre zurück und war sicher einer der dramatischsten Höhepunkte – oder Tiefpunkte – des ruhelosen und, wie man heute sagen darf, unregierbaren Zweiten Deutschen Reiches. Das Geschehen, das damals die Monarchie in ihren Grundfesten erschütterte, die höchsten Instanzen des Staates in Atem hielt, die öffentliche Meinung des In- und Auslandes aufs äußerste erregte, ist heute so gut wie vergessen. Wer weiß noch, welche Bedeutung Philipp zu Eulenburg-Hertefeld hatte? Es ging damals – angeblich – um die Vernichtung dieses Mannes. Sie ist so vollkommen gelungen, daß die Erinnerung an ihn so gut wie ausgelöscht ist. Und wer kennt Felix Ernst Witkowski alias Maximilian Harden noch, seinen Widersacher und Verfolger? Wenn sein Name noch genannt wird, so sicher nicht wegen der unheilvollen Rolle, die er in der Eulenburg-Affaire gespielt hat.

Obwohl die Bedeutung der Eulenburg-Affaire für die innere und äußere Geschichte des Wilhelminischen Reiches kaum zu überschätzen ist, wird man vergeblich nach ihrer Darstellung in den Geschichtsbüchern, die diese Epoche behandeln, suchen. Es bleibt bei diskreten Andeutungen.[104] Die Angelegenheit wird bagatellisiert. Es wird der Skandal erwähnt. Daß es eine Staatsaffaire war, will niemand wahrhaben. Es gibt in Deutschland kein Buch, keine Monographie über diesen Vorfall.

Über den Dreyfusprozeß in Frankreich – mit dem die sogenannte Eulenburg-Affaire, was ihre politische Bedeutung betrifft, durchaus verglichen werden kann – man sprach von »Affaire«, weil man an die Dreyfus-Affaire dachte –, gibt es eine ganze Bibliothek. Die Informationen über die Eulenburg-Affaire müssen mühsam aus den Fußnoten von Biographien und Briefveröffentlichungen zusammengesucht werden. Die wenigen Deutungsversuche stammen aus dem Ausland.[105]

Das hat natürlich seinen Grund. Es handelt sich nicht um ein Ruhmesblatt der deutschen Geschichte, eine Episode, auf die wir stolz sein könnten, so wie die Franzosen auf ihre Dreyfus-Affaire. Die Eulenburg-Affaire ist in jeder ihrer Phasen eine Peinlichkeit, bei der sich alle Beteiligten blamiert haben. Sie ist aber eine Peinlichkeit vor allem der Sache wegen, um die es letztlich ging: Homosexualität als Politikum. Man versteht, daß sie für die Historiker ein Pudendum ist, über das man lieber Stillschweigen bewahrt, und daß die Deutschen sie aus ihrem Geschichtsbewußtsein verdrängt haben.

Aber gerade darin liegt das Interesse, um nicht zu sagen die Aktualität dieser Affaire. Sie brachte zur Sprache, worüber man sonst geflissentlich schweigt: für einen kurzen Augenblick trat der Zusammenhang von Sexualität und Politik, von Sexualverhalten und politischer Kultur ins grelle Licht der Öffentlichkeit – eine okkultierte Dimension der Geschichte. Bis heute ist es noch alles andere als selbstverständlich, sie zu thematisieren. Wo es unter den Auspizien sozialpsychologischer, kulturanthropologischer oder psychoanalytischer Fragestellungen geschieht, nimmt die Historiographie entweder keine Kenntnis davon oder Anstoß. Dabei liegt hier vielleicht der fruchtbarste Ansatz, die eigene Geschichte besser zu verstehen, der Schlüssel zu den noch ungelösten Rätseln, die sie aufgibt.

Eulenburg – Ein Royaliste sans phrase

Im Mittelpunkt der Affaire stand die Person des Fürsten Philipp zu Eulenburg-Hertefeld, der Freund des Kaisers. Angeblich ging es um die politische Vernichtung dieses Mannes. Aber man schlug auf den Sack und meinte den Esel. Er hat nur eine Stellvertreterrolle in einem Stellvertreterkrieg gespielt, trotzdem lohnt es, sich ein genaueres Bild von ihm zu machen.

War Eulenburg, wie Harden behauptete, »ein gemeingefährlicher Verbrecher«, »der unwahrhaftigste, skrupelloseste, gefährlichste Höfling im Reich«[106], ein, dem Urteil Holsteins zufolge, »gemeiner und gefährlicher Mensch«, der »ungeheures, zum Himmel schreiendes Unheil« über das Reich gebracht hatte und den man als den Staatsfeind Nr. 1 bezeichnen und »vernichten« mußte? [107] Sicher nicht !

Tatsache ist, daß Eulenburg eine ganz außergewöhnliche, einzigartige Position in der Führungsspitze des Reiches eingenommen hat, eine Funktion, die verfassungsrechtlich nicht vorgesehen war, die aber soziologisch in jedem politischen System vorgegeben ist, dessen höchste und letzte Instanz eine mit außergewöhnlichen Machtbefugnissen ausgestattete Einzelperson ist. Man muß darum die Wirksamkeit Eulenburgs als einen besonders interessanten Fall betrachten, an dem die allfällige Frage nach dem »Zugang zum Machthaber« (Carl Schmitt) erörtert werden kann. Eulenburg, daran ist kein Zweifel, hat wie kein anderer diesen Zugang gehabt, ja, man kann sogar sagen, daß er, was die Effektivität seiner Einflußnahme betrifft, zeitweise wenigstens, ein gewisses Monopol innehatte.

Bei einer näheren Analyse läßt sich heute zeigen, daß Eulenburg sein Monopol in keiner Weise mißbraucht hat, sondern in

Philipp zu Eulenburg-Hertefeld, deutscher Diplomat und Politiker, geboren
am 12. Februar 1847 in Königsberg, gestorben am 17. September 1921 auf
Schloß Liebenberg. Trat 1879 nach einem Jurastudium dem diplomatischen
Dienst bei und wurde Botschaftssekretär und preußischer Gesandter in Paris,
München, Oldenburg, Stuttgart. Von 1894 bis 1902 war er als Botschafter in
Wien, 1902 schied er dann aus dem diplomatischen Dienst aus. Eulenburg
gilt unabhängig von seinen Ämtern als der engste Vertraute, »Freund«,
Wilhelms II., der ihn regelmäßig als Begleiter zu den Nordlandreisen einlud.
Eulenburg machte sich auch als Dichter und Liederkomponist im Wilhelmi-
nischen Deutschland einen Namen (»Skaldengesänge«, »Rosenlieder«).
Die Photographie zeigt Eulenburg im Jahre 1900

subjektiv redlicher, objektiv dem Staate förderlicher Weise zu nutzen gesucht hat. Er war der Moderator, der Vermittler, derjenige, der zwischen den sich bekämpfenden Parteien und Personen den Ausgleich suchte.

Seine Rolle dem Kaiser gegenüber (er war zehn Jahre älter) war beinahe die eines Präzeptors, eines behutsamen Ratgebers, der dem ungestümen, genialischen Monarchen das ungeheure schwierige Geschäft, »Kaiser« dieses Reiches zu sein, erleichtern wollte. In vielen Punkten läßt sich ihre Beziehung vielleicht am besten verstehen, wenn man an das Verhältnis Senecas zu Nero denkt.

Um von der Persönlichkeit Eulenburgs das richtige Bild zu gewinnen, muß man die Eulenburg-Affaire vergessen. Man sieht sich dann einem geradezu prototypischen Repräsentanten der ostelbischen Junkerkaste der das Reich dominierenden aristokratischen Oberschicht gegenüber; in einer atypischen Variante freilich, die ausgesprochenen Seltenheitswert hat, ja fast als Unikum gelten darf, so wie ein Albino, das da herausgemendelt ist, ein weißer Elefant gewissermaßen. Einerseits gehört er voll und ganz zur Kategorie der ostelbischen Gutsbesitzer, deren Familien seit Generationen die Führungskräfte des preußischen Staates stellen, selbstverständlich, rücksichtslos in der Verteidigung ihrer Standesinteressen, von einem nicht zu übertreffenden Pflichtbewußtsein, was den Dienst am Staate betrifft. Die Eulenburgs, die Richthofens, die Moltkes, die Finkensteins, die Arnims, die Bülows, die Kleists – in jeder Generation fallen ihnen mühelos die höchsten Ämter und Positionen zu, die der Staat zu vergeben hat, in der Armee, bei Hof, in der Verwaltung. Sie brauchen nicht um die Macht zu kämpfen, sie repräsentieren die Macht. In ihrem Denken sind sie militärisch, agrarisch, konservativ und sperren sich mit viszeraler Animosität gegen alles, was die Moderne an Neuerungen hervorgebracht hat.

Schon das Wort »Reform« war in ihren Augen Verrat. Jede Konzession an den Zeitgeist, daß heißt die geringste Anpassung an die neuen sozialen und ökonomischen Verhältnisse, war nur als machiavellistische Finte denkbar.

Die Hartnäckigkeit, mit der sie um die Erhaltung ihres Ideals gekämpft, einer auf das Reich auszuweitenden preußischen Militärmonarchie, eines gegen Parlamentarismus, Liberalismus, Demokratie, Sozialismus und, wie sie meinten, »Materialismus« gefeiten heroischen Soldatenstaates – die »Ideen von 1914«, mit denen sie dann in den längst vorprogrammierten, vorausgeahnten, unvermeidlichen Untergang gingen –, hat etwas Imponierendes.

Eulenburg war mehr als Monarchist, er war Royalist, wie er selbst sagte »*Royaliste sans Phrase*« – man kann sich heute kaum noch vorstellen, was das war. Eine tief in der Persönlichkeitsstruktur verankerte Identifizierung mit der monarchischen Herrschaftsstruktur; ontogenetisch, philogenetisch das Ergebnis eines säkularen Sozialisierungs- und Züchtungsprozesses, ein psychisches Verhaltensmuster, eine Mentalitätsstruktur, ein Wertmaßstab, um den herum sich das ganze Weltverständnis und Wertesystem organisiert. Der gemeinsame Nenner, der die Kohäsion dieser Kaste determiniert, inklusive des Monarchen selbst.

Ihre Beziehung zum Staat ist die eines persönlichen Treueverhältnisses zum König – dazu bedarf es keiner Verfassung –, und dafür, daß sie dem König dienen, muß der König ihre Interessen wahren. Alles, was hier von einer Schicht gesagt wird, die in ihrer Homogenität geradezu als soziologisches Modell einer Oligarchie dienen kann, gilt à la lettre für Eulenburg. »Ich glaube, daß es mir angezüchtet ist, dem Staat und dem König zu dienen«,[108] sagte er einmal, und das trifft den Nagel auf den Kopf. Sein Leben ist ganz in den Dienst seines Königs gestellt. Was es zu verhindern gilt, ist, daß »das Deutsche Reich auf die schiefe Ebene zur Republik gerät«.[109]

Das ist aber nur die eine Seite dieses Mannes, die klassenspezifische. Andererseits war Eulenburg ein musischer Mensch, hielt sich für einen Künstler, und war es wohl auch. Sein preußisches Pflichtgefühl hat ihn die vorgezeichnete perfekte Laufbahn eines Staatsdieners als Offizier und Diplomat durchlaufen lassen. Er erfüllte mit größter Selbstdisziplin seine Aufgabe als Beamter und Staatsmann, er nahm in dieser Hinsicht für sich in Anspruch, ein *Fachmann* zu sein, der sein Metier beherrscht. Seine privaten Neigungen gingen in die diametral entgegengesetzte Richtung, er dichtete und komponierte, er verabscheute die Konventionen des Hoflebens – die er natürlich perfekt beherrschte –, verachtete die bürokratische Seite des Beamtentums, die Unbildung und Borniertheit der meisten seiner Standesgenossen, ja, ein sehr bedenkliches Symptom, die Jagd und den Sport.

Eulenburg war ein Preuße, aber kein Mensch der Gewalt. Er gehörte zu den letzten Überlebenden jener anderen preußischen Tradition, in der das militärisch-soldatische, stur-agrarische noch kompensiert wurde durch eine für Kunst und Wissenschaft aufgeschlossene Lebenskultur, die romantische, die dann nach der Reichsgründung langsam ausdörrte, wenn sie nicht bewußt erstickt wurde. Eulenburg schildert sehr anschaulich in seinen überaus lesenswerten Memoiren[110], wie sich noch im Berlin der siebziger Jahre der Salon von Mimi Schleinitz, spätere Gräfin Wolkenstein, und die barbarische, total unkultivierte Meerkatzenhöhle der Bismarcks feindselig gegenüberstanden. Beide an der Wilhelmstraße. Dort wurde der Kultur gelebt, hier der Macht.

Das Bismarcksche Modell hat triumphiert. Das war keine Frage des guten oder schlechten Geschmacks, sondern die Konsequenz eines nationalen Mißgeschicks. Der Kult des Gewaltpragmas mußte zwangsläufig in diesem Gewaltstaat obsiegen.

Auch Eulenburg war sehr wohl »Realpolitiker«, das heißt Empiriker, nur war er eher für Gewaltvermeidung als für Gewaltanwendung und -verherrlichung. Damit aber wich er von der männlich-martialischen Norm des Soldatenstaates ab. Wie sollte es anders sein, bei jemandem, der komponiert; und daß er homoerotische Neigungen hatte, war nur eine weitere Bestätigung dafür, daß er kein richtiger Mann war und deswegen für »richtige Politik« ungeeignet.

So liefen die Fronten des Eulenburg-Prozesses. Auch Eulenburg wurde ein Opfer jener Gewalt, in deren Dienst sich der arme Harden mit seinem Wunsch, *plus royaliste que le roi* zu sein, gestellt hatte und an der dieses Reich schließlich zugrunde gehen sollte.

So wenig, wie Wilhelm II. ein Nero war, war Eulenburg ein Seneca, er war ein eher durchschnittlicher preußischer Landedelmann, der, für seine Kaste recht ungewöhnlich, nicht darauf verzichtete, künstlerischen Begabungen nachzugehen. Zum Grandseigneur im Stile eines Pückler-Muskaus reichte es nicht. Sein Künstlertum blieb wohl dilettantisch, aber das war unter den gegebenen Umständen gar nicht anders möglich und auch nicht nötig. Seine Bildung war die des deutschen Gymnasiums, sein Kunstgeschmack äußerst konventionell. Er war nicht eine Spur weltmännisch, es ist vielmehr auffällig, wie provinziell und xenophob ein Mensch geblieben ist, der in Paris und Wien gelebt hat, England und Italien kannte und obendrein eine schwedische Frau hatte. Auch darin ist er wieder klassenspezifisch. Er ist schrecklich preußisch-deutsch, und das muß in diesem Fall doch wieder heißen: beschränkt. Kein *Charlus*, nicht einmal ein *Charlus en pantouffle*, wie ihn Proust nannte. Ganz unraffiniert, undifferenziert, war er im Grunde hausbacken. Auch seine Psychologie geht über die einer maliziösen Klatschtante nie hinaus.

Es ist auch schwierig, ihm die »geradezu wunderbare Geisteskraft« zuzusprechen, die sein Biograph und letzter Korrespondent Haller ihm etwas sykophantisch attestiert.[111] Eher trifft Bülow ins Schwarze, wenn er ihm sagt: »Ich schrieb neulich an meine Frau, daß man Dich nur mit Herzen ganz erfassen könne, denn größer noch als Deine vielseitige Begabung, Dein Charme, das Glänzende und Blendende in Dir sei doch Dein Herz.«[112] Ein Gefühlsmensch also – dessen intellektuelle Fähigkeiten ihn nie dazu befähigt haben, seine Lage, die des Kaisers und die des Reiches auf der Höhe einer wirklich souveränen Zeitanalyse zu beurteilen. Er ist kein Tocqueville. Und doch hätten ihm die fünfzehn Jahre seines politischen Exils eine Chance gegeben, aus der nötigen Distanz, mit dem nötigen Ressentiment, mit der nötigen Unerbittlichkeit denen den Prozeß zu machen, die ihn in sein Unglück gestürzt haben, von dem er dunkel ahnt, daß es mit dem Untergang des Reiches in Zusammenhang steht.

Er hat es in unzähligen Anläufen versucht, aber – von einigen lichten Momenten abgesehen – bleibt er, wie in den Denkschriften – die er in der Zeit abgefaßt hat, in der er aktiv an der Gestaltung der Reichspolitik teilnahm, in der Aussprache mit Bülow und Holstein – auch jetzt der Gefangene seiner junkerlichen Standesvorurteile und bestätigt auf fast tragische Weise die totale Unfähigkeit seiner Kaste, die großen Veränderungsprozesse, denen das Deutsche Reich unterworfen war, zu erkennen, geschweige denn anzuerkennen. Er bleibt sich selbst treu, und der Royalist kann trotz aller Kritik, die gelegentlich zu subtilen Analysen führt, seinen Freund, den König, nicht desavourieren.[113]

Wie war es möglich, daß ein im Grunde so beschränkter Mann im Deutschen Reich eine so bedeutende Rolle spielen konnte? Eulenburg war immerhin einer der Granden dieses Reiches, gehörte zum engsten Zirkel seiner Führungsschicht. Seine Liebenswürdigkeit genügt nicht, uns das zu erklären. Auch seine Freundschaft mit dem Kaiser ist ein Akzidens. Auch ohne sie hätte er zum Botschafter aufsteigen können, vielleicht wäre er aber nicht zum Fürsten gemacht worden. Seine Sonderbeziehung zum Kaiser modifiziert nur die Frage: Warum hat der junge Monarch gerade diesen unter seinesgleichen zum Freunde gewählt und ihm diese Schlüsselposition außerhalb aller Hierarchien eingeräumt? Warum hat er ihn in eine politische Rolle gezwungen? Die Antwort ist verblüffend einfach: In seiner Gespaltenheit und Doppelnatur ähnelte Eulenburg dem Kaiser. Er war wie dieser anders als die anderen alle. Als Repräsentant der Schicht aber, aus der sich die preußische Führungsschicht rekrutierte, war er eigentlich das Beste, was zu finden war. Die Selektionsmechanismen dieser Oligarchie konnten nichts anderes an die Spitze fördern.[114]

Als Harden 1906 seine Kampagne gegen Eulenburg eröffnet, hat dieser seine große Zeit, die in den ersten zehn Regierungsjahren des Kaisers lag, längst hinter sich. Schon 1902 ist er von seinem Botschafterposten in Wien zurückgetreten und lebt zurückgezogen auf seinen Gütern. Er ist sechzig Jahre alt.[115]

167

Eulenburgs Crime

Der aktuelle Anlaß, der Harden bestimmt, Eulenburg anzugreifen, ist die sogenannte »Marokko-Krise«, die 1906 mit der Konferenz in Algeciras einen für das Deutsche Reich unrühmlichen Abschluß fand. »Deutschland hat vor aller Augen die ärgste Niederlage seines Lebens erlitten.«[116] Es war eine Niederlage der deutschen expansiv-kolonialistischen Weltmachtpolitik, gewiß, aber der Frieden in Europa wurde noch einmal, für fast zehn Jahre, gerettet. Harden gehörte zu denen, die den Krieg nicht nur riskieren, sondern auch führen wollten. Er machte Eulenburg dafür verantwortlich, durch seinen perniziösen Einfluß auf den Kaiser diesen zum Einlenken, das heißt zu einer friedlichen, wie er meinte, für Deutschland »unehrenvollen« Lösung des Konflikts bewegt zu haben. Es ging also um Stil und Orientierung der deutschen Außenpolitik. Die Konferenz-Diplomatie des »europäischen Konzerts« hatte noch einmal – ein letztes Mal – den Sieg davon getragen, aber Deutschland war zurückgewichen. Der Krieg hatte nicht stattgefunden. In der deutschen Führungsspitze hatten sich die »Tauben« gegen die »Falken« durchgesetzt. Tauben versus Falken. Lief da die Front? Zwei Auffassungen, zwei Konzepte, zwei Meinungen über die richtige deutsche Politik?

Die Frage lautete dann: Wer ist für die Führung der deutschen Außenpolitik verantwortlich, wer entscheidet? Eine staatsrechtlich-verfassungsrechtliche Frage. Bei den herrschenden Verfassungsverhältnissen mußte die offizielle Antwort lauten: der Kaiser. Allein, die verfassungsrechtliche Position des Kaisers war im höchsten Maße unbestimmt und darum problematisch. Er nahm für sich, in der Tradition der preußischen Militärmonarchie, die Prärogative der allerhöchsten Letztentscheidung in Anspruch. Dagegen standen die »konstitutionellen« Vorstellungen, nach denen die Regierungsgeschäfte Sache einer dem Parlament verantwortlichen Regierung sein müßten. Das kam aber im Deutschen Reich nicht in Frage. Der einzige »konstitutionelle« Partner des deutschen Kaisers war der Reichskanzler, der einzige ihm persönlich – und nicht etwa dem Reichstag – »verantwortliche« Berater. Das hatte Bismarck so eingerichtet, und solange Bismarck als eine Art von »Reichsdiktator« neben dem »schlafenden Heldenkaiser« – die Formulierung stammt von Eulenburg – herrschte, hatte die Sache ihre Ordnung. Nachdem aber Wilhelm II. Bismarck entlassen hatte und den Anspruch durchsetzte, selbst zu regieren – im Sinne der subjektiv heuchlerischen, staatsrechtlich aber durchaus exakten Feststellung von Bismarck, »der preußische König ist sein eigener Ministerpräsident« –, kamen die Dinge ins Wanken.

Zwischen Hof, Armee, preußischem Staatsministerium und Bundesrat etablierte sich der verfassungsmäßig nicht faßbare, wenn auch nicht verfassungswidrige Regierungsapparat des »persönlichen Regiments«. An die Stelle des »verantwortlichen Beraters« – oder neben ihn – traten die »unverantwortlichen Ratgeber«, die der Kaiser aus seinem persönlichen Freundeskreis wählte, wie es ihm paßte; was, wenn er dazu auch alles Recht hatte, seinem Regierungsstil eine quasi absolutistische Note gab. Ein undurchdringlicher Dschungel. Das organisierte Chaos, sagte Friedrich III. Es fehlte die »konstitutionelle«, das heißt modernen Erfordernissen entsprechende, für den Funktionsmodus des Staates wesentliche, »Durchsichtigkeit« der politischen Entscheidungsprozesse.

Eulenburg galt nun als derjenige, der Kaiser Wilhelm in die autokratische Machtposition des »persönlichen Regiments« manövriert hatte.[117] Als der wichtigste »unverantwortliche« Ratgeber war er auch der Hauptnutznießer dieses Regimes. Das heißt, er verdankte seine privilegierte Position der allerhöchsten Gunst und Gnade und nicht einem institutionell vorgesehenen Amt. Sein »unkontrollierbarer« Einfluß war, so wurde vermutet, für die Entscheidungen des Souveräns ausschlaggebend. Wenn diese nun in eine andere Richtung gingen als die von den offiziellen Instanzen angestrebten und für richtig befundenen, so mußte er dafür haftbar gemacht werden.

Der Streit ging also um die Legitimität einer illegalen Teilhabe an der Macht, das heißt an dem Entscheidungsmonopol des Souveräns, für die Eulenburg nur der symbolische Repräsentant war. Der Terminus technicus für diesen Typus der Machtausübung durch nicht verfassungsmäßig ausgewiesene Personen lautete »Camarilla«. Der »Freund des Kaisers« und mit ihm all die anderen »Freunde«, die er in die Einflußsphäre des Kaisers gebracht hatte, waren die »Camarilla«. Zu ihr gehörten Männer wie Graf Kuno von Moltke, der zwar Flügeladjutant, aber kein Minister und darum ein »Günstling« war. Man sprach von der »Liebenberger Tafelrunde«. Liebenberg war der Besitz des Fürsten Eulenburg, nördlich von Brandenburg, wo der Kaiser gelegentlich zur Jagd weilte.

Das Szenario

Zu den Schwierigkeiten, vor die sich jeder gestellt sieht, die Eulenburg-Affaire in ihrer ganzen Komplexität und Bedeutung zu erfassen und darzustellen, gehört die Schwierigkeit, ihren zeitlichen Rahmen, Beginn und Ende, zu bestimmen. Den harten Kern des Geschehens bilden die Ereignisse von knapp drei Jahren: November 1906 bis Juli 1909. Man kann die Geschichte aber unmöglich darauf begrenzen; man liefe Gefahr, nichts zu verstehen. Sie beginnt vielleicht 1892 mit einem denkwürdigen Gespräch zwischen Bismarck und Harden in Friedrichsruh. Man könnte aber auch sagen, daß sie schon zwei Jahre zuvor, in der Entlassung Bismarcks ihren Ursprung hat, und wenn man so will, kann man behaupten, ihr Anfang läge in der Thronbesteigung Wilhelms II.

Und wann endet sie? Sicher nicht mit der Suspendierung des Prozesses gegen Eulenburg 1908, auch nicht, wie man zu Recht behaupten könnte, mit der Entlassung des Reichskanzlers Bernhard von Bülow. Nein, sie endet allenfalls mit der Abdankung des Kaisers, mit dem Zusammenbruch des Reiches und der Monarchie 1918.

Fernwirkungen reichen bis tief in die Weimarer Zeit, zum Beispiel bis zur mysteriösen Vernichtung der Prozeßakten im preußischen Innenministerium 1932, die zweifellos etwas mit dem Aufstieg Hitlers zur Macht zu tun hat. Die Eulenburg-Affaire ist »open ended« wie der Prozeß, der seinerzeit *sine dies* vertagt wurde und bis heute nicht beendet ist.

Die Eulenburg-Affaire ist eingebettet und aufs intimste verwoben in die Regierungszeit Wilhelms II. Sie gehört unlösbar zur Geschichte des Wilhelminischen Deutschlands. Die innere Problematik des Zweiten Reiches – nach Bismarck –, das tragische Geschick des letzten deutschen Kaisers, der Zerfall der preußisch-hohenzollernschen Monarchie lassen sich exemplarisch an dem Mißgeschick ablesen, das den Fürsten Eulenburg ereilt hat. Man kann die Geschichte des Wilhelminischen Deutschlands als Geschichte der Eulenburg-Affaire schreiben.

Das Reich Wilhelms II. litt vom ersten Tag an an einem Eulenburgkomplex – den der Skandal nur schlagartig ans Licht gebracht und öffentlich zur Diskussion gestellt hat. Man könnte von einer schleichenden Krankheit sprechen, einem Eulenburgsyndrom. Daß es 1907 zu einer akuten Krise kam, ist einer zufälligen Konstellation außenpolitischer, innenpolitischer und personeller Faktoren zu danken. Sie hätte auch zehn Jahre früher eintreten oder ganz vermieden werden können. Gleichviel, der Eklat war seit der Entlassung Bismarcks vorprogrammiert.

Noch viel schwieriger, als die Eulenburg-Affaire zeitlich einzugrenzen, wird jeder Versuch sein, sie materiell in ihrem ganzen Umfang zu erfassen. Allein schon das Kerngeschehen ist von einer unglaublichen Komplexität und Verzwicktheit. Ein fast undurchdringliches Geflecht von Personen, Intrigen, Briefen, Akten, Protokollen, Prozessen, von Haupt- und Nebenhandlungen – auf Haupt- und Nebenschauplätzen – wartet hier noch auf seinen Historiker.

Obwohl dem Anschein nach eine Angelegenheit von nur wenigen Personen, die zur höchsten Spitze von Staat und Gesellschaft gehörten, betraf und beschäftigte die Affaire jeden Deutschen. Vom Kaiser herunter bis zum letzten Untertan: Niemand konnte gleichgültig bleiben, dafür sorgte die Presse. Der gesamte Staatsapparat – der Hof, die Armee, Reichskanzler und Bundesrat, der Reichstag, die Justizbehörden, das preußische Staatsministerium – war direkt und aktiv an der Sache beteiligt. Es gibt keinen anderen »Fall« von einer solchen Breiten- und Tiefenwirkung. Offenkundig ist eine emotionale Betroffenheit. Aufzuklären sind die Gründe einer großen Erregung, der Leidenschaften, die zum Ausbruch kamen. Die Affaire lief nicht nur auf der Ebene der quantitativ dingfest zu machenden Fakten, der sichtbaren und offenkundigen Ereignisse; sie lief auf der Ebene des Imaginären, der Vorstellungen, Phantasmen, Feindbilder und Projektionen. Jedes Detail der *histoire événementielle* fordert zu einer tiefenpsychologischen Analyse heraus.

Die dritte große Schwierigkeit, mit der jede Darstellung der Eulenburg-Affaire konfrontiert ist, liegt darin, sie richtig zu interpretieren. Es also nicht bei einer Klärung der wichtigen Frage zu belassen, was da im einzelnen vorgefallen ist, sondern eine Antwort auf die noch wichtigere Frage zu suchen: Worum ging es eigentlich? Die Zeitgenossen, auch die Hauptakteure, hatten nur sehr ungenaue, parteiische oder widersprüchliche und weitgehend falsche Vorstellungen davon. Die Auffassungen der Historiker, soweit sie sich überhaupt damit beschäftigt haben, sind alles andere als einheitlich. Sie stimmen lediglich darin überein, die Bedeutung der Affaire zu minimieren.

Heute wird man sich der Frage nach der Bedeutung auf drei verschiedenen Ebenen nähern müssen:

– Auf der politischen, auf der es um staats- und verfassungsrechtliche Fragen geht, aber auch um Fragen der Außenpolitik. Es geht hier um die politische Problematik des Kaiserreiches als staatliches Gebilde.

– Des weiteren die Ebene, auf der es um die Rolle der Homosexualität geht, die da plötzlich zu einer Staatsangelegenheit gemacht wurde und zu einer öffentlichen Diskussion des männlichen Sexualempfindens und -verhaltens und seiner Relevanz

*Maximilian Harden, eigentlich Felix Ernst Witkowski, deutscher Publizist,
wurde am 20. Oktober 1861 in Berlin geboren, gestorben am 30. Oktober
1927 in Montana (Wallis), gründete 1892 »Die Zukunft«. Harden
entwickelte sich im I. Weltkrieg – im krassen Gegensatz zu seiner bisherigen
Überzeugung– zum Pazifisten und Gegner des Nationalismus. 1922 über-
lebte er nur knapp ein Attentat, das Rechtsnationale auf ihn verübten. Harden lebte daraufhin bis zu seinem Tode in der Schweiz*

für Staat und Politik führte, immer unter Bezugnahme auf den
§ 175 des Strafgesetzbuches.
– Jene Ebene schießlich, auf der Triebhaushalt und psychische
Struktur, das kollektive und das individuelle Unbewußte
relevant werden, wo es um die Produktion von Phantasmen, um
Verdrängungen, Sublimationen und Projektionen geht, eine Psy-
cho-Ebene, wie sie die Soziopsychoanalyse und die Ethnopsy-
choanalyse im Anschluß an die Erkenntnisse von Freud und in
deren Weiterführung methodisch erschlossen haben, auf der die
Affaire als Neurose, als »Acting out«, als Psychodrama erscheint.

173

Auf welche Weise durchdringen und bedingen sich die Erkenntnisse, die man auf jeder dieser drei Ebenen gewinnen kann, was tragen sie bei zum Verständnis eines Geschehniszusammenhangs? Ausgelöst wurde der ganze Spuk durch ein paar mysteriöse Sätze in dem von Maximilian Harden herausgegebenen und weitgehend von ihm selbst geschriebenen, politisch-kulturellen Magazin »Die Zukunft«. Mikroandeutungen, nur Eingeweihten verständliche Insinuationen und Verdächtigungen, die in den Artikeln »Präludium« vom 17. November 1906 und »Dies irae« vom 24. November 1906 auftauchten. Sie wurden aber verstanden, und es folgte nun in Kettenreaktion und ständiger Eskalation, hinter den Kulissen und in der Öffentlichkeit, die Auseinandersetzung um ihre Verifikation. Anklage war erhoben worden gegen das für die Politik des Deutschen Reiches verhängnisvolle, »normwidrige Sexualempfinden« höchster Würdenträger, an erster Stelle des Fürsten Philipp zu Eulenburg-Hertefeld, den langjährigen persönlichen Freund und Vertrauten des Kaisers. Es handelte sich nicht einfach um die Diffamation von Privatpersonen. Die Armee, der Hof, das Auswärtige Amt, der Reichskanzler waren betroffen. Vor allem aber der Kaiser selbst war herausgefordert und zum Eingreifen gezwungen.

Vor den Augen der Öffentlichkeit spielte sich der dramatische Kampf um den Wahrheitsgehalt der Hardenschen Verdächtigungen in sechs großen Prozessen ab:

Zuerst, vom 23. bis zum 29. Oktober des Jahres 1907, kam es zu einer Privatklage des Stadtkommandanten von Berlin und Flügeladjutanten des Kaisers, Intimus des Fürsten Eulenburg, Graf Kuno von Moltke, gegen Harden wegen Beleidigung. Er gehörte zu den inkriminierten Homosexuellen, war aber nur eine Nebenfigur. Harden wird freigesprochen, was auch einem Gerichtsgutachten des Sexualwissenschaftlers Magnus Hirschfeld zu danken ist. Er hat mit seinen Insinuationen recht: Graf Kuno Moltke ist homosexuell veranlagt.

Am 10. Dezember 1907 fand der Revisionsprozeß – der sogenannte zweite Moltke-Harden-Prozeß – statt. Die Staatsanwaltschaft hat unter dem Druck des Hofes das vorangegangene

Urteil kassiert und nimmt das Verfahren wieder auf. Moltke wird rehabilitiert, Harden zu Geldstrafe und Gefängnis verurteilt; er legt sofort Revision ein.

In der Zwischenzeit fand, am 6. November 1907, der Prozeß des Reichskanzlers Fürst von Bülow gegen den Publizisten Brand, Herausgeber einer Homosexuellen-Zeitschrift – der ersten – »Der Eigene« statt. Dieser hatte behauptet, Bülow sei homosexuell, um ihn, als Leidensgenossen gewissermaßen, für die Revision des § 175 zu gewinnen. Zur Eulenburg-Affaire gehört der Prozeß insofern, als Eulenburg als Zeuge auftritt und die Gelegenheit nutzt, seine Unschuld unter Eid zu beteuern. Das war ein Fehler. Bülow wird unter Applaus von der Jury entlastet, Brand zu achtzehn Monaten Gefängnis verurteilt, die er auch absitzt – der einzige, der seine Strafe verbüßt.

Wenige Monate später, am 21. Juli 1908, findet ein neuer Prozeß statt, diesmal außerhalb der preußischen Jurisdiktion in München. Harden klagt gegen den Journalisten Staedele, der behauptet hatte, Harden sei von Eulenburg mit einer Million bestochen worden, um sein Beweismaterial über Eulenburgs Homosexualität *nicht* zu benutzen. Ein abgekartetes Spiel, das Harden die Gelegenheit gab, sein Beweismaterial vor die Öffentlichkeit und den Kadi zu bringen. Es taucht der zu trauriger Berühmtheit gelangte Fischer Jakob Ernst vom Starnberger See auf, der zugibt, zwanzig Jahre zuvor mit Eulenburg sexuell verkehrt zu haben. Das ist der große Eklat.

Jetzt kommt Eulenburg selbst vors Gericht, mit einer Meineidklage. Er hatte in den vorigen Prozessen – und einem Untersuchungsverfahren, das er im Juni 1907 gegen sich selbst angestrengt hatte – geschworen, nie »unsittliche«, wie er sagte, »schmutzige« Handlungen begangen zu haben.

Nach Lokalterminen, Verhören und Hausdurchsuchungen in Liebenberg, dem Schloß Eulenburgs, vom 29. Juni bis 17. Juli 1908, kommt es zur Hauptverhandlung gegen Eulenburg, der verhaftet nach Berlin überführt worden war, seines Gesundheitszustandes wegen aber in die Charité eingeliefert wurde. Das Urteil gegen Harden vom 10. Dezember 1907 wurde am 27. Mai des Folgejahres aufgehoben, wegen angeblicher For-

Philipp Eulenburg wird auf einer Trage vom Schwurgerichtssaal in die Charité zurückgebracht

malfehler. Unzählige Zeugen werden vernommen. Das Belastungsmaterial ist erdrückend. Der Prozeß, dessen letzte Sitzung im Krankenzimmer Eulenburgs stattfindet – der zuvor auf einer Trage in den Gerichtssaal geschafft worden war –, wird wegen Vernehmungsunfähigkeit des Angeklagten abgebrochen. Unter Hinterlegung einer Kaution von erst 100000 Mark, dann 500000 Mark, einer ungewöhnlich hohen Summe, darf Eulenburg zwei Monate später nach Liebenberg zurückkehren, das er bis zu seinem Tode 1921 nicht mehr verläßt. Der Prozeß wird nie wiederaufgenommen.

Als Nachspiel, ein dreiviertel Jahr später, am 30. April 1909, folgt der dritte Prozeß Moltke-Harden, in dem Harden formal verurteilt wird, aus dem er aber moralisch-politisch als Sieger hervorgeht. Die beiden Kontrahenten schließen einen Vergleich: Harden wird seinen Revisionsantrag zurückziehen. Moltke ist nicht im Sinne des § 175 homosexuell, Harden hat nicht ehrenrührig, sondern aus patriotischen Motiven gehandelt. Das Reichskanzleramt übernimmt 60000 Mark Gerichtskosten. Das ist das Ende der Affaire im engeren Sinne.

Diese Prozesse sind die sichtbare Achse des Geschehens in der Öffentlichkeit, doch sind sie nur die Spitze des Eisberges, die über die Oberfläche hinausragt. Für die breite Öffentlichkeit unsichtbar, werden sie begleitet von einer Unzahl privater und offiziöser Vermittlungsinitiativen, an denen Figuren wie Rathenau, Ballin, der Bruder von Harden Witte – Oberbürgermeister von Posen und als solcher Mitglied des preußischen Herrenhauses – und viele andere teilhatten, deren treibende Kraft aber der Reichskanzler Bülow war, der in der ganzen Affaire eine ebenso zwielichtige wie zentrale Rolle gespielt hat. Gleichzeitig hatte die Hardensche Kampagne einen Rattenschwanz von Disziplinarverfahren, Ehrengerichten, Entlassungen, Rücktritten, Duellforderungen, Exilierungen, Selbstmorden in den höchsten Kreisen, Armee und Hof, zur Folge.

Von politisch größter Wichtigkeit waren die verschiedenen Debatten, in denen sich der Reichstag mit der Angelegenheit beschäftigte und in denen es um die Frage ging: Wie weit sind Hof und Armee homosexuell »verseucht«? Drei denkwürdige Sitzungstage, vom 28. bis 30. November 1907, denen am 19. November schon die Aussprache über die Homosexualität im Heer, besonders in gewissen Garderegimentern, vorausging, im Rahmen derer sich der Kriegsminister Karl von Einem in einer Rede, die eine Mischung von Eingeständnis und Dementi war, Stellung zu beziehen veranlaßt sah.

Man kann auch die sogenannte »Camarilla-Debatte« vom 14. November 1906 dazurechnen, weil darin der verfassungsrechtliche Kern der Kontroverse zur Sprache kam.

Sie gehört ins Vorfeld der Affaire. Zu ihren Nachwirkungen gehört die stürmische Diskussion vom 8. November 1908, in der die Daily-Telegraph-Affaire ihren dramatischen Höhepunkt fand und die um ein Haar zur Abdankung des Kaisers geführt hätte. Man sprach damals von der Novemberkrise.

Niemals hätte die Daily-Telegraph-Affaire die Proportionen einer echten Reichskrise gewinnen können, hätte Harden nicht mit seinen gezielten Angriffen auf den persönlichen Führungs-

stil Wilhelms II., die seiner Hetze gegen Eulenburg ihre Stoß-
kraft und Zielrichtung gaben, das Klima dafür geschaffen.

Mit seiner Kampagne war es Harden gelungen, das Vertrauen
in die Monarchie zu erschüttern. So weit gingen seine Absichten vielleicht gar nicht. Auch er war im Grunde Monarchist. Er
wollte nur den Kopf *dieses* Kaisers. Er hat ihn bekommen. Wilhelm II. und das monarchische Establishment haben sich von
diesem Schock nicht mehr erholt. Der Novemberkrise 1908
folgte die Novemberkrise 1918.

Ein Medienspektakel

Bemerkenswert für das Verständnis der Eulenburg-Affaire ist
die Tatsache, daß sie in einem sehr modernen Sinne ein Me-
dienspektakel war. Sie kann als Lehrbeispiel gelten für die
Macht der Presse als »quatrième pouvoir«. In Hunderten von
Presseberichten, Zeitungskommentaren, Zeitschriftenartikeln
und auch Karikaturen war sie omnipräsent, gewann Kontur
und Momentum und entfaltete so ihre außerordentliche Tie-
fen- und Breitenwirkung.

Im Zentrum wirkte Harden mit seiner »Zukunft«. Von sei-
ner Grunewaldvilla aus führte er seinen – wie er überzeugt war
– politischen Kampf als Pressefeldzug mit den Techniken des
Enthüllungsjournalismus. Er inszenierte das Geschehen, über
das er bei geschicktester Berechnung des Spannungs- und
Überraschungseffektes laufend berichtete. So benutzte er die
von ihm provozierten Prozesse, um immer neue Personen und
Informationen ins Spiel zu bringen. Jede neue Nummer der
»Zukunft« brachte die Fortsetzung der Seifenoper, an deren
Szenario er unermüdlich fortschrieb. Der Plot war die Auf-
deckung einer Verschwörung, die das Vaterland in Gefahr
brachte. »Kaiser und Reich sind bedroht. Ich, Harden, will sie
retten!« Um sie zu dokumentieren, wußte er sich Zugang zu
den unzugänglichsten Quellen zu verschaffen, geheimen Poli-
zeiberichten, strengvertraulichen Personalakten, Privatkorre-
spondenzen. Manches wurde ihm zugetragen, er scheute aber
nicht davor zurück, Detektive für seine Recherchen einzuset-

Bleigießen im Schloß (Zeichnungen von C. Bluhme)

„Wollen mal sehen, was die Zukunft bringt."   „Nanu, der sieht ja aus wie 'n Maulkorb!"

Karikatur aus dem Simplicissimus von Conrad Bluhme, 1908

zen. Seine wichtigsten Informationen verdankte er der Indiskretion von Insidern aus den höchsten Regierungskreisen.

Es ist schon damals vermutet worden, die ganze Affaire sei eine großangelegte PR-Aktion zur Auflagenmaximierung der »Zukunft« gewesen. Das war sie sicher auch, nebenbei. Die Auflage stieg von 10 000 um die Jahrhundertwende auf 21 000 bis 23 000, für damalige Verhältnisse immens viel. Was man mit Sicherheit sagen kann, ist, daß es ohne die »Zukunft« und ihren

»Ein Grüppchen.«

Karikatur aus Lustige Blätter, 1907

Herausgeber nicht zum Skandal und zur Staatskrise gekommen wäre. Andererseits freilich steht fest, daß die »Mißstände«, die von Harden angeprangert wurden und ein allgemeines Unbehagen daran ganz unabhängig von jeder Presse bestanden haben und daß die Hardensche Kampagne nie diesen durchschlagenden Erfolg gezeitigt hätte, ohne das Vorhandensein eines in der Entscheidungs- und Machtstruktur des Reiches wurzelnden, aus dem politischen Bewußtsein weitgehend verdrängten und nirgendwo richtig zum Austrag kommenden Konfliktpotentials. Alles in allem ein klassischer Fall von Schaupolitik.

Eine Staatsaffaire

Als erster Befund ließe sich also sagen, daß während der Eulenburg-Affaire – in der Öffentlichkeit, in den Gerichtssälen, am Hof, im Reichstag und in den staatlichen Behörden – ein Verfassungskonflikt ausgetragen wurde – eine Kontroverse über die Kompetenzen des Souveräns und den Zugang zum Machthaber. Eine Auseinandersetzung um das zentrale politische Problem des Deutschen Reiches: die Organisation der Herrschaftsspitze, und die war in der Tat vollkommen ungeklärt.

Also eine Staatsaffaire? Der Kampf eines Publizisten um die richtige Reichspolitik. Der Kampf eines einzelnen gegen das politische Establishment. Dagegen ist nichts zu sagen – wenn das Deutsche Reich auch unklare und in Augen vieler Zeitgenossen archaische Verfassungsverhältnisse hatte, so herrschte doch Pressefreiheit und Rechtsstaatlichkeit.

Das Skandalöse liegt in der Wahl des Terrains und der Waffen für diesen Kampf. Er wird nicht geführt mit politischen Argumenten, sondern ad personam, nicht im Rahmen der staatlichen Institutionen, sondern als private Diffamierungskampagne wegen eines »Sittlichkeitsdeliktes«. Thematisiert wird nicht die außen- und innenpolitische Situation, die zentrale Frage nach der Organisation des Entscheidungsmechanismus an der Spitze des Staates, sondern die Intimsphäre, die Vita sexualis höchster Würdenträger. Die Männer, die hier ihrer tatsächlichen oder mutmaßlichen politischen Rolle wegen inkriminiert werden, werden als Homosexuelle diskreditiert. Weil sie homosexuell sind, das heißt »ein normwidriges Sexualempfinden« haben, ist ihre politische Rolle verhängnisvoll. Die Frage nach der richtigen Politik – und der richtigen Verfassung – wird zu einer Frage nach dem richtigen Sexualverhalten des Politikers und Staatsmannes.

Behauptet wird, der locus decisionis, der Ort der höchsten Entscheidungsgewalt, wird von einem Klüngel schwuler Männer okkupiert – Eulenburg ist hier der Primus inter pares. Die Staatsspitze sei homosexuell verseucht. Der Kaiser, heißt es, ist in den Händen von Schwulen und seine Politik deswegen falsch und für das Deutsche Reich verhängnisvoll, weil es Schwulenpolitik ist. Harden wähnte den Kaiser in den »Erpresserhänden« einer »Kinäden-Internationale«, die er für die »völlige

181

Desequilibrierung an der Spitze« verantwortlich machte und für die »Ur-Ursache der heutigen Krisis« hielt.[118]

Hinter solchen Verdächtigungen verbirgt sich natürlich die Frage: War der Kaiser am Ende selbst schwul? Harden glaubte es und hielt vermeintliche Beweise dafür in der Hinterhand. Er drohte an, daß er mit dem Kaiser »ernst« sprechen würde.[119] Er hoffte, dadurch den Personalwechsel an der Spitze, der ihm bei Lage der Dinge unerläßlich schien, erzwingen zu können. Soweit ist es dann aber doch nicht gekommen.

Ist ein Machtkampf, der mit solchen Mitteln geführt wird, noch ein politischer? Wie war es möglich, daß in Deutschland Politik auf diese absonderliche Weise diskutiert werden konnte? Es ist die Frage nach der politischen Kultur des Wilhelminischen Deutschlands. Um eine Antwort zu finden, muß man denjenigen suchen, der wie kein anderer für die politische Kultur dieses Staates die Verantwortung trug – Bismarck.

Bismarcks Rache

Der erste Schritt zum »persönlichen Regiment« und zur »Herrschaft der Camarilla« war die Entlassung Bismarcks. Für die politische Entmachtung Bismarcks war Eulenburg verantwortlich, so dachte Bismarck, das dachte Harden, und das erschien ihnen als Kapitalverbrechen, für das Eulenburg und natürlich auch der Kaiser büßen mußten.

In die Hardenschen Attacken gegen Eulenburg mischte sich das Lamento über die Gefahren, die dem Reich drohten, mit dem Ausdruck des Unbehagens am »persönlichen Regiment« des Kaisers in der Grundstimmung einer Sehnsucht nach der Wiederkehr Bismarckscher Verhältnisse. Die Kritik an den Schwächen der Reichspolitik, die Denunziation ihrer angeblich homosexuellen Verursacher war implizit und explizit verbunden mit dem Ruf nach einem Staatslenker von Bismarckschem Format.

Mit dieser Auffassung stand Harden nicht allein da. Die völlig irrationale, mythische Verklärung und Überhöhung Bismarcks zum Übervater mit allen Attributen patriarchalischer Männlichkeit gehört wesentlich zum nationalen Klima der politischen Kultur des Wilhelminischen Deutschlands.

Harden, wie alle Kritiker des Kaisers von »rechts«, führte seinen Kampf im Namen eines »mythischen Bismarck« – aber alle anderen Größen, um die es in dem Kampf ging, waren ebenfalls eher Phantasmen als Realitäten: die äußere Bedrohung des Reiches: der Umsturz, das persönliche Regiment des Kaisers, die Camarilla und natürlich auch die Homosexuellengefahr. Keine hält einer politisch-historisch-soziologischen Analyse stand. Das Reich war nicht bedroht, sondern eher eine

Bedrohung; das persönliche Regiment des Kaisers kein auto-kratisch-absolutistisches Regime, sondern das Produkt eines verfassungsrechtlichen Notstandes. Der Kaiser war eher verfassungsfromm. Auch die Camarilla gab es nicht, wenigstens nicht als Verschwörerbande, so war auch der »Liebenberger Kreis« eine Fiktion. Und die Homosexuellengefahr war eine Ausgeburt spezifischer, für die deutschen Männer dieser Epoche charakteristischer Identitätsängste.

In seinen patriotischen Rettungsabsichten, so könnte scheinen, war Harden ein Don Quichote, der gegen Windmühlen anritt, die er für Riesen hielt; aber er war ein »Terrorist«, der stellvertretend für einen anderen, in dessen Auftrag, handelte. Eine Marionette. Er hielt sich für einen Savonarola.

Harden wurde zu seinem Kreuzzug angestiftet vom ganz real existierenden Bismarck des Jahres 1892. Man kennt das genaue Datum. Von ihm hatte er seine Munition und Legitimation bekommen. Und wenn seine Diffamierungskampagne gegen den armen Eulenburg tatsächlich wesentlich dazu beigetragen hat, das Reich und den Kaiser zu erschüttern, so war das die Vollstreckung von Bismarcks Testament; auf jeden Fall hatte sie Bismarckschen Stil.

Auf der Ebene der historischen Realitäten war, so könnte man sagen, die Eulenburg-Affaire der letzte Akt der Störaktionen, die der alte Bismarck in seinem unversöhnlichen Haß, völlig verfassungswidrig gegen seine Feinde, und das war die offizielle »Reichsleitung«, den Kaiser, geführt hat.

Wie einen Bluthund hat Bismarck, der »grimmige Freund wilder Doggen«, den jungen Harden, der nach Friedrichsruh pilgerte wie andere nach Bayreuth, dessen Ambitionen und Dispositionen er genau durchschaute, auf die Fährte von Eulenburg gesetzt. Der Pakt zwischen den beiden ungleichen Kämpen wurde besiegelt durch die Leerung jener Flasche Steinberger Kabinett 1862, die der junge Kaiser dem Altreichskanzler als Zeichen der Versöhnung durch einen Flügeladjutanten hatte überbringen lassen. Von allen Gästen, die nach Friedrichsruh kamen – und es kamen viele –, suchte sich Bismarck ausgerechnet Harden aus, um die kaiserliche Gnaden-

Otto von Bismarck im Park von Friedrichsruh im Jahre 1894

gabe zu konsumieren. Das war ein Sakrament und Sakrileg zugleich, das er mit dem Trinkspruch unterstrich: »Nicht wahr, Herr Harden, Sie sind dem Kaiser ebenso wohlgesonnen wie ich?« Ironischer und subtiler ist ein Königsmord wohl nie beschlossen worden.[120]

Der Schlüsselsatz der Bismarckschen Botschaft an den jungen Publizisten, den er sich nach Friedrichsruh hatte kommen lassen, weil er sein oppositionelles Temperament richtig veranschlagt hatte, steht in dem Bericht, den Harden von seinem ersten Gespräch mit »Bismarck a. D.« veröffentlicht hat, noch bevor er die »Zukunft« herausbrachte: »Minister, die die Krone beraten, gibt es nicht mehr; heute berät die Krone die Minister.« Darum sei für ihn, Bismarck, im Rahmen der heutigen Politik kein Platz. Dann kommt es faustdick: »… es wäre wirklich für die Monarchie und für unsere Einheit ein Unglück, wenn wir jemals auch nur vorübergehende absolutistische Rückfälle erleben müßten; denn da regiert die Camarilla oder im schlimmeren Falle das ewig Weibliche«.[121] Diese verfassungsrechtliche und politische Analyse, die mit Begriffen operiert, die im deutschen Staatsrecht üblicherweise nicht vorkommen, ist für Harden bis zum Weltkrieg die Grundlage seines seltsamen Tuns geblieben.

Gegner durch Verdächtigungen in bezug auf ihre Vita sexualis zu diffamieren gehörte – wie die Bestechungen – zu Bismarcks politischem Stil. Typisch dafür sind zum Beispiel die subtilen Insinuationen im Falle des Kaisers, dessen Sinnlichkeit er apostrophiert, ohne von Frauen zu sprechen, wohl aber über seine Liebe zu langen Kerls und Flügeladjutanten. Ohne jede Rücksicht ging Bismarck mit seinen Verdächtigungen gegen die vor, die er für seinen Sturz verantwortlich machte. Das war in erster Linie der Duzfreund des Kaisers, Philipp Eulenburg, der diesen zwar offiziell respektvoll mit »Majestät« titulierte, im Kreis der Intimen aber »Liebchen« nannte. Er und seine Freunde, die ihn »Phili« nannten, bildeten einen inneren Kreis von »unverantwortlichen Ratgebern«, von Hintermännern, der auf den Kaiser einen für das Reich verhängnisvollen Einfluß ausübte.

1908 berichtete Harden vor Gericht, was Bismarck ihm darüber erzählt hatte: »Ihnen mißfällt der Kaiser als politische
Persönlichkeit in vielen wesentlichen Zügen; mir auch. Aber
Sie können mir glauben: alle oder mindestens neun Zehntel
dieser nicht erfreulichen Seiten wären nicht sichtbar, wenn Philipp Eulenburg nicht seine Sippschaft an ihn herangebracht
hätte. Das sind gräßliche Leute; ganz anders als wir; sentimen-
tal, geistergläubig, spukscheu …; ohne Sinn für die Nüchtern-
heit des politischen Lebens, ohne den Nerv der Tapferkeit, die
eine große Nation braucht; und der größte Teil ist auch noch
geschlechtlich abnorm und nicht sauber. Da gibt's Zusammenhänge und Hautsympathien, die unsereins gar nicht versteht!«[122]

Paul Liman, der Autor eines sehr kritischen Kaiserbuches,
hatte, als Gutachter zum Prozeß hinzugezogen, zu Protokoll
gegeben, Bismarck habe ihm folgendes gesagt: »Die Hintermänner im doppelten Sinne, auch im physischen – siehe Eulenburg –, sitzen in Liebenberg. Die Leute umgeben den Kaiser
und schließen ihn ab. Der Kaiser glaubt, daß niemand ihn be-
einflußt, und für die amtlichen Berater trifft das zu; aber die
Leute, die ihm an Geist und Willen unterlegen sind, haben eine
gegenseitige Lebensversicherung abgeschlossen. Diese männlichen Kinäden treiben alles von ihm fort, was ihnen nicht
paßt.«[123]

Bismarck prägte nicht nur den Ausdruck der »Liebenberger
Tafelrunde«, sondern lancierte auch das Stichwort von der
»Camarilla der Kinäden«, das Harden begierig aufnahm und
zu einem Schlüsselbegriff seiner politischen Analysen machte.
»Wenn ein Kreis anormal empfindender Männer Einfluß auf
die Entscheidungen des Herrschers gewinnt«, erklärte er vor
Gericht, ist das »eine Gefahr für das Vaterland«.[124]

Bismarck hatte zweifellos auch die Strategie entworfen, die
darauf abzielte, den offenen Kampf nicht gegen den Monarchen
selbst, sondern gegen seine Günstlinge zu führen. Doch hat er
Eulenburg und seinen Kreis zum Abschuß freigegeben und
Harden das erste Belastungsmaterial zugespielt, um den Kaiser
tödlich zu treffen. »Manches mag Ihnen noch gelingen, aber

nie, Eulenburg zu stürzen«,[125] hatte Bismarck, um ganz sicherzugehen, dem jungen Journalisten zum Abschied zugerufen.

Es dauerte über zehn Jahre, bis Harden so weit war und seinem Idol ins Jenseits ein »Auftrag erfüllt!« zurufen konnte. Er hat es öffentlich im alten Moabiter Gerichtssaal getan: »Und doch ist's gelungen«, ruft er triumphierend dem Richter zu. »Und die Folgen waren heilsam für Reich und Kaiser.«[126] Harden war davon 1909 fest überzeugt. Erst nach dem Krieg dämmerte ihm, daß sein Triumph der Anfang vom Ende für beide war – Kaiser und Reich.

Bestreiten zu wollen, daß Harden der Exekutor von Bismarcks Rache war, gehört zu den Dogmen der Bismarck-Apologeten, um sich ihre epochale Vaterfigur nicht zerstören zu lassen. Man will es einfach nicht wahrhaben, daß der Mann, der das Reich geschaffen hatte, es in seinem titanischen Groll auch wieder zerstören wollte. Bülow sah die Sache jedoch ganz richtig, als er in seinen Erinnerungen schrieb: »Der erste Anstoß zur moralischen Vernichtung des unglücklichen Philipp Eulenburg kam von dem großen Hasser in Friedrichsruh, und es war dessen Hand, die sich neun Jahre nach seinem Tode aus dem Grabe im Sachsenwalde gegen den Mann emporreckte, den er für einen Intriganten und Schwindler hielt.«[127]

Im Namen Bismarcks, als »Bismarckschüler«, als »Bismarckadorant«, als Bismarcks Rächer führte Harden seinen Kreuzzug gegen weiche, weibische, weibliche Politik. Im Namen Bismarcks warf er sich zum Anwalt echter, wahrer, das heißt mannhafter Politik auf. Im Namen Bismarcks setzte er eine Vorstellung von Staat und Politik als die Sache von ganzen Männern gegen die Versuche des Kaisers, eigene, neue, unbismarckische Wege einzuschlagen; setzte er, was er für altdeutsche Staatskunst hielt, gegen einen politischen Stil, dessen Ziel nicht unbedingt Krieg, sondern Verständigung, nicht Kampf, sondern Friede wäre.

Harden bekämpfte die halbabsolutistischen Regierungsformen des Wilhelminischen Deutschlands nicht um einer Demokratisierung der Reichsverfassung oder um ihrer Parlamentarisierung willen. Er stellte nicht das System autoritärer

Alleinherrschaft als solches in Frage, sondern dessen, wie er meinte, ungeschickte und inkonsequente Handhabung. Seine Kritik am persönlichen Regiment Wilhelms II. war die Kehrseite einer ausgeprägten Sehnsucht nach dem starken Mann. Es ging ihm um Deutschlands Größe und imperiale Machtstellung in der Welt. Die Voraussetzung dafür war ihm eine Politik der Stärke, eine mannhafte Politik, die nur Sache kriegerischer, kriegsbereiter Männer sein konnte. Dazu war der Kaiser außerstande. Ihm fehlte die mannhafte Führungsstärke. »Wilhelm II. hat bewiesen, daß er zur Erledigung politischer Geschäfte ganz und gar ungeeignet ist«[128], »Deutschland ersehnt sich nur einen Mann«[129], ein »Mannesgenie« à la Bismarck, der »wie kein anderer seit den mythischen Tagen Siegfrieds und des grimmigen Tronjerjunkers germanische Männlichkeit verkörpert«[130].

Man kann in solchen Auffassungen jene seltsame, paradoxale Verkehrung der Wertmaßstäbe erkennen, die für das politische Bewußtsein bürgerlicher Intellektueller des Wilhelminischen Deutschlands typisch war. Hätte Harden nicht als bürgerlicher Journalist, seiner Klassenzugehörigkeit nach, den legitimen Anspruch der Bourgeoisie auf effektive Teilhabe an der staatlichen Macht einklagen müssen, indem er dem Wertekanon des aristokratisch-militärischen Establishments, das ein absolutes Machtmonopol innehatte, den bürgerlich-republikanischen, an Menschheit und Menschenrechten orientierten, in seiner Essenz pazifistischen Wertekanon entgegensetzte? War nicht davon seit der Französischen Revolution das politische Selbstverständnis des emanzipierten Bürgertums geprägt? Statt dessen übernahm Harden den Wertekanon des vermeintlichen Gegners und identifizierte sich mit den ihm im Grunde wesensfremden, einer anderen Schicht und Tradition zugehörenden Wertmaßstäben und führte seinen Kampf um einen Zugang zu Machtchancen nicht als eine Auseinandersetzung mit den Normen der aristokratisch-militärischen Herrschaftselite, sondern dadurch, daß er den Nachweis zu führen versuchte, daß er diese Werte besser, reiner, konsequenter verkörperte, vertrat und verteidigte als diese. *Plus royaliste que le roi* machte er dem legitimen Herrscher zum Vorwurf, daß er die Ideale der Kriegerkaste, deren höchster Repräsentant er war, verriet – und machte sich selbst zu deren emphatischen Verteidiger.

Schon in seinen Anfängen hatte er sich zum Fürsprecher alt-preußischen, agrarischen Junkertums stilisiert, dann, seit der Jahrhundertwende, zum Protagonisten industriellen Unter-nehmertums, das heißt jener feudalisierten Teile der Groß-bourgeosie, die ihren Platz als Juniorpartner der aristokrati-schen Oberschicht dadurch erkauft hatten, daß sie sich in Lebensstil und Mentalität ganz deren Wertekodex angepaßt hatte.[131] Die mittelständische Intelligenz, auch das Professoren-tum, war diesem Trend weitgehend gefolgt und kompensierte ihre politische Ohnmacht durch die Verherrlichung der Macht ihrer objektiven Gegner. Auf höchstem Niveau hatte Nietz-sche diese merkwürdige Pervertierung des politischen Be-wußtseins vorgezeichnet, er, der als bürgerlicher Intellektueller zum Panegyriker eines martialisch-virilen »Herrenmenschen-tums« und zum Verächter der demokratischen und sozialen Werte eines universalen Humanismus geworden war. Auch er wies den Kaiser in die Schranken, wollte ihn erschießen lassen. Nietzsche-Kult und Bismarck-Kult ergänzten sich und spei-sten ein heroisches Politikverständnis, in dem Bewunderung der Gewalt mit elitärer Menschenverachtung und einer fast hy-sterischen Abwehr jeder Art republikanischer und demokrati-scher Ideale untrennbar miteinander verbunden waren.

Das war der Kern jener antiwestlerischen, deutschen Ideolo-gie, die die politische Kultur des Wilhelminischen Deutsch-lands prägte, jenes geistigen Militarismus, der in den Ideen von 1914 den nationalen Grundkonsens stiftete; durchaus zu Recht empfand sich Harden als deutscher Patriot und als Verfechter einer nationalen Sache. »Heilsam für Kaiser und Reich«.

Um eine Erklärung für das merkwürdige Sozialverhalten der bürgerlichen Intelligenz – und der Schichten, deren Wortführer sie waren – zu finden, genügt es nicht, wie es weitgehend ge-schieht, darin einen Ausdruck mittelständischer Ängste vor Industrialisierung, Großkapital und dem Heraufkommen der organisierten Arbeiterschaft zu sehen. Obwohl damit sicher ei-nige der Faktoren aufgewiesen sind, die die Genese einer psy-

chopathologischen Disposition verständlich machen, die dazu
führen konnte, daß die natürliche Realitätsperzeption einer
Generation deutscher Männer empfindlich gestört und von
dem Mechanismus der Identifikation mit dem Aggressor
beherrscht wird. Man wird über die sozialgeschichtlichen Zusammenhänge hinaus nach der Organisation des Triebhaushal-
tes und der spezifischen Persönlichkeitsstruktur der Betroffe-
nen fragen müssen, nach dem Ursprung ihrer Unlustgefühle
und dem spezifischen Lustgewinn, der die libidinöse Besetzung des objektiven politischen Gegners und die eigene Unterwerfung zur Folge hatte. An der Eulenburg-Affaire kann man
ablesen, wie das alles funktioniert hat.

Hans Dieter Hellige verdanken wir die subtilste Analyse des
Hardenschen Bismarck-Kultes. Ihm »fällt die starke psychische Besetzung dieser zentralen Bezugsperson auf«.[132] Harden
versieht Bismarck fast immer mit Epitheta starker Männlichkeit und schutzgewährender väterlicher Gewalt. Was er für die
»richtige Politik« hielt, war die Bereitschaft, jederzeit zum
Äußersten entschlossen zu sein und sich um Gottes willen,
nicht »von Friedensschalmeien einlullen« zu lassen.

Und mit Recht spricht Hellige von Hardens Männlichkeits-
wahn. Er schreibt: »Die permanente Gegenüberstellung des
›echten‹ mit höchster Männlichkeit, sachlicher und persönlicher Autorität ausgestatteten, ›charismatischen Führers‹ und
des von weichlichen Höflingen umgebenen, schwachen, von
Cäsarenwahn befallenen Décadent war nicht unwesentlich von
Hardens eigenem Vaterkonflikt und seiner ›Auflehnung‹ gegen
den ›Hermaphroditismus‹ bestimmt.«[133] Harden stand wie unter dem Zwang, der Welt und vor allem sich selber beweisen zu
müssen, daß er nicht etwa homosexuell sei. Der permanente
Virilitätsnachweis oder die Unterdrückung des Weiblichen im
Manne, wie schon im Kapitel »Wilhelminische Epoche« aufgezeigt.

Harden hatte sich die Bismarcksche Kampfparole von der
Camarilla der Kinäden völlig zu eigen gemacht. Was für Bis-
marck nur das Argument einer Intrige war, ein Mittel, sich an
Menschen zu rächen, die er für seine persönlichen Feinde hielt,

verselbständigte sich bei Harden zu einer regelrechten Verschwörungstheorie und wurde zu einer obsessionellen Fixierung. Er glaubte ernsthaft, in ihr den Schlüssel zur unbefriedigenden Entwicklung der deutschen Politik nach Bismarcks Entlassung gefunden zu haben.

»Ich habe behauptet und behaupte heute, daß an allen Konflikten, die der deutsche Kaiser von der ersten Stunde an mit seinen Landsleuten und mit anderen gehabt hat, Philipp Eulenburg und seine Leute mitschuldig gewesen sind, daß sie höchst unheilvoll auf diese für das Reich wichtigste Seele eingewirkt haben.«[134]

»Diese Leute trieben Dinge, die nachgerade das Deutsche Reich ungeheuer schädigten.«[135] Bis zuletzt beschwor er das »ungeheure, zum Himmel schreiende Unheil, das von Eulenburg und seinen Leuten kam«.[136] »Wenn ein Kreis anormal empfindender Männer Einfluß auf die Entscheidungen des Herrschers gewinnt«, ist das »eine Gefahr für das Vaterland – ein nationales Unglück«.[137]

Worin bestand das Unglück? »Wir treiben im Deutschen Reich eine viel zu süßliche und weibliche Politik!«[138]

»Diese Herren haben den Enkel Wilhelms des Nüchternen in eine ungesunde ... Romantik zu zerren versucht.«[139]

Durch sie »ist die Atmosphäre entstanden, die eine so schwache, eine so weiche Politik ... ermöglichte«[140].

Hardens politische Intention war es, wie sein Anwalt, Justizrat Bernstein, in seinem ersten großen Plädoyer sich ausdrückte, »Männer als Politiker zu vernichten«, die »als Politiker der Vernichtung wert waren«[141]. Und warum? Weil »derjenige, der etwas feminin veranlagt ist, absolut nicht für politische Geschäfte paßt«.[142] »Herr Harden ist im Recht, wenn er den Kaiser aus solcher Umgebung befreien will! Um den deutschen Kaiser sollen und müssen *ganze* Männer sein.«[143]

Politik ist Sache »ganzer Männer«! Nur sie sind imstande, richtige Politik zu machen. Von diesem, einer Kriegerkaste nachempfundenen, martialisch-virilen Politikverständnis ausgehend, hat Harden seine Angriffe gegen Eulenburg und den Liebenberger Kreis geführt. Aus einem politischen Kampf um die Organisation der höchsten Entscheidungsspitze, um den Zugang zum Machthaber, wurde ein Kampf gegen den Einfluß Homosexueller auf die Politik. Politische Gefahr und »Homosexuellen-Gefahr« waren nicht mehr zu trennen.

Die Frage nach der richtigen Politik des Deutschen Reiches wurde gestellt als Frage nach den richtigen Männern. Ein fatales Quidproquo, weil das Unterscheidungskriterium für richtig und falsch nicht auf eine kritische Abwägung gegensätzlicher politischer Strategien bezogen war, sondern auf die Klärung des Sexualverhaltens der Protagonisten nach § 175 des Strafgesetzbuches. Kurios.

Homosexuelle sind politikuntauglich

Warum sind nach Ansicht Hardens – und Bismarcks – Homosexuelle für das Reich eine derartige Gefahr, daß sie aus der Umgebung des Kaisers entfernt und vernichtet werden müssen? Aus den Prozeßprotokollen und seinen Artikeln lassen sich drei Beweissträng herausstellen.

Erstens: Homosexuelle haben ein gestörtes Realitätsverhältnis, Männer, die »ihre wahre Veranlagung vor der Welt durch eine Maske zu verbergen« gezwungen sind, können durch ihre »innere Unwahrhaftigkeit … großen Schaden anrichten …, wenn sie in größerer Zahl sich um die Person des Monarchen gruppieren und diesem ein falsches Bild der realen Verhältnisse geben«.[144]

Harden spricht von einer »verhängnisvollen Täuschung über die Realitäten«.[145] Das ist vor allem dann der Fall, wenn sie sich in großer Zahl um den »Höchsten« sammeln. Es liegt also bei Homosexuellen eine Perzeptionsstörung, eine Verzerrung des Wahrnehmungsvermögens vor, die, wenn sie eine Beraterfunktion ausüben, zu einem Informationsdefizit führen muß.

Sodann halten Homosexuelle in unkontrollierbarer und für nicht Dazugehörige unverständlicher Solidarität zusammen, um die Interessen von ihresgleichen zu vertreten – nicht Sachinteressen. Sie haben nie sachliche, sondern immer nur private Interessen. Überhaupt bilden sie eine verschworene Gemeinschaft. Wenn sie als Freundeskreis den Monarchen umschließen, lassen sie niemand anderen mehr heran und machen ihn zu ihrem Gefangenen, zu ihrer Geisel. »Wir haben einen Ring um ihn geschlossen«, hatte Graf Moltke leichtfertig und ahnungslos gesagt. Harden deduziert: »Das gibt eine Gemeinschaft, die dem andern«, dem Höheren, »nicht sichtbar ist; das gibt eine Verbündelung, von der der andere, der Entscheidende nichts ahnt.« Das gibt dem ganzen Wesen »die Grundform«[146]. Homosexuelle isolieren den Monarchen und immunisieren ihn gegen den Einfluß der sogenannten verantwortlichen – institutionell vorgesehenen – Ratgeber.

Tertio: Die homosexuelle Solidarität überschreitet die Klassenschranken. Der Fürst geht mit dem Fischer, der General mit der Ordonnanz. Schon der Referendar Bismarck hatte »die gleich machende Wirkung des gemeinschaftlichen Betreibens des Verbotenen durch alle Stände hindurch«[147] beobachtet. Das allein ist schon schlimm. Die »cochon-frérerie« des Kinädentums überschreitet aber auch die nationalen Grenzen. Und das ist noch schlimmer. Da die Berater des Staatsoberhaupts notwendigerweise Geheimnisträger sind, entsteht da ein Sicherheitsrisiko. Die schrecklichen Gefahren, die damit verbunden sind, zeigt das Beispiel der Beziehung des Fürsten Eulenburg mit dem französischen Diplomaten Raymond Lecomte, Onkel von Jean Cocteau. Durch die homosexuelle Freundschaft dieser beiden war – »in der gefährlichen Stunde, wo es um Krieg und Frieden ging« – nach Hardens Ansicht ein Kanal entstanden, durch den die höchsten deutschen Staatsgeheimnisse in feindliches Ausland gelangten. Harden löste seine Aktion in dem Moment aus, in dem er erfahren mußte, daß Lecomte – der nur Botschaftsrat war – auf Einladung Eulenburgs den Kaiser in Liebenberg gesprochen hatte. Damit war die »Liebenberger Tafelrunde« des Landesverrats überführt. Harden ließ sich noch einmal beschwichtigen, als Eulenburg, um dem angedrohten Skandal zu entgehen, akzeptierte, ins Ausland zu verschwinden.

»Doch der Romantiker kam aus dem Exil zurück«[148], und es wurde getuschelt: »Phili solle im Reichsland Statthalter werden, und Lecomte an den Quai d'Orsay übersiedeln ...«.[149]

Zum Amalgam der fixen Ideen Hardens gehörte die absolute Intransigenz Frankreich gegenüber. Man stelle sich vor, was das gegeben hätte: zwei homosexuelle Freunde, der eine im Elsaß, der andere in Paris! Harden sagte wörtlich: »Dann hätten wir die Romantikergefahr in der gefährdetsten Flanke!«[150]

Informationsrisiko, subversive Verfassungsgefährlichkeit, Landesverrat, das sind also die Gefahren, die von Homosexuellen drohen. Man muß annehmen, daß weiteste Kreise der deutschen Öffentlichkeit das ebenso ernst genommen haben wie Maximilian Harden.

Der ärgste Verdacht jedoch zielte auf die unkriegerische, passive Natur dieser effeminierten Männer. Sie machen zu »süßliche und weichliche Politik«, ja, »die träumen nicht von Weltbränden; haben's schon warm genug«.[151] Sie wollen den Frieden, diese Burschen sind »schwärmende Friedensstifter«. Sie sind nicht schroff, sie wollen den Ausgleich, den Kompromiß, sie suchen weiche, friedfertige Lösungen, im Gegensatz zur harten Politik von richtigen Männern, die das Risiko des Krieges kühn und kühl ins Auge fassen, die nicht zurück»weichen«, die keine Demütigung hinnehmen, keine Ohrfeigen einstecken. Mit einem Wort: Das gefährlichste an diesen Ratgebern war ihre Friedensliebe.

Der schlimmste Vorwurf, den Harden dem Kaiser machen konnte und in einem Leitartikel am 6. April 1907, überschrieben mit »Wilhelm der Friedliche«, auf dem Höhepunkt seiner Hetzkampagne auch gemacht hat, war, daß der »in einem Sturm, dem wir getrost stehen konnten, zweimal zurückgewichen« sei. Unfähig zur Tat, zur entschlossenen Aktion. »Pacifiste est timide«, als Untertitel auf französisch im Text: Damit war er als Herrscher disqualifiziert.

Das Harden-Syndrom

Erinnern wir uns daran, was wir über die Bedeutung der Homosexualität in der Wilhelminischen Gesellschaft gesagt haben, über die Dichotomie von Homosexualität und Männerbund in einer patriarchalischen Männergesellschaft:[152]

Obwohl im preußischen Deutschland das patriarchalische Modell das offiziell gültige, einzig legale und normale ist, sind typisch männerbündlerische Verhaltensmuster in seine staatlichen und militärischen Organisationsstrukturen integriert. An wichtigen Orten – Armee, »inner circle« – sind sie determinierend. Die beiden konträren männergesellschaftlichen Attitüden zur Homosexualität, also die, die die latente Homosexualität diskreditiert und einen rein maskulinen Männertyp fordert, und die männerbündlerische, in der mann-männliche Beziehungen durchaus eine sexuelle Konnotation haben, koexistieren also im Wilhelminischen Deutschland – und dies im Unterschied, ja Gegensatz zu allen anderen europäischen Gesellschaften. Die gesellschaftliche – und rechtliche – Ächtung der Homosexualität geht Hand in Hand mit einer weiten Verbreitung homoerotischer Beziehungsmuster.

Die männerbündlerische »staatsbezogene« Homosexualität entfaltete sich nur in Deutschland.

Entsprechend ausgeprägt war aber auch die patriarchalische Unterdrückung der Homosexualität und die Homosexuellenverfolgung. Dieser Konflikt wurde in dem Kampf um die Organisation der höchsten Entscheidungsinstanz virulent. Wer besetzt den Locus decisionis? Der jugendliche Kaiser – mit seinem »inner circle« – repräsentiert das männerbündlerische Modell. Er war die zentrale Bezugsperson eines Freundeskreises, Idol im Sinne des »Männerhelden«, wie ihn Hans Blüher definiert hat.[153] Der schöne, begabte, blonde Jüngling war für die »Freunde« die den Bund stiftende charismatische Figur. Wo sie ihn nicht richtig liebten, waren sie doch seiner Faszination erlegen. Der Kaiser hat es oft ausgesprochen, daß es sein innigster Wunsch gewesen wäre, den Staat mit einer Handvoll von echten Freunden zu regieren. Das politische Binom von Freund und Feind hatte bei ihm, wie im Selbstverständnis seines Kreises, eine überaus persönliche Note. Der Akzent lag auf »Freund«.

Natürlich stand der Kaiser offiziell und manifest auf der Seite der patriarchalischen Ordnung und abhorreszierte die Homosexualität. Latent aber neigte er dem männerbündlerischen Pole zu, wie so viele andere, und erlebte sich in der Rolle des jugendlichen Männerhelden – nicht des Patriarchen. Man darf vermuten, daß er das gewesen ist, was die Engländer eine »closet queen« nennen. Ein »ins Kürassierkoller vermummte(s) Mädchen«, so Harden über Eulenburg[154], ein schönes Bild. Eine, die es ist – aber sich nicht »traut«. Eine Königin im (Panzer-)Schrank.

Bismarck mit seinem schlafenden Heldenkaiser – ein Greisentandem – verkörperte das patriarchalische Modell des Herrschervaters mit allen Symptomen der Homosexualitätsphobie und -verfolgung.

Zurück zu Maximilian Harden. Was wurde hier eigentlich gespielt? Dieser Harden war nicht nur von dem Kaiser fasziniert, er war in den Kaiser verliebt. Er war ihm verfallen. Wie alle anderen wollte er wie der Kaiser sein: blond und vornehm, schön, reich und mächtig – ein souveränes Individuum. Es handelt sich um eine zutiefst erotische Objektfixierung, die bis zur völligen Identifikation ging. Hardens ganzes Lebenswerk als Journalist, wie er sich einbildete als »Politiker«, hatte nur ein Ziel: die Aufmerksamkeit des Kaisers auf sich zu ziehen, sich ihm als ebenbürtig, als liebenswert zu erweisen. Es war ein ständiges Buhlen um die Anerkennung durch den Geliebten. Als ganz junger Mann hat er dem »Höchsten« seine Dienste zur Verfügung gestellt. Erst als das Angebot – verständlicher-

weise – ohne Antwort blieb, abgewimmelt durch einen Flügeladjutanten, hat er den Kontakt zu Bismarck gesucht. Statt
Ghostwriter des Kaisers wurde er zu seinem erbittertsten
Feind. Doch muß man seine »Zukunft« lesen als ein dreißig-
jähriges Werben. Jeder Leitartikel ist ein Tanz der sieben
Schleier, der darauf angelegt ist, die Aufmerksamkeit der allerhöchsten Person, die »im höchsten Lichtkreis«, auf »steiler
Höhe haust«, zu erringen. Schau, wie schön ich bin, schau, wie
klug ich bin, schau, wieviel ich weiß, ich, Maximilian! Seine
tiefste Sehnsucht war es, dem Kaiser nahezukommen, so nah
wie jene anderen Privilegierten, die Fürsten und Grafen, die
Gardeoffiziere und Flügeladjutanten. Sein ganzes Trachten
mußte darauf gehen, diese Rivalen auszustechen. »Ich trage
zwar nicht den bunten Rock«, klagt er einmal – während der
Prozesse –, »aber ich bin der bessere Patriot.«[155] Nicht sie, er
war der befugte, der berufene Ratgeber der Kaisers! Und
schließlich glaubte er, es tatsächlich geschafft zu haben. Er
hatte den Kaiser von den falschen Freunden »befreit«.

Er hat es ganz deutlich ausgesprochen: Durch seine »Be-
freiungstat« glaubte er ernsthaft, sich den Kaiser verpflichtet
zu haben, glaubte, seines Dankes, seines Lobes sicher zu sein.
Zum Minister, zum Botschafter berufen zu werden, einen Orden zu bekommen. Ein Adelsprädikat? »Fürst Maximilian
Harden« – das klänge gar nicht schlecht. Seinen »nom de
guerre«, sein bürgerlicher Name war Witkowski, hat er nach
eigener Aussage der Assonanzen zu »Hart« (im Gegensatz zu
weich, weichlich und natürlich weiblich-weibisch) und »Har-
denberg«, den preußischen Staatspräsidenten, Fürst von Har-
denberg (und nicht etwa Novalis) gewählt. Nomen est omen.

Sozialpsychologisch läßt sich der Kampf Hardens um die
Gunst des Kaisers, gegen dessen vertrautesten Ratgeber Phi-
lipp Eulenburg, als Machtkampf interpretieren. Auf der einen
Seite die noblen Paladine des hochfeudalen Großherrn, alles
Angehörige der aristokratischen Führungsschicht des Reiches,
auf der anderen der bürgerliche Literat, der assimilierte Jude,
der »nobody«, der nichts für sich hat als seine Intelligenz, seine
Bildung und seinen Ehrgeiz.

Flügeladjutant der – Zukunft

Karikatur aus Lustige Blätter, 1907

Auch hier steigerte, im typischen Berliner Kontext, so wie in Wien die spezifisch jüdische Emanzipationsdynamik die mittelständisch-bürgerliche Partizipationsforderung, den Willen der Bourgeoisie zur Teilhabe an der politischen Macht, um sich wie dort am Widerstand der aristokratischen Oberschicht zu stoßen, die nicht im geringsten gewillt war, ihr Herrschaftsmonopol aufzugeben.

Doch bliebe man auf dieser Ebene der Analyse, so würde man den Zugang zur Erklärung des Phänomens Harden verfehlen. Von der sozialpsychologischen muß man auf die tiefenpsychologische, sexualpathologische Ebene kommen.

Harden »liebte« den Kaiser nicht etwa in einem metaphorischen Sinne, sondern genau in demselben homoerotischen Sinne, in dem Eulenburg den Kaiser liebte. Der Kaiser war für beide der »Männerheld« (im Sinne des Blüherschen Modells des Männerbundes), aber was für den einen eine positive, voll ausgelebte Freundesbeziehung war, pervertierte sich für den anderen zu einer negativen Haßbeziehung, zu einer Intim-feindschaft. Die Freund-Feind-Polarisierung wurzelte in der Verdrängung jener erotischen Triebe, die die Objektfixierung begründet; die Identifikation mit dem Kaiser wurde zu einer negativen, die leidenschaftliche Bewunderung zur leiden-schaftlichen Ablehnung, die hymnische Huldigung zur beißenden Kritik. Doch wenn dem »Höchsten« gegenüber im-mer noch das Liebesangebot durchklang, »Ich, Maximilian Harden, bin dein eigentlicher, wahrer, echter Freund«, so ver-kehrte sich dem bevorzugten Rivalen gegenüber das Liebes-werben in Verfolgung. Die Vehemenz dieser Persekution aber hat ihre Wurzel in der Unterdrückung jedes homoerotischen Triebes im eigenen Inneren. Harden verfolgte das, was er in sich unterdrückte. Er mußte das verfolgen, was er unterdrücken mußte[156]. Die Negation der eigenen homosexuellen Kompo-nente macht ihn zum Typ des homosexuellen Verfolgers. Hans Blüher hat diesen Verfolgertypus und die für ihn charakteristi-sche Verfolgungsneurose genau beschrieben – und zwar im An-schluß an die Kalamität der Eulenburg-Prozesse –; als die Ge-schichte »des Mannes, der den ungeheuerlichsten Abscheu und Widerwillen vor der Berührung mit dem eigenen Geschlecht hat, aber ihm doch leidenschaftlich verfallen ist«. Er hat damals die Formel geprägt: »Der Kampf gegen die andern ist nur ein von innen nach außen verlegter Kriegsschauplatz.«[157]

Hardens tiefe Sehnsucht, dem Kaiser ganz nahe zu sein, in seine Intimsphäre einzudringen, verkehrte sich so in den Kampf gegen jene, deren Intimität mit dem Kaiser er phanta-sierte. Er projizierte auf sie seine geheimen Wunschvorstellun-gen, die nun, mit umgekehrten Vorzeichen, aus dem Begeh-renswerten zum absolut Verabscheuungswürdigen wurden. Die physische Nähe der anderen zum Kaiser war seine Obses-sion. Die Vorstellung dessen, was da im geheimen, in den Jagd-hütten, Hofzügen, Luxusyachten passiert, muß ihn krank vor Eifersucht und Neid gemacht haben.

Die phantasierte Intimität eines Eulenburg mit dem Kaiser war das, was er zutiefst, mit jeder Fiber seines Wesens, ersehnte. Das »Flüstern«, »Kosen«, »Gurren« – das »süße Zirpen«, das er immer wieder beschwört. Das wurde nun mit der ganzen Gewalt, die zu seiner Unterdrückung erforderlich war, zum Bild des Unerträglichen, Anstößigen schlechthin, des absolut Bösen umfunktioniert.

Man kann, wenn man Harden genau liest, durchaus nachvollziehen, wie die Assoziationsreihe läuft: Die Männer die – im Dunkeln – hinter dem Kaiser stehen, die verfassungsrechtlich nicht verantwortlich sind wie er, die Dunkelmänner und Hintermänner, die Hintermänner, die sich im Dunkeln von hinten an den Kaiser heranmachen, die ihm ... hier kommt dann jener Ausdruck Bismarcks, den kein Gerichtsprotokoll und auch Harden nicht niederzuschreiben wagt, dessentwegen in den Prozessen der Ausschluß der Öffentlichkeit dringend notwendig wurde. Die Fixierung auf dieses allerhöchste »Hinten«, das war die Obsession des Maximilian Harden – und nicht nur die seine. Aber genau da wollte er hinein. »Die Herren mögen sich zurückziehen.« Diese Verdrängungsneurose war das politische Problem des Wilhelminischen Deutschland.

Georg Groddeck, ein Schüler Schweningers, des Leibarztes von Bismarck, der zu den wichtigsten Zeugen der Harden-Prozesse gehörte, weil er aus nächster Kenntnis des Altkanzlers seine Reden über die Kinäden, die »Hintermänner« und überhaupt seine Meinung über den Fürsten Eulenburg bestätigen konnte und den Anschuldigungen Hardens dadurch vor Gericht die volle Autorität des schon ganz in seine mythische Position entrückten Reichsvaters verlieh, Groddeck also schreibt in einem seiner Aufsätze: »Die Erkenntnis, daß der Haß gegen die männliche gleichgeschlechtliche Liebe ..., daß dieser Haß ein Maßstab der homosexuellen Triebstärke und des Kraftaufwandes der Verdrängung ist, wurde mir erst spät klar.«[158] Er kommt zu dem Schluß: »Ich halte jetzt die tiefe Verdrängung der Homosexualität für eine der Grundlagen der eigentümlichen einseitigen europäischen Denkweise im guten und im bösen Sinne.« Diese Erkenntnis formulierte er, ungefähr gleichzeitig wie Hans Blüher, in seinen Memoiren, in einer Analyse der Eulenburg-Affaire und der Rolle, die Maximilian Harden dabei gespielt hat[159].

Die Eulenburg-Affaire: ein typischer Fall also von Homosexuellen-Haß des latent Homosexuellen.

So war es möglich, daß der Machtkampf um die Spitze, der Kampf um den Zugang zum Machthaber nicht nur mit verfassungsrechtlichen oder politischen Argumenten geführt wurde. Seiner Struktur nach war er auf höchster symbolischer Ebene ein extremer Fall von Homosexuellenverfolgung – mit politischen Folgen.

Die Repression von Homosexualität ist immer eine Repression des Weiblichen, eine Maßnahme zur Durchsetzung eines reinen Männerideals. Ein Virilitätsnachweis. Ein Exorzismus. Das Absurde dieses Vernichtungskampfes lag darin, daß die »weibischen Männer« mit ihren Verfolgern die profunde Angst vor dem Weiblichen, soweit es die weibliche Sexualität und somit die Geschlechtlichkeit schlechthin betraf, durchaus teilten.

Es war also ein Kampf von Männern, die die Repressionsleistungen gegen das Weibliche in sich geschafft zu haben glaubten, gegen die, die sich den Luxus leisteten, ihre weibliche Komponente im Schutze männerbündlerischer Verhaltensformen zu erhalten. Die »richtigen Männer« verfolgten in ihnen im Grunde eine besonders subversive Form des Weiblichen, eine gefährliche Einbruchstelle, eine »fünfte Kolonne«, die die prekäre patriarchalische Männergesellschaftsordnung des Reiches gefährdete – ihr »in die gefährdetste Flanke fällt«.

Aus der Notlage einer homoerotischen Abwehrhaltung projiziert Harden seine paranoiden Haß- und Angstgefühle in die deutsche Szene. Das Erstaunliche ist nun, daß diese im letzten Grunde sexual-pathologische Interaktionsstruktur für das Politikverständnis des Wilhelminischen Deutschlands Modellcharakter hat. Harden ist nicht ein »Outsider«, ein Irrer, einer, der sich, wie zum Beispiel der Gerichtspräsident Daniel Paul Schreber, selbst in eine psychiatrische Klinik exiliert – sein Bekenntnisbuch erschien 1906. Harden konnte für sich in Anspruch nehmen, der repräsentative Sprecher der bürgerlich-intellektuellen, generell der ad personam antikaiserlichen, das heißt immer noch monarchistischen Opposition zu sein. Seine Fabulationen beherrschten die öffentliche Meinung in kaum vorstellbarem Maße, auf jeden Fall wirkten sie entscheidend auf das politische Bewußtsein des sich mit der herrschenden Oberschicht zunehmend identifizierenden gehobenen Mittelstandes, des Bildungsbürgertums. Kein Angriff der Sozialdemokratie hat jemals eine ähnliche explosive Wirkung gezeitigt wie die Hardensche Dauerkritik.

Das war nur möglich, weil die Persönlichkeitsstruktur und somit die Trieborganisation der Männer in dieser seltsamen Wilhelminischen Gesellschaft, soweit sie durch die preußische Tradition und den § 175 geprägt waren, nach dem gleichen Leisten gebaut waren wie diejenigen Hardens auch. Das soll heißen, daß das innerpsychische Zusammenspiel von Triebverdrängungen, Angst und Projektionen bei allen in gleicher oder sehr ähnlicher Weise funktionierte.

Das einzige für den Juristen konkrete Ergebnis der Affaire war das am 29. Oktober 1907 vom Amtsrichter Dr. Kern in seiner Eigenschaft als Vorsitzender der 188. Abteilung des Schöffengerichts am Amtsgericht Berlin-Mitte im Privat-Beleidigungsprozeß Maximilian Harden verkündete Urteil, das dann, rechtswidrig, wiederaufgehoben wurde, in dem aber der überaus wichtige Satz steht: »... von einem Manne in der Stellung des Privatklägers erwartet man, solange das Gesetz den § 175 kennt, also die Homosexualität, wenn auch in der schärfsten Form ihrer Ausübung, verbietet, daß er einen solchen sexuellen Trieb derart unterdrückt, damit er keinem anderen erkennbar wird.«[160]

Da stand es, schwarz auf weiß, gerichtsnotorisch, Gesetz und Urteil, was diese Männer »krank« machte: einen sexuellen Trieb derart unterdrücken zu müssen, daß er keinem anderen erkennbar wird.

8 DER SÜNDENBOCK

Der König regiert nur kraft seines künftigen Todes;
er ist nichts anderes als ein Opfer,
das seiner Opferung, ein zum Tode Verurteilter,
der seiner Hinrichtung harrt.
René Girard

Der Prozeß, der Kaiser Wilhelm II. in der Person des Fürsten Eulenburg gemacht wurde, gehörte als eine wichtige Etappe in den größeren Prozeß seiner schrittweisen Einweisung in die mythische Rolle des Opfers. Es war der Höhepunkt eines Leidensweges, der kontrapunktisch seine königliche Laufbahn auf der Via Triumphalis des »Herrn der Mitte« begleitete. Auf eine das Soziologische und Psychologische, aber auch das Historische, im Sinne unserer Geschichtswissenschaften, transzendierende Weise wurde dieser Mann in einem mysteriösen kollektiven Vorgang zum Sündenbock einer nationalen Fehlentwicklung gemacht. Das ist nicht redensartlich zu verstehen. Der Vorgang ist konkret, real, in den Fakten nachweisbar, sein Vollzug kann aber nur mit Methoden aufgewiesen werden, die einen Zugang zur mythischen Dimension der Menschheitsgeschichte erschließen, wie sie die Religionssoziologie und Kulturanthropologie entwickelt haben.

Daß der Kaiser irgendwie die Rolle eines Sündenbockes gespielt hat, dämmerte einigen vor allem nach 1918. Das dunkle Bewußtsein, daß hier »die deutsche Öffentlichkeit ihr böses Gewissen auf einen Mann überbürdet«[161], hat manchen seiner früheren Kritiker zu unerwarteten Eingeständnissen geführt.[162]

Der Terminus »Sündenbock« steht heute im Zentrum einer kulturanthropologischen-religionssoziologischen Theorie der Genese von Mythen. Sie stützt sich auf Erkenntnisse, die auf der Untersuchung von Material der ethnologischen Feldforschung gewonnen wurden, sich aber auch in der Interpretation des mythischen Gehalts der griechischen Tragödie bewährt haben, besonders des Ödipus-Dramas. Ihr Kern ist das Konstrukt (Theorem) des Sündenbockmechanismus (Sündenbock-Syndrom). Es entwickelt und in die Diskussion zeitgeschichtlicher Vorgänge, wie des Holocausts, eingeführt zu haben ist das Verdienst des französischen in den USA lehrenden Religionssoziologen René Girard, auf dessen beeindruckende Arbeiten ich mich im folgenden stütze.[163]

Mythen werden nicht erfunden – sie sind ein Produkt kollektiver Schicksalsbewältigung, Sinnfindungsszenarien, die sich nicht allein in Köpfen abspielen, sondern kollektiv in Szene gesetzt werden. Sie sind »nicht Thema, sondern strukturierender Mechanismus«.[164] Sie sind Teil des Geschehens – der Geschichte selbst.

Im Zentrum des Sündenbockmechanismus steht das Ritual der Tötung des Opfers zur Rettung der Gemeinschaft. Das ist die transkulturelle Grundstruktur des Mythos schlechthin. Der Mythos ist die Rechtfertigung und Verschleierung dieses Gewaltaktes zugleich. »Es gilt also, in der kollektiven Gewalt eine Maschinerie zur Mythenherstellung zu erkennen, die auch in unserer Welt keineswegs zu funktionieren aufgehört hat.«[165]

Das, was diesen Gewaltmechanismus vom soziologischen Handlungsmodell des Gewaltpragmas unterscheidet, ist, daß er nicht in der Interaktion bewußter Einzelwillen entsteht, sondern in der Sphäre kollektiver Unbewußtheit wurzelt.

Der gemeinschaftsstiftende Konsensus hat eine bewußte und eine unbewußte Seite. Der Mythos ist ein Produkt der unbewußten Seite des Konsensus.

Kann man das komplexe Geschehen einer modernen Gesellschaft nach Kriterien beurteilen, die dem Verständnis sogenannter primitiver und archaischer Kulturen und Gesellschaftsformen abgewonnen worden sind? Kann man auf die

Geschichte der Neuzeit Theorien anwenden, die auf präkolumbianische Kulturen, das sakrale afrikanische Königtum und frühgriechische Opferkulte Anwendung finden?

Muß der Gedanke nicht geradezu abwegig erscheinen, daß sich mitten im Europa des 19. Jahrhunderts, im Herzen der okzidentalen Hochkultur, im Zeitalter der positiven Wissenschaft, der Entzauberung der Welt und der wachsenden Rationalität, in Deutschland etwas abgespielt haben sollte, das überhaupt nur begriffen werden kann, im Rekurs auf ahistorische, aus dem Repertoire der Ethnologie und Kulturanthropologie stammende, Denkfiguren wie das »Pattern of Kingship« und jetzt das »Sündenbocksyndrom«? Keineswegs.

Es wird sich zeigen, daß die Einbeziehung der mythischen Dimension sich als unerläßliche Verständnishilfe erweist, um das noch ungelöste »Rätsel« Wilhelm II. – das Geheimnis von *Glanz und Elend* dieses deutschen Herrscherschicksals – zu entschlüsseln.

Der Sündenbockmechanismus

Der Sündenbockmechanismus ist ein transkulturelles, soziales Interaktionsmodell, das – idealtypisch – auf dem Zusammenwirken dreier Faktoren beruht.

Erstens: Einer vom ethnischen Kollektiv – Stamm, Volk, Polis – als unerträgliche Angst auslösenden, Unsicherheit erzeugenden, seine Überlebenschancen bedrohenden Krisensituation, die als Kulturkrise empfunden wird, das heißt als Erschütterung, der die normale Ordnung konstituierenden kulturellen Normen.

Zweitens: Einer Projektionsfigur, dem »Opfer«, das für diese Situation verantwortlich gemacht werden kann und von dessen Beseitigung, Tötung, das Ende der Krise erhofft wird. Diese rituelle Tötung ist ein Verfahren der Krisenbewältigung, eine magische Form von Krisenmanagement gewissermaßen.

Drittens: Spezifischen Verbrechen, Untaten, die als Symptom, wenn nicht überhaupt als Ursache der Krise angesehen werden und dem Opfer angelastet werden können.

Der Kausalnexus zwischen verunsichernder Krisensituation und dem dafür verantwortlich Gemachten ist kein logischer oder historischer, sondern ein magischer, genau wie der zwischen der Tötung des Opfers und der Aufhebung oder Beendigung der Krise. Der Sündenbockmechanismus organisiert sich als System der Verfolgung, dessen wichtigstes Merkmal darin liegt, daß sich die Handlungsmuster, der Diskurs auf der Achse einer Polarisation zwischen dem Kollektiv und dem designierten Opfer im Zusammenspiel der Akteure entfaltet, ohne daß diese sich dessen bewußt sind. Es wird ein Stück, dessen Szenario genau festliegt, mit verteilten Rollen, von Akteuren gespielt, diese es nicht wissen.

Die Gesetze für den Ablauf des Geschehens lassen sich anhand des ethnologischen Materials genau beschreiben:

Es wird ein Opfer designiert, dem Verbrechen angelastet werden. Das Opfer ist eine Projektionsfigur. Die Verbrechen sind Projektionen. Das Opfer ist unschuldig – die Verfolger glauben an ihre Beschuldigungen.

Bei dem Opfer muß es sich immer um eine Ausnahmefigur handeln, die eine absolute Polarisierung von Gemeinschaft/ Volk einerseits und frevlerischen Schuldigen andererseits erlaubt, es kann sich auch um eine Minorität handeln. Diese Ausnahmeposition ist durch eine soziale Marginalität gegeben, ein Abweichen von der »Normalität«, die auf physischen ebensosehr wie auf sozialen Eigentümlichkeiten beruht. Es kann der Krüppel, der Bucklige, der Einäugige und Klumpfüßige sein – aber genausogut der Geniale, Überbegabte, der außergewöhnlich Schöne; es kann die alte, häßliche, warzenbedeckte Vettel, aber auch das besonders attraktive junge Mädchen mit dem Silberblick sein; es kann der Allerärmste sein, der Bettler, der Aussätzige – aber auch der Allerreichste, der Krösus. Es ist der Fremde – aber es kann auch derjenige sein, der zwar zum Stamm gehört, der aber über allen steht, in der absoluten Ausnahmeposition: der König.

Hier sind die Riten des sakralen afrikanischen Königtums besonders aufschlußreich. Der König ist als solcher immer auch schon das designierte Opfer, von dessen ritueller Tötung

Wohlstand und Heil der Gemeinschaft abhängig gemacht werden. Er ist in dieser Funktion der Hauptakteur eines Zeremoniells der permanenten Beschwörung aller die Gemeinschaft bedrohenden Gefahren: Naturkatastrophen und Angriffe durch äußere Feinde. »Der König regiert nur kraft seines künftigen Todes; er ist nichts anderes als ein Opfer, das seiner Opferung, ein zum Tode Verurteilter, der seiner Hinrichtung harrt.«[166] »So besteht für ein Volk, über das eine göttliche Strafe hereinbricht, die normale Lösung darin, den König zu opfern.«[167]

Damit rühren wir an den Ursprung der sakralen Funktion des Königtums überhaupt, die auch noch in geschichtlicher Zeit niemals erloschen ist und in der Vorstellung gipfelt, daß vom Wohl und Wehe des Herrschers Bestand und Blüte der Gruppe abhängt. Die Ohnmacht des Mächtigen erscheint hier in einem anderen Licht als dem der entscheidungstheoretischen, soziologischen, ja selbst psychoanalytischen Interpretationen, in der sie gemeinhin gesehen werden. Das Sakrifizium ist die Kehrseite der Sakralisation.

Wieviel davon auch noch im okzidentalen Kulturkreis lebendig war, zeigt die Exekution Ludwigs XVI. – der symbolische Akt kollektiver Gewalt, der den Mythos der Französischen Revolution begründet.

Auch der Charakter der Untaten ist nicht einer von normalen Verbrechen im Sinne eines modernen Strafgesetzbuches; es handelt sich immer um die Grundnormen der Gesellschaft verletzende, transgressorische Akte. Im Repertoire sind Kindermord, Brunnenvergiftung, Sodomie und Inzest. Sie stehen immer in einem strukturellen wie auch symbolischen Zusammenhang mit der Krisensituation. Dabei spielt es überhaupt keine Rolle, inwiefern und ob das designierte Opfer sie verübt hat. Seine Unschuld ist fast ein Erfordernis. Es muß lediglich, vom Typus der Projektionsfigur her, die Möglichkeit bestehen, die Verbrechen auf das Opfer beziehen zu können.[168]

Der Sündenbockmechanismus – als »Maschinerie zur Mythenbildung« – führt also dazu, daß ein unschuldiges Opfer bezichtigt wird, Untaten begangen zu haben, die es in Wirklichkeit nicht nur nicht begangen hat, die vielleicht gar nicht stattgefunden haben, sondern die es auch gar nicht hat begehen können, die aber sinnfällig machen, wieso es zu der generellen Bedrohung kommen konnte.

Die Verfolger sind subjektiv von der objektiven Richtigkeit ihrer Anschuldigungen überzeugt, sie projizieren. Die Fähigkeit, die faktische Wirklichkeit zu erkennen, ist durch ihr »Gefangensein in der Verfolgerillusion«[169] und die Aktualisierung des Sündenbockmechanismus außer Kraft gesetzt. Die Verfolger glauben nicht nur, was sie sagen, sie haben es auch so und nicht anders gesehen. Sie wissen es aber auch nicht anders. »Die Einbildungskraft, die dieses erfindet, ... ist das Unbewußte der Verfolger.«[170] Die Unbewußtheit ist für den Funktionsmodus des Mechanismus konstitutiv.

Ein letzter, entscheidender, Punkt ist die Einwilligung des Opfers in seine Rolle. Girard spricht von der »mimetischen Zusammenarbeit der Opfer mit ihren Henkern«[171]. Natürlich ist auch sie unbewußt, aber sie gehört zum Ablaufschema der Handlung als eines seiner wichtigsten Momente. »La victime est consentente.«

Das Sakrifizium des »Sündenbocks« ist die Bedingung der Möglichkeit für die Wiederherstellung des Normalzustandes – die Aufhebung des Ausnahmezustandes, die Beendigung der Krise. Sie vollzieht sich als Akt kollektiver Gewalt, zu dessen Verständnis das Webersche Gewaltpragma nichts beiträgt. Es ist die kollektive Gewalt, die im Unbewußten der Ohnmächtigen aufgestaut ist. Aus ihr speist sich das Ideal der sozialen Ordnung, nicht als Modell einer Herrschaftstechnik, sondern als gemeinschaftsstiftender Mythos. Souverän ist nicht der, der die Macht hat, über den Ausnahmezustand zu entscheiden. Das gerade nicht zu können, ist die Ohnmacht des Mächtigen. Souverän ist, wer die Macht hat, den Normalzustand wiederherzustellen – das ist die Macht der Ohnmächtigen.

Designation des Opfers

Was bedeutet dies für die Beziehung Kaiser Wilhelms II. zum deutschen Volk? Für den als unausweichlich empfundenen Reichsuntergang, für die permanente innen- und außenpolitische Krise, für die Unregierbarkeit dieses anachronistischen Machtstaates, die in wachsendem Maße als die nationale Existenz bedrohende Kulturkrise erlebt wird, mußte der Sündenbock gefunden werden. Diese Rolle, ohne zu ahnen, was ihm geschah, fiel Wilhelm II. zu, und er hat sich in sie gefügt. Sie war sein Schicksal.

Seine Designation vollzog sich ganz nach dem vorgezeichneten archetypischen Schema. Er war der Ausnahmemensch par excellence. Seine Person und seine Position boten alle Voraussetzungen, um den Sündenbockmechanismus in Funktion zu setzen. Er wies alle Eigenschaften auf, um ihn zum symbolischen Schuldigen an der – von ihm ganz unabhängigen, unausweichlichen, vorprogrammierten – Katastrophe zu machen.

Er war sowohl der Mächtigste, der Reichste, der mit allen Gaben Ausgestattetste, der schöne Prinz, aber er war auch der Krüppel, der seit seiner Geburt das Stigma physischer Anomalie trug.

Er war ein Deutscher – aber war er nicht vor allem der Sohn der Engländerin, nicht überhaupt viel eher ein Engländer als ein Preuße, ein Fremder, ein Ausländer?[172] Fürst Eulenburg nennt ihn in seiner Verbannungszeit nur »den Engländer«.

Und war er nicht sogar ein notorischer Judenfreund oder überhaupt selbst ein Jude? Es fehlte auch nicht am Nachweis dafür im Semi-Gotha, einem wichtigen Dokument des deutschen Antisemitismus, der die »Verjudung« der regierenden Häuser und des Hochadels zu belegen versuchte.

Und wie stand es mit seiner Normalität auf sexuellem Gebiet? War er nicht von Homosexuellen umringt? War sein einzig wirklicher Freund und Ratgeber nicht ein notorischer Schwuler?

Seine sexuelle Identität war überaus fragwürdig. Er war gezwungen die viril-martialische Geschlechterrolle des preußischen Soldatenstaates zu spielen, aber verbarg sich dahinter nicht ein weibisches Wesen? »Il y avait beaucoup de la femme dans l'Empereur, temperament dangereux«, sagt die Fürstin Pless, Engländerin, eine der wenigen Frauen, die Wilhelm II. nahegekommen waren.[173]

Jedes dieser klassischen Stereotypen für die »designation de la victime« wurde gegen ihn ins Feld geführt.

Das System der Verfolgung

Nach der »Designation« organisiert sich die Verfolgung. Der Intensitätsgrad der Verfolgung ist umgekehrt proportional der Nähe der Verfolger zum Opfer. Im Zentrum der Macht konstituiert sich die »umringende Schar«. Es ist jener »hegende Ring, der von Männern gebildete Zaun, der Mauerring«, den Carl Schmitt in den Corollarien zu seinem »Nomos der Erde« als die »Urform kultischen, rechtlichen und politischen Zusammenlebens« hypostasiert. Er vergißt hinzuzufügen, daß es auch die Schar derer ist, die über das Opfer herfällt, um es zu töten, die Grundfigur kollektiver Gewalt. Tatsächlich waren die Männer, die dem Kaiser aufgrund ihrer Funktionen, aber auch menschlich am nächsten standen, seine unmittelbare Umgebung, die eigentlichen Träger und Protagonisten der Verfolgung. Sie unterlagen der »illusion persécutrice« am stärksten.

Alle gehörten sie der Generation derer an, die an der Reichsgründung aktiv teilgenommen hatten, und sei es als Leutnants am Feldzug der Jahre 1870/71 – die sich politisch, sozial und biographisch mit dieser Reichsgründung identifizierten und identifizieren mußten. Sie alle fühlten sich in einer Notlage, aus der herauszukommen es weder innen- noch außenpolitisch ein brauchbares Rezept gab, obwohl sie sich das qua »Bismarckidealisierung« weiszumachen versuchten.

Die Lage war hoffnungslos, die Katastrophe unausweichlich. Alle suchten, unbewußt, nach dem, den sie dafür verantwortlich machen konnten und den sie dann rücksichtslos zu opfern bereit waren, um endlich von ihren Nöten befreit zu sein, um einen vivablen Normalzustand herzustellen. Zwischen ihnen und dem Kaiser aktualisierte sich im täglichen Umgang das mörderische Klima eines »double-bind«: »So mußt du sein – so mußt du nicht sein«. Auf der Ebene der Bewußtheit waren sie als Exponenten der politischen Klasse sozial und existentiell auf das Gelingen des Kaisertums verpflichtet. Gleichzeitig waren sie unbewußt von der Unmöglichkeit dieses Gelingens durchdrungen. Sie mußten ihn offiziell, institutionell anerkennen. Das angestaute, unbewußt gemachte Aggressionspotential aber floß in die Machinationen ein, die das Sündenbocksyndrom produzierte. Mit den Worten Girards handelt es sich dabei um die »eigentliche kollektive Übertragung, die zu Lasten des Opfers geht und interne Spannungen und Groll, Rivalitäten und sämtliche Anwendungen gegenseitiger Aggressionen innerhalb der Gemeinschaft betrifft.«[174]

Ihr Wille, loyal zu sein, wurde nur übertroffen von ihrem Drang, sich von ihrer Mitverantwortung zu exkulpieren. Sie dienten der Idee – der Idee des Reiches, wie es Bismarck 1871 in Versailles gegründet hatte –, aber in dem Maße, in dem sie wußten, daß diese Idee keine Zukunft hatte, suchten sie ständig nach den Indizien für ein Fehlverhalten dessen, der die Idee repräsentierte und den sie zum Alleinverantwortlichen für das Scheitern stilisieren konnten, der der Alleinschuldige war.

So entstand eine Atmosphäre der totalen Verunsicherung, die im Gegensatz zu dem hieratischen Ritual stand, mit dem der Kaiser versuchte, das System zu stabilisieren. Was einerseits als der Versuch anzusehen ist, die Reichsidee zu sakralisieren – was Wilhelm I. immer abgelehnt hatte –, war andererseits der unheimliche Vorgang der Sakralisierung des Opfers. Parallel zu seinen Bemühungen, aus seinem Kaiseramt das Beste zu machen, läuft der Prozeß, den Nachweis für sein Versagen zu führen.

Das geht ganz deutlich aus den Briefen und Memoiren der Holstein, Bülow, Hohenlohe, Bethman-Hollwegs, ja des Fürsten Eulenburg hervor. Es ist geradezu peinlich und auf den ersten Blick unverständlich, wie hämisch, maliziös und verständnislos sie den Kaiser kritisieren, unter sich verächtlich machen, in der Ausübung seiner Funktion, an der sie unmittelbar beteiligt sind, die sie mittragen und weitgehend kontrollieren. Man kann an diesen Dokumenten die sonderbare Perzeptions-störung am besten studieren, die Weise, wie sie die Fakten aus-wählen, wie sie sie kommentieren, wie sie schweigen. Doch das ist noch nicht alles. Die perniziöse Verfolgung geht weiter.

Man kompromittierte den Kaiser kaltblütig. Man ließ ihn glatt ins Messer laufen. Die Krüger-Depesche, die Landung in Tanger, die Zusammenkunft mit dem Zaren in Björkö und nicht zuletzt die Daily-Telegraph-Affaire sind solche Fälle, in denen man den Kaiser in eine Situation manövriert hatte, die für ihn zu einem Mißerfolg, zu einer Kränkung, zu einer öf-fentlichen Demütigung führen mußte, die man dann aber so-fort als neuen Beweis dafür anführen konnte, daß er eigentlich unfähig war. Dazu gehört auch die Weise, in der die Eulenburg-Affaire manipuliert wurde. Immer ging es darum, ihm »Ver-brechen« anzulasten, die die unheilvolle Situation des Reiches erklärten.

Das Sündenregister des Kaisers, an dem so hartnäckig fest-gehalten wird, ist der Katalog der dem designierten Opfer im-putierten Untaten – die den imaginären Kausalnexus zwischen Krisensituation und Opfer herstellen. Sie sind Elemente des Mythos, den die »Maschinerie zur Mythenherstellung« – der Sündenbockmechanismus – als unerläßliche Momente seines Funktionierens produziert.

Aber – das gehört wesentlich dazu – der Kaiser ist »consen-tant«. Er spielt mit, deckt seine Ratgeber, übernimmt die Ver-antwortung für die Pannen, wie er sich auch immer schützend vor Bismarck stellt. Schließlich schreitet das Opfer, im vollsten Gefühl seiner Machtvollkommenheit, zur Autoexekution.

Die Rolle Bismarcks

Komplementär zur Designation des Kaisers als Sündenbock gehört die Konstruktion einer, von der Realität völlig abgehobenen, Gestalt eines mythischen Bismarcks. Dabei hat der böse Alte im Sachsenwald, im Widerspruch zu dem Gesetz der Unbewußtheit des Sündenbockmechanismus als Bedingung seines Funktionierens, in voller Bewußtheit die entscheidende Rolle gespielt, um ihn in Gang zu bringen. Bismarck suchte, spätestens nach seiner Entlassung, nach dem, den er für das Scheitern seiner Reichsgründung verantwortlich machen konnte. Er brauchte den Schuldigen, um aus der hoffnungslos verfahrenen Situation herauszukommen, in der er selbst, über kurz oder lang, als der alleinverantwortlich Schuldige stehen würde. Sehr früh schon muß er gewittert haben, welche Möglichkeiten ihm da der präsumtive Thronfolger, mit seinem Geburtsmakel, bot.

Die Art und Weise, wie er den jungen Hohenzollernprinzen keineswegs auf sein Amt vorbereitete, sondern ihn systematisch verunsicherte, wie er ihn gegen seine Eltern aufhetzte, mit falschen Informationen fütterte, alles unternahm, um ihn psychisch in seine Botmäßigkeit zu zwingen, ein gefügiges Werkzeug aus ihm zu machen, deutet darauf hin, daß er nur ein Ziel verfolgte: ihn als Instrument seiner Rechtfertigungspläne zu mißbrauchen.

Es kann keinen Zweifel daran geben, daß Bismarck trotz seiner Krokodilstränen und seiner pompösen Deklarationen die Hohenzollern verachtete. Wie verhaßt mußte ihm dieser Wechselbalg der englischen Prinzessin sein, der einzigen Person, die es gewagt hatte, ihm auf den Kopf zuzusagen, daß sie ihn für einen Gangster hielt.

Die dämonische Größe Bismarcks liegt vielleicht darin, daß er, nachdem er sich persönlich davon überzeugt hatte, daß sein Reich eine Fehlkonstruktion war, den kühnen Entschluß faßte, das Reich aufzulösen. Der alte Condottiere wollte noch einmal einen großen Coup wagen.[175]

Seiner Natur und seinem Stile nach konnte das wieder nur als Gewaltakt vonstatten gehen. Die »mise en scène« wollte er schon selbst übernehmen: rücksichtslose Repression der Arbeiterklasse, ein Bürgerkrieg, der in einem Blutbad erstickt wird, Panik der Bourgeoisie, Auflösung des Reiches durch die Fürsten[176]. Die Schuld für das Ganze aber sollte den jungen Kaiser treffen. Nicht er, Bismarck, Begründer des Reiches, sondern Wilhelm II. sollte vor dem Tribunal der Geschichte die Verantwortung für den Untergang des Reiches tragen. Er war das designierte Opfer schon in dieser Phase. Das Szenario für den Ritualmord war auch bereit: es wurde ihm suggeriert, mit dem Säbel in der Hand auf den Stufen des Thrones zu sterben. Der junge Mensch, noch ungebrochen, wollte seine Herrschaft nicht als Repräsentant der Gewalt, sondern als Protagonist der Versöhnung beginnen. Er verweigerte die Teilnahme an dem ihm aufgedrängten Szenario »Apocalypse Now« und schickte Bismarck zum Teufel.

Die Entlassung Bismarcks, die ein Befreiungsakt sein sollte, bewirkte das Gegenteil: Er wurde von der umringenden Schar der Paladine gewissermaßen in Gewahrsam genommen, der Sündenbockmechanismus trat sofort in Funktion. »Das Martyrium seines Lebens begann.«[177] Regie führte, bis zu seinem Tode, der böse Alte im Sachsenwald. Er gab die Stichworte für die Verfolgung aus, allerdings auf indirekte Weise.

Schon aus der Entlassungsaffaire selbst destillierte er zwei Anklagepunkte gegen den Kaiser, die typisch transgressorische Verbrechen im Sinne des Sündenbockmechanismus sind: unstaatsmännisches Verhalten – also das Rühren an den ehernen Normen, auf denen die Stabilität seines Staates beruht – und, noch schlimmer, Einverständnis mit dem Reichsfeind Nr. 1, der Sozialdemokratie, die im Selbstverständnis der herrschenden Klasse in erster Linie für die bedrohliche Kulturkrise verantwortlich zu machen war.

Doch das reichte noch nicht. Das Verbrechen, das die Verbindung herstellen muß zwischen Krise und Opfer, mußte noch skandalöser, noch empörender, eine noch entscheidendere Durchbrechung der gesellschaftlichen und sittlichen Normen sein, auf denen die Gesellschaft beruhte. Bismarck ließ sich Harden kommen, wie man einen Bravo engagiert, und lancierte die Geschichte mit den Kinäden. Dieser Kaiser war unmöglich, weil er von Homosexuellen, das heißt von weibischen, weichlichen Männern umgeben war. Die Zukunft des Reiches war kompromittiert durch die Herrschaft von sexuell Abwegigen.

Auf diese Weise wurde der Kaiser, ganz in der Logik des Sündenbockmechanismus, tatsächlich des schlimmsten Verstoßes gegen die herrschende gesellschaftliche Moral bezichtigt, der einem Mann im Wilhelminischen Deutschland zum Vorwurf gemacht werden konnte: Homosexualität, das »crimen ineffabile« der Wilhelminischen Gesellschaft.

Zehn Jahre hat es gebraucht, bis die Mine hochging, aber sie hat um ein Haar den gewünschten Effekt erzielt, den Kaiser von seinem Thron zu fegen.

Die Exekution

Die Verfolgung des Opfers erreichte ihren ersten Kulminationspunkt in der Novemberkrise 1908, ausgelöst durch die Daily-Telegraph-Affaire. Auf den ersten Blick schon muß dem unbefangenen Beobachter das Mißverhältnis zwischen dem auslösenden Moment, einem Zeitungsartikel, und den ungeheuren Proportionen, die das Ereignis gewinnt, ins Auge fallen. Aber hinter der Daily-Telegraph-Affaire stand, wie schon ausführlich dargestellt, die Eulenburg-Affaire, die sich ja um genau dieselbe Zeit abspielte und Teil des Gesamtkomplexes der Novemberkrise ist. Es ist die große Reichskrise.

Was geschieht? Es macht sich plötzlich explosionsartig ein genereller diffuser Unmut Luft, der seine Argumente da hernimmt, wo er sie findet. Ein Kesseltreiben beginnt, eine wilde Hatz, an der sich alle beteiligen und in der es nur um eines geht, einen Mann zu erledigen. Es ist ein unglaublich degoutantes, würdeloses Schauspiel, das sich da vor den Augen der Welt abspielt, die ihm völlig verständnislos gegenübersteht. Das war der erste Ausbruch des kollektiven Vernichtungswunsches – die Brandmarkung des Opfers, das getötet werden sollte. Es war gar kein normaler, historischer Vorgang, sondern ein Geschehen, das in seinem Ablauf autopoetisch den Mythos generiert.

Nach der Novemberkrise von 1908 war die Novemberkrise von 1918 gewissermaßen nur noch ein Nachspiel. Der Kaiser zieht 1914 an der Spitze seines Heeres in den Krieg, getragen von einer Welle patriotischer Begeisterung. Es ist nicht sein Krieg, vielmehr spielt er auch hier die ihm zugewiesene Rolle mit Bravour. Er agiert wieder als Geisel des Establishments, war aber gleichzeitig der Exponent eines nationalen Wollens. Er war sicher nicht für den Krieg verantwortlich zu machen, für den er als Kaiser verfassungsrechtlich die Verantwortung trug und selbstverständlich auch verfassungstreu übernahm. Er wird von der Nemesis in den Krieg gestoßen. Heute weiß man, daß der Krieg unvermeidlich war, unausweichlich eingebaut in das durch die Reichsgründung gestörte europäische System, er war der Vollzug des vorprogrammierten, von Bismarck selbst schon vorausgesehenen Zusammenbruchs. Als der immer dunkel vorausgeahnte, gefürchtete militärische und moralische Untergang des Reiches schließlich eintritt – den der Kaiser dreißig Jahre lang zu verhindern suchte –, steht er schutzlos da als derjenige, der dafür schuldig zu sprechen war, der designierte Sündenbock. Plötzlich gab es keine Alternative mehr: Der Kaiser muß weg. Eine Ungeheuerlichkeit, wenn man es richtig bedenkt. Es wird jetzt klar ausgesprochen; jetzt steht es in der Zeitung: Dieser Mann da, Wilhelm II. von Hohenzollern, muß geopfert werden, damit Deutschland gerettet werde. »Es ist besser, ein Mensch sterbe für das Volk, denn das ganze Volk verderbe!«[178] Das Sakrifizium wird kaltblütig vollzogen.

Die Logik des Mythos als agiertes Szenario ist durchschlagender als jede rationale oder auch politische Situationsanalyse. Das Opfer wird gar nicht gefragt, es wird hintergangen, belogen und schließlich brutal vor den »fait accompli« einer gegen seinen Willen und ohne seine Zustimmung verkündigten Abdankung gestellt. Er will sich wehren, er protestiert, er möchte zu seiner Truppe, er möchte in Ehren sterben – nein, es wird anders bestimmt; seine Koffer werden in einen Sonderzug gestellt, und er wird gezwungen, ins neutrale Ausland zu fliehen.

Es wäre falsch zu glauben, Wilhelm II. hätte irgendeine andere Wahl gehabt. Man hätte ihn sicherlich wieder so sehr »geschützt«, daß er sich nicht einmal hätte erschießen können. Aber das durfte nicht sein, er mußte »getötet« werden, wozu natürlich niemand den Mut hatte. Man wählte eine viel schlimmere Form der Exekution, als es die physische Tötung ist. Das Opfer wird gebrandmarkt mit dem Stigma der »Fahnenflucht«.

*Wilhelm II. auf der Fahrt ins Exil mit seinen Begleitern auf dem Bahnhof
Eysden am 10. November 1918*

Das war in der Tat im Moralkodex des Soldatenstaates der
schlimmste Makel, das unverzeihlichste, absolute Verbrechen.

Der Sündenbockmechanismus wirkte sich bis in die ge-
wählte Todesart aus. Das war keine Revolution, kein politischer Akt, das war der Vollzug eines seit der Thronbesteigung
vorgezeichneten, in der Reichsgründung selbst vorgezeichneten Rituals. Der erste Kaiser war gegen seinen Willen von einer
militärischen Junta zum Kaiser gemacht worden – der letzte
Kaiser wurde gegen seinen Willen von den höchsten Militärs
dieses Reiches liquidiert.

Der Opfergang Wilhelms II. ist aber damit nicht beendet.
Nach 1918 war über alle Kontroversen eines ganz klar und
wurde zu einem unangreifbaren Dogma: Der Kaiser war an allem schuld.

Die gesamte Literatur, die in den nächsten zwanzig Jahren
über das Kaiserreich veröffentlicht wurde – Aktenpublikatio-
nen, offizielle Geschichtsschreibung, Memoiren –, war sich, so

kontrovers sie im einzelnen auch sein mochte, über diesen einen Punkt einig. Die meisten Veröffentlichungen trugen auf ihre Weise dazu bei, diese Schuld zu beweisen, zu bestätigen, zu verhärten. Den Reigen eröffnete die posthume Herausgabe des dritten Bandes der »Gedanken und Erinnerungen« von Bismarck, die, was die Passagen über den Kaiser betrifft, an Infamie, an perfiden Insinuationen nicht übertroffen werden konnten.[179] Emil Ludwigs Biographie, der den an Harden erteilten Auftrag getreulich übernahm, bestätigte, was alle hören wollten. Bülows Memoiren, ein Lügengespinst, wurden in hundert Punkten kritisiert und widerlegt, nicht aber in dem, was »das Luder« über den Kaiser zu sagen hatte.

Diese Texte wurden verfaßt in der Perspektive der Verfolgung, der »Verfolgerillusion«, die subjektiv von der Unschuld des Opfers überzeugt ist, aber fest an seine »Verbrechen« glaubt; das gehört zum Sündenbockmechanismus.

Die Selektion der Tatsachen, ihre Bewertung, die Akzentsetzungen wurden durch die vorgegebene Polarisation determiniert. Aber man schrieb nicht nur so, sondern man las auch so. Das heißt, man war blind für jeden Inhalt, für jede Mitteilung, die nicht in dieselbe Richtung wies. Andere Stimme wurden überhört, totgeschwiegen, als monarchistische Propaganda bagatellisiert oder ridikülisiert. Der einzige, der 1918 schon seine Stimme erhoben hatte, um den Deutschen zu sagen, daß sie im Grunde mit allem, was sie gegen den Kaiser vorbrachten, nur sich selbst richteten, daß sie außerstande waren, die wahre Größe dieses Monarchen zu begreifen, die genau in dem lag, was über sein Deutschtum hinausging, Walther Rathenau, wurde mit dem Tode bestraft.

Der »Sündenbockmechanismus« arbeitete weiter. Ein Volk salvierte sich. Es hatte seinen »nationalen Mythos«.

»Aber die Menschen brauchen nun einmal einen Sündenbock, und das einfachste ist es, den Wehrlosesten zum Schuldigen zu erklären«, schreibt Carl Schmitt. »Wer einmal in die Rolle des Sündenbocks geraten ist, hat es schwer. Der Sündenbock hat kein Recht auf Gehör und keine Aussicht auf Gnade. Das liegt in der Natur der Sache. Er soll ja für alle bezahlen,

und wenn die Menschen sich einmal auf einen tragfähigen Sündenbock geeinigt haben, werden sie nicht leicht auf ein so nütz-
liches Tier verzichten.«

Der Mythos eines nationalen Mißgeschicks

So produzierte der Sündenbockmechanismus den nationalen Mythos, der unser Geschichtsbewußtsein beherrscht. Ein festgefügtes, in sich scheinbar kohärentes Sinndeutungsgefüge der deutschen Geschichte seit 1871. Es hat einen positiven und einen negativen Pol: das positive, ins Gigantische gesteigerte Bismarckbild – und, komplementär, umgekehrt proportional, das Negativbild Kaiser Wilhelms II. Beide sind gleichzeitig entstanden, beide sind unlöslich miteinander verknüpft.

Die Kraft des Mythos – seine Notwendigkeit – liegt darin, daß er eine Erklärung des nationalen Mißgeschicks liefert, ohne die wirklich Verantwortlichen zu kompromittieren. Der Mythos entlastet Bismarck – und seine Handlungsgehilfen – von den Folgen der historischen Tat der Reichsgründung und lastet die gesamte Verantwortung für das Scheitern dem Kaiser an. Der Mythos will, daß das Reich nicht deswegen untergegangen ist, weil es ein auf Verbrechen basierender, den wahren Beruf der Deutschen verratender, Europa verunsichernder, skandalöser Gewaltakt war, sondern weil ein unfähiger Monarch es nicht so geführt hat, wie es ein Bismarck, der absolute Staatsmann, gekonnt hätte. Eine grandiose Mystifikation – um den Preis der historischen Wahrheit.

Aber was ist das, die historische Wahrheit? Sie anerkennen würde heißen, das eigene Fehlverhalten anzuerkennen. Das ist unerträglich, so unerträglich wie die Gewalt, die der Kern dieser Wahrheit ist. Der Mythos, nicht die historische Wahrheit, ist die Basis unseres Politikverständnisses, unseres Geschichtsbewußtseins, unseres Nationalgefühls geworden. Der Mythos beherrscht die Geschichtswissenschaft, wird auf den Universitäten verbreitet, steht in den Schulbüchern und sitzt in den Köpfen aller Deutschen fest.

Der Weg zu einer angemessenen Beurteilung Kaiser Wilhelms II. führt über die Demontage dieses Mythos.

Wir müßten Abschied nehmen von allen vertrauten und liebgewordenen Stereotypen und Klischees und das zuzugeben bereit sein, was die Generationen vor uns sich einzugestehen verweigert haben. Wir müßten uns durchringen zu der Erkenntnis, daß die Gründung des Deutschen Reiches durch Bismarck ein Irrtum, ein Fehler, eine Sünde wider den deutschen Geist war. Wir müßten anerkennen, daß Bismarck vor der Aufgabe, das Reich nach innen und außen zu konsolidieren, versagt hat, daß dieses Staatsgebilde im Herzen Europas nicht von Dauer sein konnte, daß es früher oder später an seinen inneren und äußeren Schwierigkeiten zugrunde gehen mußte. Das reicht aber noch nicht. Wir müßten uns vor allem von dem Gedanken trennen, daß die Gründung des Reiches notwendig, positiv, die beste Lösung des deutschen Problems zu seiner Zeit war. Wir müßten vergessen, es als die große nationale Errungenschaft zu verstehen, und es als das sehen lernen, was es war: ein Desaster.

Friedrich Meinecke – der bedeutendste deutsche Historiker der Bismarck verehrenden Generation – hat nach 1945 traurig bekannt: »In der Leistung Bismarcks war etwas, das auf der Grenze zwischen Heilvollem und Unheilvollem lag und in seiner weiteren Entwicklung immer mehr zum Unheilvollen hinüberwachsen sollte.« Das ist vorsichtig und milde ausgedrückt, man kann – man muß es heute wohl härter sagen: »Das Reich, das Bismarck gründete – das Bismarckreich –, war eine Fehlkonstruktion, seine Kurzlebigkeit war kein Zufall.«[180]

Dieses schmerzliche Eingeständnis, daß der von Bismarck beschrittene Weg der falsche gewesen ist und darum ins Unheil geführt hat, wird uns vielleicht leichter gemacht, wenn wir uns mit dem Gedanken anfreunden, daß es damals durchaus auch andere Alternativen gegeben hat; eine These, die sich, soviel ich weiß, ein einziger deutscher Historiker zu eigen gemacht hat: Franz Schnabel, ein Liberaler, süddeutsch-demokratischer und zugleich katholischer Prägung, das steht für nicht deutsch-nationaltional, nicht norddeutsch-konservativ und zugleich nicht protestantischer Prägung. Die richtige Lösung, meint er, dem wahren Beruf des deutschen Volkes angemessen, sei nicht der nationale Machtstaat, sondern der fortschreitende Ausbau einer supranationalen europäischen Völkergemeinschaft in Anknüpfung an das alte Reich gewesen, wie sie von den Zeitgenossen, vor allem Constantin Frantz, propagiert wurde, eine Lösung, die also nicht auf dem Prinzip der Gewalt, der Repression nach innen und außen, sondern auf dem basierte, wozu Bismarck total unfähig war: auf partnerschaftlichem Verhalten.

Zum Abschied vom Mythos gehört schließlich auch, daß wir das ominöse Denken in den Kategorien der Machtpolitik, der Verabsolutierung des Gewaltpragmas, suspendieren, was um so schwerer fällt, als es – bis heute noch – für ein ganz spezifisch deutsches Politik- und Geschichtsverständnis konstitutiv geblieben ist.

Entstanden im Wilhelminischen Deutschland, als Produkt der »deutschen Wissenschaft«, gibt sie sich als letzte Erkenntnis über den Funktionsmodus der Geschichte aus, ist aber doch nur die Theoretisierung der Entstehungs- und Lebensbedingungen des Bismarckschen Reiches. Zu ihr gehört die seltsame Vorstellung vom idealen Politiker, wie sie Max Weber auf den Begriff gebracht hat. Auch sie gehört zum deutschen Mythos, ist ihr dritter Pol: Neben Bismarck, dem Vater, Wilhelm II., dem Sohn, ist Webers Gewaltpragma als Dogma des deutschen Geschichts- und Politikverständnisses gewissermaßen der »Heilige Geist« – eine fatale Dreieinigkeit.

Erst nach der Demontage dieses mythischen Konstrukts werden wir in der Lage sein, die angemessenen Kriterien zur Beurteilung der Gestalt Wilhelms II. zu finden. Wir werden mit Oncken, der es 1913 schon aussprach, darin übereinkommen, daß der Kaiser »geradezu als ein Exponent und Ausdruck der jüngsten Entwicklung gedeutet werden darf«[181] – nicht als Erfüllungsgehilfe einer auf die schiefe Bahn geratenen deutschen Geschichtsentwicklung, sondern als singuläres Zeit- und Kulturphänomen.

Der aufgebahrte Sarg Wilhelms II. im Haus Doorn am 4. Juni 1941

Wir werden dazu, was schon Oncken forderte, »eine so zu-
sammengesetzte Persönlichkeit, wie unser Kaiser es ist, mit unserem Gesamtempfinden, mit der Welt unserer lebendigen
Ideale in Beziehung setzen, wir werden trachten, sie an der
Kultur unserer Zeit zu messen und zu bewerten«[182].

»Wobei wir freilich« – ich zitiere immer noch Oncken –
»nicht vergessen dürfen, daß wir, auf der Scheide der Zeiten
stehend, einen solchen Kulturbegriff einheitlichen Gepräges
nicht besitzen. Wir haben eine nach neuen Werten suchende
und eine die traditionellen Werte pflegende Kultur, eine zur
höchsten individuellen Verfeinerung gesteigerte ästhetische
Kultur und eine technisch verwegene und von äußerlichen Er-
folgen strotzende Kultur der Mechanisierung des Lebens: von
wo sollen wir den absoluten kulturellen Maßstab nehmen, um
der Persönlichkeit des Kaisers gerecht zu werden?«[183]

Das ist die Frage. Die einzig angemessene Frage, die man bei
der Beurteilung des Kaisers stellen dürfte.

Wilhelm II. war ein wesentlich unpolitischer Mensch. Er war
ein Idealist, er war ein Romantiker. *Mais où est le mal?* Könnte

man das nicht einmal positiv sehen? Ich würde sogar mit Hans Blüher übereinstimmen, der den Kaiser als »anima candida« bezeichnet hat. Er, als einziger, hat versucht, den Kaiser vorurteilslos zu sehen, und nicht gezögert, ihn als Genie zu qualifizieren. Er hat auch richtig darauf hingewiesen, daß das eigentliche Problem, vor dem man angesichts dieser Persönlichkeit steht, die Erforschung der Gründe ist, die ihn daran gehindert haben, seine außergewöhnlichen Fähigkeiten voll zur Entfaltung zu bringen.

Ich glaube, um dem Kaiser seinen historischen Rang zuzuweisen, muß man ihn völlig herausnehmen aus dem System der deutsch-nationalen Geschichtsorthodoxie, deren Geisel er bis heute ist, und ihn in die Perspektive einer Betrachtungsweise stellen, die sich für die Geschichte und die Kulturentwicklung Europas unter kultursoziologischen Gesichtspunkten interessiert, in denen die sakralen und ästhetischen Dimensionen des Königtums ernster genommen werden als die zeitgeschichtlichen, in der Erkenntnisse, wie die von Norbert Elias, ins Spiel gebracht werden könnten und in der schließlich auch ein Wilhelm II. in den Genuß dessen kommen würde, was ich den »Benjamin-Bonus« nennen möchte, die Einsicht in die tiefe Tragik allen Herrschertums.

ANMERKUNGEN

[1] Egon Friedell, Kulturgeschichte der Neuzeit, München, 1954, Band 3, S. 1367.

[2] Winston Churchill, Zitat abgedruckt in: Walter Hartau, Wilhelm II, Reinbek, 1978, S. 145.

[3] Walther Rathenau: Der Kaiser, Berlin, 1919, S. 24 und S. 25.

[4] Der Spiegel, Heft 2, 1985.

[5] Walter Goetz, Kaiser Wilhelm II und die deutsche Geschichtsschreibung, Historische Zeitschrift 179, 1955, S. 21–41.

[6] Sebastian Haffner, Preußische Profile, Königstein, 1980, S. 214.

[7] Joachim von Kürenberg, War alles falsch?, Bonn, 1951, S. 9.

[8] Goetz, a. a. O., S. 23.

[9] Rudolf Martin, Deutsche Machthaber, Leipzig, 1910, S. 1.

[10] Vgl. Hans Ulrich Wehler: Das Deutsche Kaiserreich 1871–1918, Göttingen, 1973.

[11] Vgl. John C. G. Röhl: Kaiser, Hof und Staat. Wilhelm II und die deutsche Politik, München, 1987.

[12] Vgl. John C. G. Röhl, Wilhelm II, Die Jugend des Kaisers 1859–1888, München, 1993.

[13] Vgl. DIE ZEIT, Nr. 37, 4. September 1987.

[14] Vgl. DIE ZEIT, Nr. 48, 25. November 1994.

[15] John C. G. Röhl, Kaiser, Hof und Staat, München, 1987, S. 18.

[16] Walther Rathenau, Der Kaiser, a. a. O., S. 44.

[17] Karl Lamprecht, »Der Kaiser«, 1913, Berlin, S. 27 f.

[18] Houston Stewart Chamberlain, Deutsches Wesen, München, 1916, S. 32.

[19] Vgl. Joachim von Kürenberg, War alles falsch?«, Bonn, 1951.

[20] Ludwig Thoma, Zitat abgedruckt in: Friedrich Hartau, Wilhelm II, Reinbek, 1978, S. 144.

[21] Thomas Mann, »Königliche Hoheit«, Frankfurt am Main, S. 30.

[22] Das Tagebuch der Baronin Spitzemberg, Göttingen, 1960, S. 380. In diesem Zitat zeigt sich – beiläufig – ein schönes Modell der Vorstellung der sozialen Klassifikation des Kaiserreiches: die »obersten Zehntausend« – die »breiten Schichten« der ehrsamen Bürger und der »sozialdemokratische Mob«.

[23] Egon Friedell, Zitat abgedruckt in: Friedrich Hartau, Wilhelm II, Reinbek, 1978, S. 144.

[24] Vgl. Harry Graf Kessler, Tagebücher 1918–1937, Frankfurt am Main, 1961, S. 86.

[25] Vgl. Marcel Proust, A la recherche du temps perdu, Le côté de Guermante, Paris, 1988. Die grüne Nelke ist ein Codewort für Homosexualität und Dandyismus, daß mit Bezug auf Oscar Wilde in Umlauf gebracht wurde.

[26] Egon Friedell, Kulturgeschichte der Neuzeit, München, 1954, Band 3, S. 1364.

[27] Nicholas Murray Butler, Across the busy years, New York, 1940, S. 61.

[28] Vgl. Robert Zedlitz-Trützschler, Zwölf Jahre am deutschen Kaiserhof, Stuttgart, 1923; Georg Alexander von Müller, Der Kaiser ..., Göttingen, 1965; Sigurd von Ilsemann, Der Kaiser in Holland, München, 1968.

[29] Eine vom Ex-Kaiser ins Leben gerufene archäologische Privatakademie, die sich regelmäßig auf seine Einladung hin in Doorn – bis zum Tode von Leo Frobenius 1937 – traf. Vgl. Hans Wilderotter, Zur politischen Mythologie des Exils. Wilhelm II., Leo Frobenius und die »Doorner Arbeits-Gemeinschaft«, in: ders./Klaus D. Pohl (Hrsg.), Der letzte Kaiser – Wilhelm II. im Exil, Berlin, 1991, S. 131–142.

[30] In der Rede, die der Kaiser anläßlich des Festmahls der Provinz Westfalen in Münster hielt, findet sich der folgende, versteht man ihn recht, erschütternde Satz: »Ich habe in Meiner langen Regierungszeit – es ist jetzt das zwanzigste Jahr, das Ich angetreten habe – mit vielen Menschen zu tun gehabt und habe vieles von ihnen erdulden müssen; oft unbewußt und oft leider auch bewußt haben sie Mir bitter weh getan.« Die Reden Kaiser Wilhelms II, Leipzig, 1887–1913, Band IV, S. 87. Es ist eine der ganz wenigen Äußerungen über die persönliche Erfahrung seines Fürstendaseins.

[31] Seine Flügeladjutanten amüsierten sich darüber, indem sie behaupteten, man hätte das Relief der scheußlichen Urmutter zu Füßen des Achilleion vergraben, damit er sie ausgraben konnte.

[32] Vgl. Wilhelm II, Erinnerungen an Korfu, Berlin, 1924.

[33] Vgl. Philipp Wolff-Windegg, Die Gekrönten, Stuttgart, 1958.

[34] Vgl. John C. G. Röhl, Die Jugend des Kaisers, 1859–1888, München, 1993.

[35] Vgl. Emil Ludwig, Wilhelm der Zweite, Berlin, 1926. Die symbolische Bedeutung dieser Infirmität hatte Thomas Mann als erster in seinem Roman »Königliche Hoheit« aufgezeigt – eine überaus einfühlsame Studie in die Problematik des Königtums.

[36] Walter Benjamin, Ursprung des deutschen Trauerspiels, in: ders., Gesammelte Schriften, I, Frankfurt am Main, 1978, S. 243 und S. 245.

[37] Golo Mann, Deutsche Geschichte des 19. und 20. Jahrhunderts, Frankfurt am Main, 1963, S. 487.

[38] Elard von Oldenburg-Januschau, Erinnerungen, Leipzig, 1936, S. 58.

[39] Walther Rathenau, Der Kaiser, a. a. O., S. 35.

[40] Alfred von Tirpitz, Erinnerungen, Leipzi,g 1919, S. 134f.

[41] Sebastian Haffner, Preußische Profile, Königstein, 1980, S. 215.

[42] Thomas Mann, »Von Deutscher Republik«, 1922, in: ders., Politische Schriften und Reden, Frankfurt am Main, o. J., S. 116f.

[43] Vgl. Michael Stürmer, Das ruhelose Reich, Berlin, 1983; Hans-Ulrich Wehler, Das deutsche Kaiserreich 1871–1918, Göttingen, 1983; Thomas Nipperdey, Deutsche Geschichte 1866–1918, Machtstaat vor der Demokratie, München, 1993.

[44] Vgl. Norbert Elias, Studien über die Deutschen, Frankfurt am Main, 1989.

[45] Vgl. Thorstein Veblen, Imperial Germany and the Industrial Revolution, 1915.

[46] Heinrich August Winkler, in: Merkur, Deutsche Zeitschrift für europäisches Denken, Oktober 1979.

[47] Mario Erdheim, Die gesellschaftliche Produktion von Unbewußtheit, Frankfurt am Main, 1982, S. 374.

[48] Vgl. Nicolaus Sombart, Freuds Vienna, in: ders., Nachdenken über Deutschland, München, 1981, S. 52–61, und Carl

E. Schorske, Wien – Geist und Gesellschaft im Fin de siècle, Frankfurt am Main, 1982.

49 Vgl. Nicolaus Sombart, Männerbund und Politische Kultur in Deutschland, in: Thomas Kühne (Hrsg.), Männergeschichte-Geschlechtergeschichte. Männlichkeit im Wandel der Moderne, Frankfurt am Main, 1995, S. 136–154.

50 Vgl. Hans Blüher: Die Rolle der Erotik in der männlichen Gesellschaft. Eine Theorie der menschlichen Staatsbildung nach Wesen und Wert, Jena 1921. Übrigens war diese Position auch die Grundüberzeugung Stefan Georges und seines Kreises.

51 Vgl. Alfred Adler, Menschenkenntnis, Leipzig, 1927 oder auch Otto Weininger: Geschlecht und Charakter, Wien, 1903.

52 Ethnologen und Historiker streiten sich darüber, inwieweit eine matriarchalische Gesellschaft je wirklich existierte, sie wurde von Johann Jakob Bachofen 1861 imaginiert und gehört seitdem als explizite oder implizite Referenz zum Diskurs der guten Gesellschaft, als Gegenbild, der als unbefriedigend empfundenen Zustände der bürgerlich-patriarchalen Männergesellschaft. Vgl. J. J. Bachofen, Das Mutterrecht, Frankfurt am Main, 1975. Für Max Weber war der Kulturhistoriker Karl Lamprecht, der Bachofens Theorien positiv verwandte, ein »Unhold des Matriarchats«, dem das Handwerk gelegt werden mußte.

53 Obwohl das psychologische Vokabularium, mit dem ich im weiteren arbeite, mittlerweile in die Alltagssprache eingegangen ist, sei hier nicht vergessen, auf die grundlegende und epochemachende Schrift von Sigmund Freud, Das Ich und das Es, Leipzig, 1923 zu verweisen.

54 Vgl. Emil Kraepelin, Psychiatrie. Ein Lehrbuch für Studierende und Ärzte, Leipzig, 1883.

55 Wilhelm II, Kommentar des Telegrammes 189, 30. Juli 1914, in: Die deutschen Dokumente zum Kriegsausbruch, Zweiter Band, zusammengestellt von Karl Kautsky, Charlottenburg, 1919, S. 133.

56 Daß er sich über die kulturelle Tiefendimension der deutschen Politik durchaus bewußt war, bezeugt ein Aufsatz, den

der Kaiser 1918, unmittelbar vor seiner Abdankung, unter dem Titel »Das Geschlecht der Völker« auf englisch im »Century Magazine« veröffentlicht hat. Darin führt er aus, daß Frankreich eine typisch feminine Kultur hätte, der Parlamentarismus horizontal sei. Deutschland aber sei männlich und sein Führungsprinzip (Monarchie) vertikal. Die Deutschen seien ein östliches Volk, der westliche Vorposten Eurasiens. England, Frankreich und die Mittelmeerländer gehörten zum atlantischen Kulturgebiet. Das erste sei maskulin, das letztere feminin konnotiert. Dieser Unterschied erklärt, nach Wilhelm II., warum der Osten männlich und der Westen weiblich ist. Er sieht auch den Gegensatz von Meer und Land.

[57] Das bei weitem beste Psychogramm Wilhelms II – sieht man von Walther Rathenau ab – stammt von Jean-Paul Sartre, der den Kaiser von seinem frei gewählten Lebensprojekt her aus der »totalité humaine« des »Seins zum Herrschen« eines preußischen Prinzen mit englischer Mutter deutet und das durchaus Singuläre, Unvergleichbare, »Sakrale« dieser Situation meisterhaft herausarbeitet. Wenn schon Psychologie, dann so. Vgl. J.-P. Sartre, Les carnets de la drôle de guerre, Paris, 1983.

[58] Vgl. Friedrich Naumann, Demokratie und Kaisertum, Berlin, 1900; e. umgearbeitete Auflage, 1906.

[59] Emil Ludwig: Wilhelm der Zweite; Berlin, 1926, S. 71.

[60] Vgl. Karl Ferdinand Werner: Hof, Kultur und Politik im 19. Jahrhundert, Bonn, 1985.

[61] Hierzu die beiden wichtigsten Arbeiten: Otto Hintze: Das monarchische Prinzip und die konstitutionelle Verfassung, in: Preußische Jahrbücher, 1911, S. 381–412, und Otto Brunner: Neue Wege der Verfassungs- und Sozialgeschichte, 1956.

[62] Vgl. Max von Seydel, Staatsrechtliche und politische Abhandlungen, München, 1893.

[63] In dieser Wilhelminischen Tradition steht die gesamte Carl Schmittsche Staatstheorie, sein Souveränitätsbegriff, seine Definition der Politik. Statt sich auf Theoretiker, wie zum Beispiel Hintze zu berufen, was in der Weimarer Zeit viel-

leicht kompromittierend war, zieht er es vor, sich auf die französischen Restaurationsphilosophen de Bonald und de Maistre zu beziehen, was schicker ist, aber auf dasselbe hinausläuft.

[64] Otto Brunner, a. a. O., S. 83.

[65] Otto Brunner, a. a. O., S. 166.

[66] Otto Brunner, a. a. O., S. 179.

[67] Philipp Wolff-Windegg: Die Gekrönten. Sinn und Sinnbilder des Königtums, Stuttgart, 1958, S. 348.

[68] Wir haben nichts zu befürchten. Es ist ja nicht so, daß uns die Forschung im Stich ließe bei einem solchen Vorhaben und wir darauf angewiesen wären, uns auf Intuitionen und dubiose Spekulationen einzulassen. In den verschiedensten Disziplinen bemühen sich ernsthafte Gelehrte darum, das »Königtum« in seinen metahistorischen Grundstrukturen zu begreifen. Am Beginn dieser Forschungsrichtung steht Sir James Frazer (Der goldene Zweig, ab 1890 [!]), ein Zeitgenosse des monarchischen Europas im späten 19. Jahrhundert. Nach Frazer hat besonders A. H. Hocart das »Pattern«, das Grundmuster des »Königsrituals« rekonstruiert und es von England bis Polynesien nachzuweisen vermocht (ders., Kingship, London, 1927). Nach dem Zweiten Weltkrieg war es Mircea Eliade (ders., Traité d'histoire des religions, Paris, 1953), der mit seiner phänomenologischen Analyse der »sakralen Mitte« den Hauptschlüssel zum Verständnis des Wesens des Königtums geliefert hat. Wichtige Hinweise liefern auch René Guénon, Der König der Welt, Freiburg, 1987; Ernst H. Kantorowitz, Die zwei Körper des Königs, München, 1990 (original: »The Kings two Bodies«, 1957); Philipp Wolff-Windegg: »Die Gekrönten. Sinn und Sinnbilder des Königtums«, Stuttgart, 1958. Als signifikativ und programmatisch mag die Forderung eines Otto Höfler gelten: die kritische Forschung habe sich gegen die numinösen Elemente und Strukturen der geschichtlichen Überlieferung nicht mehr eliminierend, sondern interpretierend zu verhalten. Vgl. ders., Der Sakralcharakter des germanischen Königtums, Leiden, 1959. »Das Heilige« (le sacré) ist für uns eine

soziologische Kategorie – wie sie, ausgehend von der gesellschaftlichen Funktion der Religion, Durkheim, Maus und
Bataille zum unverzichtbaren Instrument der Erforschung
der Gesellschaft konstituierenden Kräfte (Kohäsionskräfte)
gemacht haben, in Richtung auf ein soziologisches Verständnis der Problematik von Macht und Herrschaft. Vgl.
Dietmar Kamper/Christoph Wulf (Hrsgb.): »Das Heilige.
Seine Spur in der Moderne«; Frankfurt/M., 1987. Die »Sa-
kralsoziologie« des George Bataille kreist um das Problem
des Königtums. Der traumatische Ausgangspunkt seiner
Theorie der Souveränität ist der Königsmord der Französischen Revolution.

[69] Vgl. René Guénon, Der König der Welt, Freiburg, 1987.

[70] Guénon, a. a. O., S. 21.

[71] Wir finden hier die »geistige Begründung« des historisch-
neuzeitlichen Begriffes der »Souveränität«. Die Legitimation
des Souveräns als der Instanz, die den konfessionellen Bürgerkrieg überwindet und dadurch den Landfrieden stiftet.

[72] Vgl. Hocart, a. a. O.

[73] Ernst Rudolf Huber versucht es im vierten Band »seiner«
Deutschen Verfassungsgeschichte, Stuttgart, 1969.

[74] Vgl. John C. G. Röhl, Kaiser, Hof und Staat …, München,
1987.

[75] Röhl, a. a. O., S. 78.

[76] Bismarck hat sich über das Naturell des Kaisers mokiert, das
die Realität des Lebens verkenne und wolle, daß es »immer
Sonntag« sei. Bei jedem anderen wäre das eine berechtigte
Kritik, für den »König« muß immer Sonntag sein. Es ist gewissermaßen ein Erfordernis seines Daseins als König, so
wie »immer schönes Wetter sein« muß, wo er auftritt – das
berühmte »Kaiserwetter«, das keine meteorologische, sondern eine symbolische Bedeutung hat. So war das Gewitter
am Tage der feierlichen Eröffnung der Hochkönigsburg im
Elsaß keine beliebige Unwetterkatastrophe, sondern in der
symbolischen Ordnung ein echtes »Unheilszeichen«, das
auch als solches verstanden wurde.

[77] Vgl. Hans Sedlmayr, Der Verlust der Mitte, Salzburg, 1948.

[78] Verstanden hatten das die, die das Berliner Stadtschloß nach dem Zweiten Weltkrieg ohne zwingenden Grund in die Luft sprengten.

[79] Vgl. Birgit Marschall, Reisen und Regieren, Hamburg, 1991, und Isabel V. Hull, The Entourage of Kaiser Wilhelm II. 1888–1918, Cambridge, 1982.

[80] Marschall, a. a. O., S. 25.

[81] Im Sinne einer »sociologie sacrée« hat man den Bau der Flotte und die damit verbundene ungeheure Verschwendung von Arbeitszeit und Material als die Anhäufung eines gewaltigen Potlatsch anzusehen. Prestige und Imponiergehabe, »consumation«, Verausgabung und Verbrennung des Überflusses. Auch das gehört zu den Funktionen des »Königs«.

[82] »Viel verspreche ich mir vom Sturz der Könige. Wären sie auch schon machtlos: Ihr Dasein bleibt das am höchsten ragende Denkmal menschlicher Würdelosigkeit«, schreibt hierzu Heinrich Mann im Jahr 1907.

[83] Die Zukunft, 18. 1. 1908.

[84] Paul Liman, Der Kaiser. Ein Charakterbild Wilhelms II., Berlin, 1904, S. 13 f.

[85] Max Nordau, Die conventionellen Lügen der Kulturmenschheit, Leipzig, 1883.

[86] Nordau, a. a. O., S. 98.

[87] Ebd.

[88] Vgl. Nicolaus Sombart, Die deutschen Männer und ihre Feinde, München, 1991, S. 181 ff.

[89] Hermann Oncken, Der Kaiser und die Nation, Heidelberg, 1913, S. 16.

[90] Die historischen Umstände der Entlassung Bismarcks brauchen nicht diskutiert zu werden, sie sind inzwischen hinreichend bekannt.

[91] »Weil die Politik Bismarcks zum Schluß der Amtstätigkeit nach außen und innen unmöglich geworden war«, so die damalige Einschätzung von Philipp Eulenburg.

[92] »Was man auch gegen Wilhelm II einwenden kann – kein unbefangener Historiker darf leugnen, daß er gerade mit der Tat, die fast am meisten an ihm getadelt worden ist,

der Entlassung Bismarcks, im Recht war«, Hans Delbrück, Die Bismarcklegende, Historische Zeitschrift 133, Heft 1, 1925.

[93] Vgl. Wilhelm von Massow, Die deutsche innere Politik unter Kaiser Wilhelm II, Stuttgart, 1913.

[94] Vgl. Nicolaus Sombart, Die deutschen Männer und ihre Feinde, München, 1991, S. 31 ff.

[95] Ernst zu Reventlow, Von Potsdam nach Doorn, Berlin, 1940, S. 203.

[96] Vgl. Walter Goetz, Kaiser Wilhelm II und die deutsche Geschichtsschreibung, Historische Zeitschrift 179, 1955, S. 21–41.

[97] Liman, a. a. O., S. 273.

[98] Andrè Carnegi propagierte 1907 und danach die Idee einer internationalen Friedensunion unter Führung des deutschen Kaisers. Vgl. auch Alfred H. Fried, Der Kaiser und der Weltfriede, Berlin, 1910.

[99] Vgl. Friedrich von Bernardi, Deutschland und der nächste Krieg, 1912. Das war aber auch die Meinung des alten Moltke.

[100] Einen ersten Überblick mit bisher nicht widerlegten Richtigstellungen findet sich in: Edgar von Schmidt-Pauli, Der Kaiser, Das wahre Gesicht Wilhelms II, Berlin, 1928, S. 110 ff.

[101] Marie Radziwill: Briefe vom deutschen Kaiserhof [Original französisch], Berlin, 1936, S. 329 f.

[102] Oncken, a. a. O., S. 27 f.

[103] Vgl. u. a. Adolf Stein, Wilhelm II, Leipzig, 1909; Edgar von Schmidt-Pauli, Der Kaiser, Das wahre Gesicht Wilhelms II, Berlin, 1928; J. Daniel Chamier, Ein Fabeltier unserer Zeit, Zürich, 1938; Joachim von Kürenberg, War alles falsch?, Bonn, 1951; Hans Helfritz, Wilhelm II als Kaiser und König, Zürich, 1954; Friedrich Hartau, Wilhelm II, Reinbek, 1978.

[104] Erst Thomas Nipperdey und John C. Röhl haben die Bedeutung dieser Affaire erkannt. Vgl. Thomas Nipperdey, Ein Fabeltier unserer Zeit, Frankfurter Allgemeine Zeitung, 27. Januar 1988, und John C. G. Röhl in der Einleitung zu seiner Edition der Eulenburg-Briefe. Vgl. John C. G. Röhl

(Hrsg.): Philipp Eulenburgs Politische Korrespondenz, 3 Bde., Boppard, 1976–1983, S. 9–52.

[105] Vgl. hierzu u. a. N. Rich und M. H. Fisher (Hrsg.): Friedrich von Holstein, Die Geheimen Papiere Friedrich von Holsteins, 4 Bde., Göttingen/Berlin/Frankfurt/M., 1956–1963; Rogge, Helmuth: Holstein und Harden. Politisch-publizistisches Zusammenspiel zweier Außenseiter des Wilhelminischen Reiches, München, 1959; Weller, Bernd Uwe: Maximilian Harden und die »Zukunft«, Bremen, 1970; Young, Harry F.: Maximilian Harden, Censor Germaniae. Ein Publizist im Widerstreit von 1892 bis 1927, Münster, 1971; Röhl, John C. G. (Hrsg.): Philipp Eulenburgs Politische Korrespondenz, 3 Bde., Boppard, 1976–1983; Hellige, Hans Dieter (Hrsg), Walther Rathenau. Maximilian Harden, Briefwechsel 1887–1920, Bd. IV, München, Heidelberg, 1983; Baumont, Maurice: L'Affaire Eulenburg et les Origines de la Guerre mondiale, Paris, 1933; Hull, Isabell V.: The Entourage of Kaiser Wilhelm II 1888–1918, New York, 1982.

[106] Die Zukunft, 25. 6. 1908.

[107] Friedrich von Holstein, Lebensbekenntnisse, Berlin, 1923, Brief vom 25. 11. 1907.

[108] Eulenburg an Kaiser Wilhelm II, Brief Nr. 1511 vom 17. April 1906, in: Röhl, John C. G. (Hrsg.): Philipp Eulenburgs Politische Korrespondenz, a. a. O., S. 2123.

[109] Eulenburg an Bernhard von Bülow, Brief Nr. 1233 vom 6. Juni 1896, in: Röhl, John C. G. (Hrsg.): Philipp Eulenburgs Politische Korrespondenz, a. a. O., S. 1696.

[110] Philipp zu Eulenburg-Hertefeld, Aus 50 Jahren. Erinnerungen, Tagebücher und Briefe aus dem Nachlaß, Berlin, 1925.

[111] Johannes Haller an Eulenburg, Brief Nr. 1585 vom 30. August 1919, in: John C. G. Röhl (Hrsg.): Philipp Eulenburgs Politische Korrespondenz, 3 Bde., Boppard, 1976–1983, S. 2279.

[112] Bernhard von Bülow an Eulenburg, Brief Nr. 1151 vom 30. Oktober 1985, in John C. G. Röhl (Hrsg.): Philipp Eulenburgs Politische Korrespondenz, 3 Bde., Boppard, 1976–1983, S. 1581.

¹¹³ Vgl. John C. G. Röhl (Hrsg.): Philipp Eulenburgs Politische Korrespondenz, 3 Bde., Boppard, 1976–1983, Band III, 1895–1921. Leider ist ein großer Teil, der im Nachlaß Eulenburgs noch vorhandenen Texte noch unveröffentlicht. Ein groteskes Beispiel: Bei einem Versuch, das Versagen Deutschlands zu erklären (und zwar nach 1918), nennt er als einen der Gründe: die Unterbezahlung der Diplomaten, was zu einer negativen Selektion geführt hat, weil nicht die Befähigsten, sondern nur die Reichsten auf die großen Botschaften berufen wurden, und die durch preußische Sparsamkeitsgrundsätze verursachte Unzulänglichkeit der für Spionage und Propaganda im Ausland aufgewendeten Mittel; Rußland und Frankreich hätten bewiesen, mit welcher Großzügigkeit man da vorgehen müsse. Das ist sicher richtig beobachtet, aber reicht das als Erklärung für den Zusammenbruch? Seine Überlegungen zu einer Reform der Verfassung liegen auf demselben Niveau. Um Gottes willen keinen Parlamentarismus. Sein Rezept: Zwei Reichskanzler, die den Kaiser austricksen können. Bevor man den Fürsten verurteilt, muß man bedenken, daß fünfundzwanzig Jahre später seine Standesgenossen, als sie sich dazu entschlossen, Hitler zu beseitigen, was ihnen nicht hoch genug angerechnet werden kann, in ihren verfassungsrechtlichen Vorstellungen auch noch nicht viel weiter waren.

¹¹⁴ Mit Neid denkt man, im Vergleich, an die gleichzeitig die Geschichte des britischen Empire leitende englische Führungselite, wie sie Barbara Tuchman unvergeßlich in dem Kapitel über das letzte Kabinett von Lord Salisbury in ihrem Buch »Der stolze Turm« beschrieben hat. In ihrem Dünkel hielten sich die preußischen Herren natürlich für die Krone der Schöpfung. Der einzige, der sich danach sehnte, es mit englischen Gentlemen zu tun zu haben statt mit Ostelbiern, war der arme Kaiser selbst. Vgl. Barbara Tuchman, Der stolze Turm, München, 1969, S. 15–84.

¹¹⁵ Vgl. John C. G. Röhl, Graf Philipp zu Eulenburg – des Kaisers bester Freund, in: ders., Kaiser, Hof und Staat, München, 1987, S. 35–77.

[116] Die Zukunft, 6. April 1907.

[117] Vgl. John C. G. Röhl, Deutschland ohne Bismarck, Tübingen, 1969.

[118] Die Zukunft, 16. 6. 1908.

[119] Eine Anspielung auf den Starnberger Fischer Jakob Ernst und dessen vermeintliches Verhältnis mit Philipp Eulenburg, das während der Affaire 1907/08 schon über zwanzig Jahre zurücklag.

[120] Zum schwarzen Humor der Akteure paßt der Treppenwitz der Weltgeschichte. Der Überbringer der bewußten Flasche – ein Flügeladjutant, und man weiß, was Bismarck von Flügeladjutanten hielt – war eben jener Graf Kuno von Moltke, der 13 Jahre später im Mittelpunkt der Hardenschen Attacken gegen die »unverantwortlichen Freunde« des Kaisers stehen sollte.

[121] Maximilian Harden, »Bei Bismarck a. D.«, »Apostata«, Neue Folge, 1893, S. 4 ff., abgedruckt in: Bismarcks Gespräche, hrsg. von Willy Andreas, Bd. 3, Birsfelden, Basel, o. J., S. 122 f.

[122] Hugo Friedlaender, Interessante Kriminal-Prozesse von kulturhistorischer Bedeutung, Berlin, 1911, S. 351 f.

[123] Friedlaender, a. a. O., S. 213.

[124] Friedlaender, a. a. O., S. 147.

[125] Die Zukunft, 1. Mai 1909.

[126] Friedlaender, a. a. O., S. 353.

[127] Bernhard von Bülow, Denkwürdigkeiten, Berlin, 1930, Band 1, S. 226.

[128] Die Zukunft, 21. 11. 1908.

[129] Die Zukunft, 4. 8. 1906.

[130] Die Zukunft, 31. 8. 1895 und 28. 3. 1896.

[131] Vgl. Norbert Elias, Betrachtungen über die Deutschen, Frankfurt am Main, 1990.

[132] Hellige, Hans Dieter und Schulin, Ernst (Hrsg.): Walther Rathenau – Maximilian Harden, Briefwechsel 1897–1920, München, 1983, S. 124 ff.

[133] Hellige, a. a. O., S. 127.

[134] Friedlaender, a. a. O., S. 347 f.

[135] Die Zukunft, 1. 5. 1909.

[136] Ebd.

[137] Friedlaender, a. a. O., S. 349.

[138] Die Zukunft, 23. April 1907.

[139] Friedlaender, a. a. O., S. 348.

[140] A. a. O., S. 349.

[141] A. a. O., S. 172.

[142] A. a. O., S. 220.

[143] A. a. O., S. 228f.

[144] Friedlaender, a. a. O., S. 209f.

[145] Friedlaender, a. a. O., S. 349.

[146] Friedlaender, a. a. O., S. 246.

[147] Maximilian Harden, Köpfe, Berlin, 1923, 3. Band (Prozesse), S. 182.

[148] Die Zukunft, 17. 11. 1906. »Und bei uns sollten zwei alte homosexuelle Freunde in gefährlicher Stunde den Verantwortlichen den Strom aus der Leitung schalten.« Ein nationales Rechtsgut war angetastet«, Maximilian Harden, Köpfe a. a. O., S. 186.

[149] Die Zukunft, 22. 06. 1907.

[150] Maximilian Harden, in: Die Zukunft, 60. Band, 1907.

[151] Die Zukunft, 13. 04. 1907.

[152] Vgl. das Kapitel »Die Wilhelminische Epoche«.

[153] Vgl. Hans Blüher: Die Rolle der Erotik in der männlichen Gesellschaft. Eine Theorie der menschlichen Staatsbildung nach Wesen und Wert, Jena, 1921.

[154] Maximilian Harden, Köpfe, a. a. O., S. 203.

[155] Friedlaender, a. a. O., S. 239.

[156] »Der Homosexuellen-Haß ist gleichsam das normale Gegenstück der kulturell geforderten übertriebenen Verdrängung der homoerotischen Triebkomponenten.« Martin Dannecker, Der Homosexuelle und die Homosexualität, Frankfurt am Main, 1978, S. 47.

[157] Hans Blüher, a. a. O., Bd. 1, Seite 148.

[158] Georg Groddeck, Der Mensch und sein Es. Briefe, Aufsätze, Biographisches, Wiesbaden, 1970, S. 139.

[159] Groddeck, a. a. O., S. 180.

[160] Vgl. Friedlaender, a. a. O., S. 251.

[161] Friedrich Reck-Malleczewen, Tagebuch eines Verzweifelten, Stuttgart, 1947, S. 127.

[162] Vgl. Ludwig Quidde, Erinnerungen. Im Kampf gegen Cäsarismus und Byzantinismus im Kaiserlichen Deutschland, in: L. Quidde, Caligula, Berlin, 1926, S. 23–63. Der Aufsatz war ursprünglich im Jahre 1892 erschienen und lancierte das Stichwort Cäsarenwahn. Quidde, der als zweiter Deutscher nach Gustav Stresemann den Friedensnobelpreis erhielt, versuchte 1926 rückblickend eine objektive Würdigung des letzten Hohenzollern, die an Strenge nichts zu wünschen läßt, ihm vor allem aber vieles abbittet. Das Ergebnis, zu dem Quidde kommt, ist dasselbe wie das Rathenaus: Der letzte Kasier war so, wie er war, weil die Deutschen so waren, wie sie waren. »Dies Volk in dieser Zeit, bewußt oder unbewußt, hat ihn so gewollt, nicht anders gewollt, hat sich selbst in ihm so gewollt, nicht anders gewollt.« Diesen Gedanken hatte Friedrich Naumann vielleicht als erster ausgesprochen, als er dem aufgebrachten Reichstag im Unheilsjahr 1908 entgegenrief: »Dieser Kaiser, über den ihr euch aufregt, ist euer Spiegelbild! In einen solchen Spiegel schaut man lieber nicht!«.

[163] Vgl. René Girard, »Das Heilige und die Gewalt«, Frankfurt am Main, 1992, und »Ausstoßung und Verfolgung. Eine historische Theorie des Sündenbocks«, Frankfurt am Main, 1992.

[164] Girard, Ausstoßung und Verfolgung, a. a. O., S. 172.

[165] Girard, Ausstoßung und Verfolgung, a. a. O., S. 77.

[166] Girard, Das Heilige und die Gewalt, a. a. O., S. 159.

[167] Girard, Das Heilige und die Gewalt, a. a. O., S. 161, Fußnote 16.

[168] Es ist interessant, daß die Worte crise, crime, critique, critère alle den gleichen Ursprung im griechischen Wort crino haben, das nicht nur bedeutet: urteilen, unterscheiden, differenzieren, sondern auch »ein Opfer anklagen und verurteilen«.

[169] Girard, Ausstoßung und Verfolgung, a. a. O., S. 64.

[170] Girard, Ausstoßung und Verfolgung, a. a. O., S. 43.

[171] Girard, Ausstoßung und Verfolgung, a. a. O., S. 97.

[172] »Ein Mitglied des regierenden Blocks schmetterte ... die ungeheuerlichen Worte in den Saal, der Kaiser denke undeutsch, fühle undeutsch, handle undeutsch, ohne daß jemand zu leidenschaftlicher Abwehr aufsprang«, Adolf Stein, Wilhelm II, Leipzig, 1909, S. 13. In dem Buch von Stein findet sich auch eine andere Feststellung: »Der Klatsch sagt: Wilhelm II ist geisteskrank, die ganze Familie degeneriert, die Prinzessin taubstumm. Der eine raunt es dem andern zu: ›Und das regiert uns!‹«, Stein, a. a. O., S. 62.

[173] Fürstin Pless, Journal et Papiers intime, Paris, 1932, S. 148.

[174] Girard, Ausstoßung und Verfolgung, a. a. O., S. 18.

[175] Über die Staatsstreichpläne Bismarcks gibt es mittlerweile eine ganze Literatur, vgl. Hans Delbrück, Von der Bismarck-Legende, in: Historische Zeitschrift, Band 133, Heft 1, 1925, S. 69–82, und Egmont Zechlin, Staatsstreichpläne Bismarcks und Wilhelm II, o. O., 1929.

[176] Hans Delbrück, der der erste gewesen ist, der den Schleier über diesen Zusammenhängen gelüftet hat, schrieb 1925 ironisch: »Es wäre, Gegenstand einer eigenen psychologischen Studie, zusammenszustellen mit was für Kunststückchen die Bismarck-Orthodoxen den Alten von der Anklage des beabsichtigten Staatsstreiches zu reinigen sich bemühen.« Hans Delbrück, a. a. O., S. 75. Daran hat sich bis heute nichts geändert.

[177] Adolf Stein, a. a. O., S. 43.

[178] Johannes, Kap. 11, 50.

[179] Bismarck hatte bestimmt, daß dieser dritte Band erst nach dem Tode des Kaisers veröffentlicht werden sollte. Sein Verleger Cotta ging davon aus, daß der Kaiser durch seine Abdankung »gestorben« war. Die den Kaiser betreffenden Passagen waren übrigens längst bekannt, sie zirkulierten als Privatdruck und erfüllten ihre Aufgabe schon vor dem I. Weltkrieg.

[180] Sebastian Haffner, Bismarck – Ein Essay, ARD, 1973.

[181] Oncken, a. a. O., S. 21.

[182] Oncken, a. a. O., S. 19.

[183] Ebd.

Abbildungsnachweis

Archiv für Kunst und Geschichte, Berlin
  *Seite 21, 35, 43, 83, 100, 115, 117, 126, 176, 179, 180, 200 und
  227*

Bildarchiv Deutsches Historisches Museum, Berlin
  Seite 31, 46, 47 und 123 (u.)

Ullstein Bilderdienst, Berlin
  *Seite 49, 118, 123 (o.), 125, 128, 129, 145, 162, 173, 185 und
  221*

Privatbesitz Nicolaus Sombart, Berlin
  Seite 67, 82 und 139

[171] Girard, Ausstoßung und Verfolgung, a. a. O., S. 97.

[172] »Ein Mitglied des regierenden Blocks schmetterte ... die ungeheuerlichen Worte in den Saal, der Kaiser denke undeutsch, fühle undeutsch, handle undeutsch, ohne daß jemand zu leidenschaftlicher Abwehr aufsprang«, Adolf Stein, Wilhelm II, Leipzig, 1909, S. 13. In dem Buch von Stein findet sich auch eine andere Feststellung: »Der Klatsch sagt: Wilhelm II ist geisteskrank, die ganze Familie degeneriert, die Prinzessin taubstumm. Der eine raunt es dem andern zu: ›Und das regiert uns!‹«, Stein, a. a. O., S. 62.

[173] Fürstin Pless, Journal et Papiers intime, Paris, 1932, S. 148.

[174] Girard, Ausstoßung und Verfolgung, a. a. O., S. 18.

[175] Über die Staatsstreichpläne Bismarcks gibt es mittlerweile eine ganze Literatur, vgl. Hans Delbrück, Von der Bismarck-Legende, in: Historische Zeitschrift, Band 133, Heft 1, 1925, S. 69–82, und Egmont Zechlin, Staatsstreichpläne Bismarcks und Wilhelm II, o. O., 1929.

[176] Hans Delbrück, der der erste gewesen ist, der den Schleier über diesen Zusammenhängen gelüftet hat, schrieb 1925 ironisch: »Es wäre Gegenstand einer eigenen psychologischen Studie, zusammenzustellen mit was für Kunststückchen die Bismarck-Orthodoxen den Alten von der Anklage des beabsichtigten Staatsstreiches zu reinigen sich bemühen.« Hans Delbrück, a. a. O., S. 75. Daran hat sich bis heute nichts geändert.

[177] Adolf Stein, a. a. O., S. 43.

[178] Johannes, Kap. 11, 50.

[179] Bismarck hatte bestimmt, daß dieser dritte Band erst nach dem Tode des Kaisers veröffentlicht werden sollte. Sein Verleger Cotta ging davon aus, daß der Kaiser durch seine Abdankung »gestorben« war. Die den Kaiser betreffenden Passagen waren übrigens längst bekannt, sie zirkulierten als Privatdruck und erfüllten ihre Aufgabe schon vor dem I. Weltkrieg.

[180] Sebastian Haffner, Bismarck – Ein Essay, ARD, 1973.

[181] Oncken, a. a. O., S. 21.

[182] Oncken, a. a. O., S. 19.

[183] Ebd.

Abbildungsnachweis

Archiv für Kunst und Geschichte, Berlin
 *Seite 21, 35, 43, 83, 100, 115, 117, 126, 176, 179, 180, 200 und
 227*

Bildarchiv Deutsches Historisches Museum, Berlin
 Seite 31, 46, 47 und 123 (u.)

Ullstein Bilderdienst, Berlin
 *Seite 49, 118, 123 (o.), 125, 128, 129, 145, 162, 173, 185 und
 221*

Privatbesitz Nicolaus Sombart, Berlin
 Seite 67, 82 und 139

Der Verlag hat sich bemüht, sämtlichen urheberrechtlichen Ansprüchen gerecht zu werden. Sollten Ansprüche dabei versehentlich nicht berücksichtigt worden sein, so bitten wir um Kontaktaufnahme mit dem Verlag.

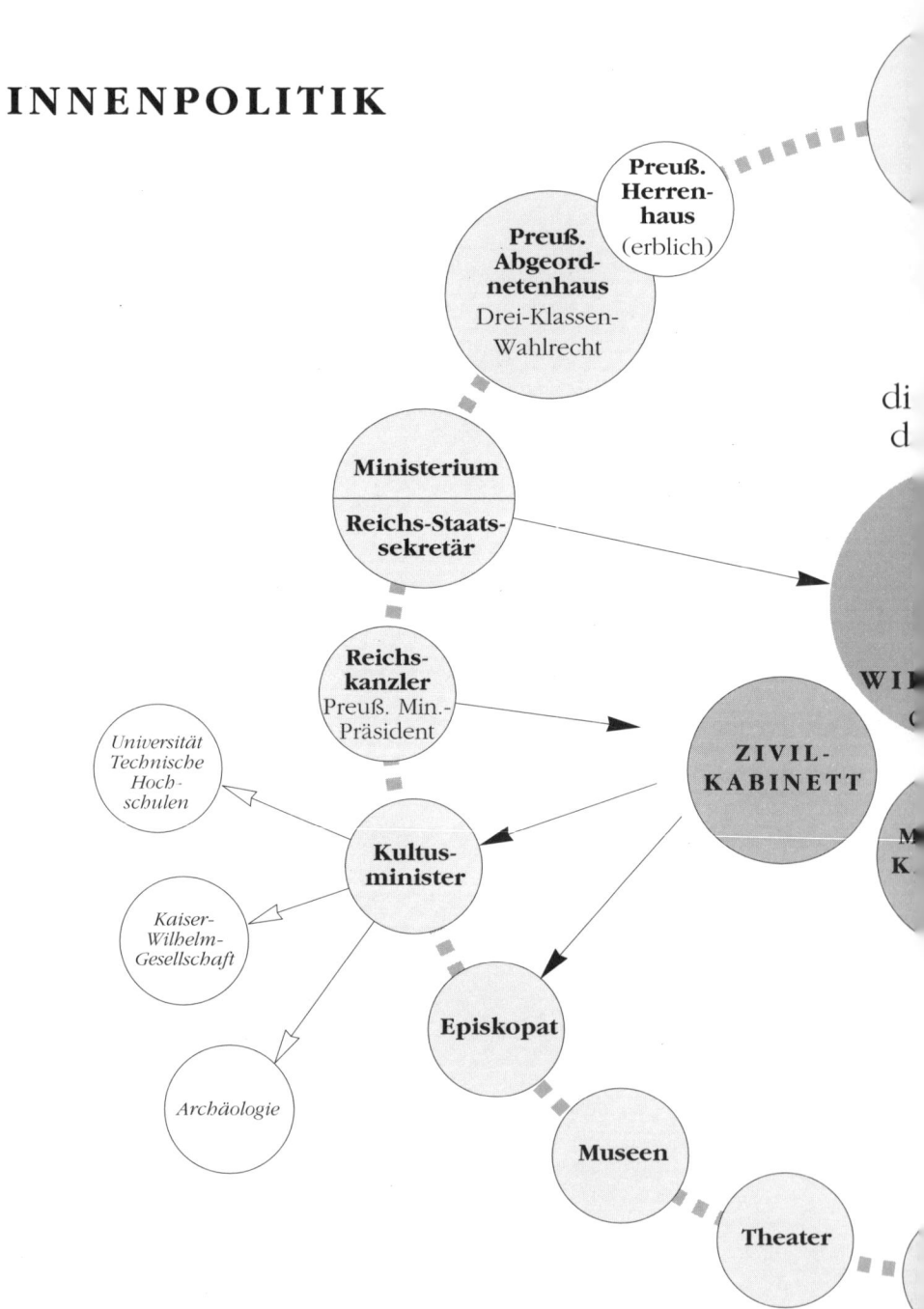

politis

INNENPOLITIK

Preuß. Herren-haus (erblich)

Preuß. Abgeord-netenhaus
Drei-Klassen-Wahlrecht

di
d

Ministerium

Reichs-Staats-sekretär

WI

Reichs-kanzler
Preuß. Min.-Präsident

ZIVIL-KABINETT

Universität Technische Hoch-schulen

M
K

Kultus-minister

Kaiser-Wilhelm-Gesellschaft

Episkopat

Archäologie

Museen

Theater

KULTURPOLITIK

Hau
Nobilitierung